教育家文丛

Jiaoyu Wenhua
Goujian D Reenxing Jichu

教育文化构建的人性基础

王世元◎著

北京师范大学出版集团
BEIJING NORMAL UNIVERSITY PUBLISHING GROUP
北京师范大学出版社

图书在版编目(CIP)数据

教育文化构建的人性基础 / 王世元著. —北京：北京师范
大学出版社，2016.7
（教育家文丛）
ISBN 978-7-303-20535-6

Ⅰ．①教…　Ⅱ．①王…　Ⅲ．①教育学－文化学
Ⅳ．①G40－055

中国版本图书馆 CIP 数据核字(2016)第 104393 号

营 销 中 心 电 话　010-58802181　58805532
北师大出版社高等教育分社网　http：// gaojiao. bnup. com
电 子 信 箱　gaojiao@bnupg. com

出版发行：北京师范大学出版社　www. bnup. com
　　　　　北京市海淀区新街口外大街 19 号
　　　　　邮政编码：100875
印　　刷：保定市中画美凯印刷有限公司
经　　销：全国新华书店
开　　本：787 mm×1092 mm　1/16
印　　张：23
字　　数：290 千字
版　　次：2016 年 7 月第 1 版
印　　次：2016 年 7 月第 1 次印刷
定　　价：48.00 元

策划编辑：郭兴举　　　　责任编辑：薛　萌　郭兴举
美术编辑：焦　丽　　　　装帧设计：金基渊
责任校对：陈　民　　　　责任印制：陈　涛

序　言

　　一年多前，王世元同志将其力作《教育文化构建的人性基础》初稿送给我，希望我在阅读他的这部作品后提提意见，并为它写个序言。说心里话，阅读这样的著作我是非常乐意的，因为一方面这样的阅读有助于我了解一位优秀的教育工作者的教育思想和心路历程；另一方面也有助于我补充自己教育经验的不足。作为一名教育理论工作者，应该有丰富的教育工作经验。我过去虽然有过 2 年当小学教师的经验，但那毕竟是 30 年前的事情了。之后虽然时常因研究课题的缘故，到一些中小学去参观、座谈、讨论，但是对于学校教育实践明显地缺乏系统性和全面性了解，用"走马观花"来形容一点不为过。借助于阅读这样的作品，乘机补补教育实践这门课，真是非常有意义的。但对于写序言一事，我一直多有犹豫。我生怕写得不好，辜负了一位优秀教育工作者的期望与热忱，也败坏了读者阅读的兴趣与思想。无奈盛情难却，加之我在阅读之后确实也有些话想与作者、读者交流，就答应下来，凑成下面的文字，请大家批评。

　　王世元同志这本著作的核心主题是非常突出和清晰的，就是"教育文化观"。在长篇的论述中，他不仅致力于从概念上厘清什么是教育文化观，而且致力于从实践中分析和批判当下中国教育改革和发展中流行的教育文化观及其对教育实践活动的消极影响，并且基于自己对生命、人性、社会、历史等的基础性研究，从公民素养、学校教育、个体成长三个维度提出理想的教育文化的基本特征。应当说，本书的思想结构是非常清楚的，前后的论述也比较严谨，观点与观点之间具有比较紧密的内在连结，在许多地方都提出了作者独到的又不失实践关怀的学术见解，是一部比较优秀的、牢牢奠基于教育实践基础上的理论研究成果。

"教育文化"或"教育文化观"这个概念乍一看非常难以理解，尤其是对于一线的教育工作者而言。王世元同志大概也估计到它的理解上的难度，所以用了很多的笔墨来说明它。他为这个概念所下的核心的定义是"政府组织、非政府组织或非正式组织群体、人类生命个体构成的人类社会对教育赋予某种价值的追求，进而形成的思维习惯和行为习惯"。这个定义的关键点在于"人类社会对于教育赋予某种价值的追求"，落脚点在"（教育的）思维习惯和行为习惯"。从这个定义来说，王世元同志将教育文化理解为一种理想的教育生活方式以及在这种理想支配下所形成的教育思维习惯和行为习惯。所以，教育文化于现实的教育实践会产生潜移默化的然而却是非常强大的影响力量。这种教育文化的影响，正是王世元同志所关注的教育现象。他认为，"当前我国教育领域存在的众多问题，归结起来许多是教育文化问题。"我觉得，这个认识是非常正确也是非常深刻的。受制于历史上形成的陈旧的教育文化的制约，我们在推动教育现代化、建立现代教育体系方面确实效果不佳，这里面除了有环境的因素、条件的因素、能力的因素外，旧的或与社会政治、经济、科学、文化进步不一致的教育文化的消极作用确实是存在的。别的不说，在家长的心目中，"望子成龙""望女成凤"的儿童观、教育观以及由此导致的不让孩子"输在起跑线上"的集体无意识就极大地阻碍了素质教育的实施，并影响到孩子内在学习动机的培养。对这样的教育文化进行深入批判是深化教育改革、激发学校活力、造就信息时代所需要的新型人才的必要条件。作为三十多年耕耘在教育教学和管理一线的教育者，王世元同志敏锐地把握了这一重大问题并勇敢地投入到这种教育文化批判的工作中去，其情感人，其志可嘉！

作为一位对教育事业有着深厚感情的教育者，王世元同志在自己的思想中，不仅着力于批判，更着力于建设，提出理想的教育文化的模型及未来教育文化建设的方向。他认为，从社会角度来看，理想的教育应当体现尊重、民主、责任、科学的精神，并以此为核心素养造就"最佳公民"。从学校教育的角度来说，他提出扰启、内省、质疑和实践的概念，认为理想的教育过程应当是由扰启开始、经过内省、质疑，最后通过实践完成发展的任务。从个体成长的角度，他提出了独立、追求、养控和审美的主张，反映了他自己对于人的幸福生活所必须的核心素养的独立见解。三个层面的教育文化建构由外而内、相互支撑，构成了一个完整的教育文化生态。尤其是，他提出，没有尊重意识的人类生命个体或群体，对非生命世界和生命世界都是一种灾难，包括人类自身，从而将尊重不单单看成是一种德行，更是将其看成是生命世界与非生命世界存在的法则，达到近乎"道"的层次，这是闻所未闻、发人深省的。他关于"扰启""养控""追求"等概念的分析，既有丰富的实践基础，也有独到的教育与人生意义。

王世元同志大学所学的专业不是哲学，而是物理学，毕业后长期从事物理学科的教学及管理工作。令人惊奇的是，他的这本著作却充满了哲学思辨的味道，不满足于对理想教育文化的规范性表达，而是努力地进入到理想教育文化得以建立的理论前提层面进行深度探索，反映了哲学思考寻根究底的精神。建立在大量的阅读和实践观察基础上，他对于教育文化的人性论基础有了系统的论述，涉及生命的本性、人类的本性、人类本性与教育关系等层次的论述。在生命本性的分析中，他吸收了大量自然科学的最新研究成果，提出了"活力"和"关系"的概念，开辟了观察生命本性的内在和外在两个道路，具有很大的理论启发性。他关于人类本性及其与教育关键要素的关系，也已经超出以往教育学、教育哲学教科书的理论视域，形成了相关主题上非常独特的理论景观。

由实践到理论，再由理论到实践，这是马克思主义的认识论，也是变革社会和教育的实践论。王世元同志积几十年教育实践与思想的精华，完成这部颇有分量的理论著作，可喜可贺。在理论的建构告一段落之后，他还有意再次深入实践，在这个全面深化改革的春天里，创办理想的学校，追寻教育的理想。我也衷心地祝愿他能够带着对新的教育文化的向往，在教育实践领域做出新的成绩，更好地服务孩子，服务社会，贡献民族和国家！

石中英

写在前面的话

一

坦率地讲，我不是一位教育教学理论研究者，而是站在教育教学工作岗位第一线的实践者、探索者。虽然在师范学校学习过教育学、心理学等课程，但也是最基础的知识，何况当初根本就不知道、不明白教育学、心理学有多大用处，只晓得师范生都要学习这两门课程。1984年毕业后，我回到自己的母校——河北省迁安市一中教高一年级物理课兼班主任，开启了一生为之追求的教育教学实践与探索。

可以说，从教书的第一天起，我一边向老教师学习，一边尝试着教育教学改革。教书的第二年，我以"提出问题、理解问题、分析问题、解决问题、强化训练"为课堂教学结构，探索高中物理课堂教学改革，这一改革在高考中结出硕果。从此，便连续担任高三毕业班及高三"把关"教师。1990年，在安守林校长支持下，我带领高二年级组，尝试年级教育教学改革，一年后，走向学校领导岗位，继续扩大改革成果。1996年，又开始了"真的让学生动起来"教学改革实验，进而全面推进"让人人都有说话的权力，用制度去提醒，用情感去管理"的管理理念，取消教师上班打卡记录制度，以此推动学校的全面改革。实践证明，上述一系列改革均取得了较好效果。

由于工作的需要，1998年，我调到家乡教育局工作，担任业务局长，分管从幼儿园到高中的所有教育教学及科研工作。这又为我提供了第二个实验场所。通过近三个月的调研工作，决定在全市推进"调整学校布局，发展学前三年教育"，在全省率先实现85%以上的幼儿入园率。在小学阶段组建"主体性教育"实验班，进而推广到"主体性教育"实验年级、"主体性教育"实验校，最后在全市小学推广。实践再次证明，上述改革实验又取得了较好效果。

2004年年初，我调到北京市陈经纶中学工作。让我感动的是张德庆校长办学的使命感与责任感，我不得不又一次走上学校领导岗位并兼任高三毕业班课。在张德庆校长和李永生副校长的支持下，我又开始了在首都北京一所市级示范校的改革实验，两年后，由于组织需要，我便离开学校，调整到新的工作岗位。这一轮高中三年的改革实验，虽然我没有完成一轮，但是，三年后的改革实验结果依然让我更加欣慰。

新的工作岗位，虽然还是教育系统，但相对来说还是远离了教育一线，开始了我从未想过的宣传、纪检、维稳、统战与人事等工作。这几年，由于教育的情怀，我始终没有放弃对教育问题的关注与思考，也由于个人水平和能力有限，没有挤出业余时间梳理自己三十多年教育实践、探索与思考。直到2013年工作的再次调整，又恰逢党的十八届三中全会的召开，再次吹响改革的号角，教育系统开始实施"管、办、评"分离的改革。我所在的教育督导部门肩负着"评"的工作任务，而评的"标准"是关键导向，我们是在"实然教育"中找标准，还是在"应然教育"中找标准？然而，当前所谓"成功的教育"或"优质教育资源"恰是教育问题的渊薮。对此，使我迫切

地意识到急需引领教育改革的理论突破，重构互联网＋背景下的教育文化，以便找到适合人性的、对教育评价的依据。

纵观人类教育的发展史，教育的演进随着人类对教育功能的认识与价值追求，形成人类生命个体、组织群体追求教育的思维习惯和行为习惯。反过来，人类生命个体的教育思维习惯和行为习惯，对教育价值追求产生巨大的影响。换句话说，教育文化对人类生命个体教育的影响具有巨大的惯性。教育文化的惯性，致使一个国家、一个民族的教育改革难以改变方向。教育人或关心教育的仁人志士，如果仅从简单的课程改革、方法改革、工具改革、管理改革做起，而不改变现有的教育文化的思维习惯和行为习惯，那么，教育改革一般说来，只能是工匠式的改革、渐进式的改革，也就难以有实质性的突破。特别是，当人们深刻地认识到教育的明显不足，或对教育明显不足已达成了共识，而又难以克服教育文化所形成的巨大惯性阻碍的时候，急需构建适应经济、社会、文化发展等需要的教育文化。

因此，梳理、总结本人三十余年教育思考、实践与探索的经验本质，追问教育实践取得成果的真谛，力求从根本上尝试回答一系列问题：什么样的教育最有利于人类生命本质属性的需求？教育的根本目的或目标到底是什么？什么样的教育思想文化更有利于人类的教育？基于此，怀揣教育情怀，我才大胆地尝试互联网时代背景下新教育文化的探索。

二

不言而喻，人类是可以教育的。但是，正如前面说到的，什么样的教育才是最有利于人性的教育呢？由此来反思历史的、现实的教育，以寻找最有利于人性的教育规律，以此作为指导与评价现实与未来的教育标准。要找到这样的标准或标准特征，至少要解决四个方面的问题：第一，人类的本质属性；第二，教育的职能及教育最关心的要素；第三，教育发生的时空；第四，影响人类生命个体教育的社会因素。

对此，这本书以探索生命的本质属性为切入点，寻找人类生命的本质属性。在人类生命本质属性基础上，明确教育发生的时空关系、追求的目标、人类优化社会必备的社会素养、自身优化以及教育最需要关注的要件。通过历史地考察与对比，梳理出东西方教育文化差异形成的原因，锁定聚焦影响教育的关键因素。从教育的产生开始，归纳人类教育价值追求的演变过程，寻找教育成为推进人类社会化文明进步的主要因素，构建趋近于人类生命本质属性、有利于人类社会化文明进步的理想的教育文化，让人类生命个体在依靠教育追求生命最优化或实现幸福生活的过程中有所遵循。

从方法论的角度，本书围绕生命本质属性的产生及其需求，抽象出贯穿生命全过程的"活力"与"关系"概念，力求遵循大统一的思维方法，追寻人类教育发生、发展过程的演进，进行一种全新的教育哲学思考。借鉴"质的研究方法"①，通过对人类教育历史性地考证与对比，结合逻辑的、实践的、科学猜想的方法，筛选确定适合人类生命个体本质属性及人类历史实践证明了的、赋予教育价值追求的理想教育文化范畴中的标准特征——建构理想教育文化模型。其用意，旨在让教育者包括社会、家庭组织每一个成员以及受教育者自身，对受教育者在契合人类生命个体本质属性需要的全时空关照下，有总的、明确的教育及自我教育价值追求的方向。在这"总

---

① 陈向明. 质的研究方法与社会科学研究. 北京：教育科学出版社，2000.

的、明确的教育价值追求方向"框定下，为充满灵性且千差万别的教育者提供了广阔的教育艺术实践，为受教育者自身追求指明了方向。为教育史上"教学有法，而教无定法"教学设计理念提供了依据和标准，从而使教育在不偏离人类本质属性的前提下，追求人类生命个体理想的发展。

为把握不偏离人类本质属性的教育，在读此书的过程中，读者朋友最好深刻理解此书涉及的几个概念。一是"生命活力"的概念。"生命活力"是生命个体从生命行为世界，宏观表达生命个体"关系"机制的现象。二是"关系"的概念。人类生命个体从诞生开始，直到生命个体结束，始终进行着"关系"的构建。三是第一结构系统与第二结构系统概念的划分。"第一结构系统"是生命个体存在的呈现，也是生命个体自身内在关系的和谐构建。"第二结构系统"是生命个体赖以存在与发展的条件，即生命个体第一结构系统要素与第二结构系统要素在建立关系的过程中，获取生命个体内在关系构建的物质与精神需要。四是生命的灵性。生命的灵性是从精神世界表述生命个体在第一结构系统要素之间，第一结构系统与第二结构系统要素之间建立关系态的机制现象。五是"历史经验关系记忆累积"和"现实经验关系记忆累积"的概念。两个概念强调了生命个体及其种群在形成过程中，"经验关系"构建的历史性与现实性。因此，历史经验关系记忆与现实经验关系记忆存在着必然的关系，是相对的划分。"经验关系"既是历史的，也是现实的；在"现实"中体现着"历史"，在"历史"中体现着"现实"。六是理想教育文化模型。理想教育文化的理想程度是"三大范畴"集合｛社会范畴　学校范畴　个体范畴｝中元素的函数；社会范畴，是理想教育文化的基础，"最佳公民"的最佳程度是最佳公民特征要素集合（尊重　民主　责任　科学）中元素的函数；学校范畴，理想教育文化的教育方法理想化程度是理想教育方法特征要素集合（扰启　内省　质疑　实践）中元素的函数；个体范畴，理想教育文化的个体素养，是理想教育文化中最核心的要素，个体素养理想化程度是理想个体素养特征要素集合（独立　追求　养控　审美）中元素的函数。只要读者深刻理解作者借用数学集合思想建立范畴——彰显集体内涵与个体作用的关系；理解用数学函数的思维建立动态的理想教育文化，就可能更深刻地把握理想教育文化模型的精髓——动态且可测量。七是后记部分。后记部分是作者理想教育文化背景下的理想学校、理想政府、理想社会的素描。因此，只要读者从整体把握了理想教育文化，就可以在理想学校素描中建立读者心目中理想的学校。反过来，读者也可以通过后记部分理想学校的素描，来理解作者构建的理想教育文化。

其实，这本书我只想表达教育文化对教育的影响是巨大的这一思想，从而，努力寻找适合人类生命个体理想的教育文化。如果人类社会，抑或一个国家，一个民族，一个家庭，一个生命个体，都能趋近于理想教育文化的要求，那么，我们的人类社会就是和谐的社会，我们国家的每个公民都是优秀的公民；每个公民都是趋近于幸福的，优秀的公民社会是和谐的、可持续的。

理想教育文化，就是追求公民幸福，实现公民优化教育，或优化国民教育！

三

这本书的读者范围应该是广泛的。既适合教育学理论研究者，师范类或非师范类在校大学生、研究生，各类学校教师、教育工作者，教育测量与教育评价工作者，也适合所有孩子的家长及热爱教育相关方面研究的有关人士。因为——

这本书，给教育学理论研究者提供了新的教育学研究"靶子"。从教育学科诞生以来，涌现出了众多思想家、学者孜孜以求教育本质问题，从不同研究领域，进行了教育学的研究，提出了众多广义或狭义的教育学概念。如教育艺术、教育科学、心理教育学、经验教育学、社会教育学、唯心主义教育学、解释学教育学、现象学教育学、单数的教育科学、复数的教育科学等。虽然都圈定了教育本质的某个范围，并就此范围给予了描述，但依然没有明晰教育本质的具体方向。

尽管，我们也难以确切地告诉读者我们找到了教育本质的方向，但我们坚定地认为，从文化的视角探究教育的本质，不失为趋近于教育本质的新途径。我们给出的理想教育文化模型，有利于追问教育本质，有利于探索并推进教育研究与教育改革。相信，在探究教育文化与教育关系的过程中，一路将呈现多姿多彩而有意蕴的迷人风景！

这本书，给教师及教育工作者指明了教育方法研究方向。作为教育工作者及教师，要牢牢把握自己是一位最佳公民，在最佳公民素养的基础上，践行理想教育文化规定了的教育方法。要深刻领会理想教育方法是集合(扰启　内省　质疑、实践)中元素的函数的意义。教育工作者及教师对集合{扰启　内省　质疑　实践}中的元素设计的技术与艺术存在巨大空间，为教师及教育工作者"教育有法，教无定法"提供了可能。

这本书，给有选择从事教育工作的在校大学生、研究生指明了专业发展方向。在校大学生一方面在践行最佳公民要素的基础上，尽可能提升个体素养；另一方面按照未来从事的教育专业，着重加强课堂教育教学关注的关键要素内涵的积淀。除要深刻理解课堂教学中有关表述、实践、问题、方法、工具、技术等内容在课堂教学中的设计外，还要兼顾或突出对学生生命灵动能力、生命修为、情志追求、合作要件、意志品性、批判与创新思维等需要相关知识的累积。对此，要尽可能扩展相关领域的学习，如心理学、工程学、机械、艺术及科学史等，以此尽可能提升自己专业知识、艺术修养与能力。

这本书，给教育测量与教育评价工作者提供了最基础的测量与评价指标。教育测量与评价工作者，根据理想教育文化三大范畴中的集合要素，作为该范畴中测量的一级指标，以此设计二级指标、三级指标等。通过对指标要素分数的处理，可以考察学校教育文化，考察教师及教育工作者的教育教学方法，可以横向比较不同类别、不同阶段学校的办学情况；可以比较教育工作者及教师之间教育教学情况。在比较中，为学校管理者、教师及教育工作者，提供改进的方向。

这本书，给家庭教育指明了方向。家长要负责建设家庭组织：青年人结婚成家，首要任务就是建设好、管理好自己的家庭组织，既要管理好小家庭组织，又要履行最佳公民职责，参与好大家庭组织建设；在小家庭或大家庭组织成员之间，要履行最佳公民素质要求，提升自身个体素养，同时要像理想学校教师那样，肩负起教育下一代的责任。

这本书，给学校规划者、设计者、建设者甚至社会管理者提供了新的研究方向。在城市（村镇）规划、城市（村镇）建设、学校建筑学、城市美学、城市文化等方面，如何更好地发挥各级各类学校场所及文化作用，提出了新的研究课题。

总之，理想教育文化，是我们的教育理想，是我们的教育情怀。总结、研究、表达、著述，都不是我们的目的，我们的真正目的，是实验、探索、实践，最终把理想教育文化变成美好的现实！

相信这本书能够给所有耐心的读者带来启发，特别要提醒读者要从整体上给予把握，因为它还会存在许多具体观点以及表述的问题，整体上看我的基本观点已经呈现出来，具体问题也希望读者提出来，加以商榷指正。

王世元

于北京朝阳劲松五区

2015 年 12 月 12 日

第 一 篇
人类本性观

第一章　生命的本性

第一节　生命的活力与关系的建立

（要点）"生命活力"是生命个体从生命行为世界，宏观表达生命个体"关系"机制的现象。

人类生命个体从诞生开始，直到生命个体结束，始终进行着"关系"的构建。

我们知道，世界是由生命系统和非生命系统构成的。生命是生命系统特有的现象，并以生命个体的形式存在。诸如花草树木，鱼虫鸟兽，即便是细菌、单细胞的藻类甚至是由核酸及蛋白质外壳组成的病毒等都是生命。非生命系统，大家更熟悉。山水石块，桌椅板凳，即便是具有自动功能的电器甚至是最近媒体报道的人机智能对话的机器，也都是非生命。将世界划分成生命系统与非生命系统，更有利于生命本身特质的显露。生命，相对非生命而言具有活力。

生命个体的活力

（观点）生命与活力同时诞生，同时生长，同时减弱，同时终结。生命及其活力是一个过程。

生命个体从诞生时刻起，就具备了生命的活力。在讨论生命个体活力之前，首先界定两个系统。大家知道：生命活力伴随着生命个体的生长而生长，伴随生命个体的生命结束而结束，而生命个体的生长与结束，均取决于生命个体本身及其周边综合的环境因素。对此，我们把生命个体结构系统称为第一结构系统；生命个体之外，所有能够与生命个体直接或间接发生作用的各种要素组成的系统，称为第二结构系统。这些要素是指构成生命个体结构的要件或要件再分的物质构成，以及能够独立地与生命个体发生作用的有生命的、无生命的物质整体或部分，包括有生命、无生命物质呈现给生命个体的物质、精神、经验关系与情感要素。如空气、水、阳光、山川、土地、平原、植物、动物、人类生命个体等；甚至极小的要素包括分子、原子，如构成第一结构系统所需要的元素等；精神层面的喜怒哀乐及知识等。

其次，讨论生命个体的活力。所谓生命个体的活力，是指生命个体在呈现生命本质属性过程中，第一结构系统各要素之间、第一结构系统要素与第二结构系统要素之间能动关系的相互作用。活力，有强有弱。生命的活力，可分为生长的活力和成熟的活力。

生命生长的活力。个体生命生长的活力又可分为幼体生长的活力及生殖生长的活力两个阶段。

首先从生物学视角，讨论幼体生长的活力。当生命个体处在幼体生长阶段时，幼体的生命活力主要体现在个体细胞与细胞处在自身之外的环境进行相互作用，在作用的过程中有选择地进行信息、能量与物质的交换，细胞开始分裂、分化，幼体细胞通过分裂实现细胞的增殖，完成幼体器官的生长发育；通过细胞的分化产生不同细胞类型，形成各种组织器官，在此基础上，器官再经过细胞分裂、增值，实现不同器官的生长发育。

此阶段的生命活力是旺盛的，幼体在旺盛的生命活力的过程中实现了幼体生长发育，直至生命幼体发育完成，进入生殖生长的活力阶段。当然，当幼体不具备生物学生长活力时，幼体或进入成体时期或生命即将结束，幼体生长的活力也随之结束。

再从生物行为学的视角，考察一下幼体的活力。以植物幼体生长活力为例。一粒种子在土壤中，当温度、湿度比较适宜时发芽、生根长成幼苗，幼苗与空气、水和阳光、大地相互作用，进行信息、能量与物质的交换，获取生长的活力。幼苗生长活力使得幼苗透着鲜嫩，充满着自信，满身迸发着生长的信息向世界宣示自己的存在，特别是幼苗经过一天的阳光普照，在充足的空气、水及肥沃土地作用下，夜晚可在田间发出咔、哧等植物的生长声，如果记下标记，早晨就会发现幼苗的生长。此时幼苗的生长，不仅是长高、长壮，而且储存了与外界积极作用获得的诸多信息。幼苗的生长活力体现在幼苗与水、空气、土地等积极主动的作用之中，幼苗的积极主动作用实现了幼苗的生长、信息的储存。因此，幼苗的积极主动作用就是幼苗的活力。比如常说的雨后春笋，其拔节长高速度之快、成长痕迹之明显，都足以证明幼体生长活力；"野火烧不尽，春风吹又生"就是幼苗活力的真实写照。

以幼体动物的生长活力为例。看一看身边的宠物——小狗。人们喜欢宠物，本质上更多喜欢宠物充满活力的灵性。小狗从胚胎发育起就具备了生长活力，为更好地感受小狗生长的活力，我们重点讨论小狗出生之后的生长活力。小狗带着储存的信息活力从母腹中降生，就开始试图离开母亲呈现自己的活力所在。虽然它还站不起来，不能睁开双眼，不能通过视力判断周围事物的存在及其关系，但它仍能用柔弱的身体匍匐、试探着与周边进行信息的沟通与交流，在新的空间展示自己的存在。为自己更好地生存，小狗应用自身储存的信息，判断自身在空间的位置及其与周边的位置关系，进而找到母亲的奶头，从此，建立起新型的母子关系。小狗在母亲奶水滋养及舔舐呵护下，信息储存一天天的增多，器官一天天的长大：睁开眼睛，站立行走，探究周边的一切。凭借专属功能的器官，闻、嗅、舔、咬、撕感受事物存在，储存新的信息，增强自己的感知记忆：对周边事物形象的记忆，声音的记忆，颜色的记忆，味道的记忆等。通过声音、动作向伙伴、母亲、周围的人与物表达情感。此时，主人可给小狗起一个好听的名字，经常叫它，奖赏它，狗与名字就建立了联系。在主人训导（主人对小狗奖赏与惩罚的运用）下，小狗可学会坐、卧、摇头、握手、叼送食物等动作，小狗与主人逐渐建立起牢固的关系，语言的信息指令与狗行为高度契合。从此，小狗幼年的生长、动作的学习给予了人与其情感的建立，这就是小狗活灵活现地呈现了自己的生长活力。这生长活力，是综合性的、多方面的，而不仅仅是身体的生长。

生殖生长活力。综上讨论，不管是植物幼体，还是动物幼体，当幼体生命个体生长结束之后，生命个体就开始了生殖生长阶段，从而体现生殖生长活力。

依然先考察植物的生殖生长活力。植物的生殖生长活力是在植物幼体进行营养生长，形成根、茎、叶等营养器官之后，以分化出花、芽等生殖器官为标志，实现生殖器官的发育与生殖细胞的形成，从此实现开花、传粉与受精。植物进行生殖生长时，相对抑制了茎叶的营养生长，从而保证了果实和种子的发育。此阶段的植物，从外形上就给人以成熟健壮之感，透着一种力量、以一种自信和内在的美与周围环境建立起关系。植物的花外形漂亮、鲜嫩，有的还散发着幽幽的香味，更是昆虫收获与栖息之地。植物之间借助空气通过花粉作用实现生殖活力，通过动物的媒介作用实现植物生殖活力。植物的生殖生长活力是植物生命延续的关键，是植物进入成体的标志。关于无性生殖涉及的裂殖、出芽生殖、孢子生殖、营养生殖的生殖活力，依然体现在生殖生长的过程中，在此不多作介绍。

再考察动物的生殖生长活力。仍以宠物狗为例。幼体狗完成幼体生长进入生殖生长时期，生殖器官加速生长，生殖系统发育成熟，具备生育能力。此时，狗的行为表现，对异性更加表现友好，经常以嗅的方式来表达，对同性经常以狂吠进行交流。结束幼体生长，即除狗的生殖器官生长之外，其他器官结束生长，只是重量增加。进一步说，生殖生长期的狗，充满活力，喜欢挑战自己，不知疲倦，即使很疲劳，休息后也能够很快恢复。生殖生长期及其成体之后的一段时期，是狗的活力黄金时期：有精力、有体力、机灵、敏捷、讨人喜欢。

生命个体成熟活力。生命个体完成生长之后进入成熟期，典型特征就是性成熟。刚进入成体的生命个体，新陈代谢依然保持旺盛，与周边环境交流活跃，抗干扰及生存能力进一步增强。

首先，考察植物成熟期的生长活力。"植物在种子萌发后，先进行营养生长，形成根、茎、叶等营养器官，以后进行生殖生长，分化出花芽等生殖器官。"①许多植物伴随进入生殖生长过程的同时

---

① 赵德刚主编. 生命科学导论. 北京：科学出版社，2008：115.

进入成体生长时期，即生殖生长结束，成体也进入衰老期。如一年生长的玉米、小麦、大豆、稻谷等植物。木本类植物的成体生长总是伴随着周期性的生殖生长，即成体生长过程总是以生殖生长为其显著特征：开花结果。如桃树、杏树、梨树等，每一年生长都以开花结果为一生长周期。即使是无性生殖也是成熟个体通过裂殖、出芽生殖、孢子生殖、营养生殖等方式繁衍后代，生殖活力是成熟个体的重要特征。此时，成体个体的生命系统是完备的、健康的，生命力旺盛。细胞与细胞，组织与组织，器官与器官之间作用效率处在整个生命过程中的较高水平，不管是信息吸收、能量转化，还是成体抗击外在微观或宏观影响生命个体生长的能力都显著增强。以树木生长为例，此时成体个体的外在表现是：成体树根相对较深，根须相对较多；树干明显粗壮；枝叶繁茂，树的整体感觉有力量，抗风及病虫害能力强。但是，随着成体个体的生长发育，个体器官与周围环境作用功能由强盛时期开始逐渐减弱直至消失，即"植物的细胞、器官或整个植株生理功能衰退，最终自然死亡"①，生命活力也由强变弱直至停止，成体生命活力结束。由此，生命个体生存周期结束，代之以生殖的后代沿袭生命及种群的存在。

其次，考察动物成熟期的生长活力。成体动物个体和植物个体的生长具有明显的不同。仍以宠物狗为例：狗从受精卵开始，通过细胞分裂和分化进行胚胎生命发育，实现器官分化，胚胎初具狗的形象。胎儿血液经毛细血管壁与母亲子宫壁中的血液进行气体和物质交换，实现胎儿生长直至出生。通过日常经验可知，狗出生之后的生长是已有器官体积与重量增长、功能加强的过程，不会产生新的器官。但是，狗长到十个月左右时，即到一定的年龄之后，狗的

---

① 赵德刚主编. 生命科学导论. 北京：科学出版社，2008：85.

身体停止全面生长。虽然狗的身体停止生长，但是狗通过饮食吸收的物质能量提供狗与外界活动、交流所需要的能量，比如狗与主人的游戏以及跑、跳、吠等各种活动。此时，狗更有力量、反应迅速，记忆力好，能判断生人与熟人。狗，通过嗅来判断与辨别；通过声音，传递信号；通过凝眸观望，保持警觉。这是狗成熟活力之所在。狗吸收的物质能量除用来完成上述各项活动所需能量之外，过多的能量，则通过脂肪储存起来，外在表现为"胖"。从微观的角度看，狗虽然从外界获取能量，其生长细胞受到狗自身机制程序性调控，实现细胞程序化凋亡。狗在"清除多余无用细胞，清除发育不正常或有害细胞，清除完成正常使命的衰老细胞，控制组织器官各部分的细胞总数，以维持整体的正常发育和健康生长所不可或缺的正常生理机能。"[1]但是，成熟狗个体随着时间的推移，身体各部分器官的功能逐渐衰退——代谢效率降低、器官功能减退。宏观表现反应速度度慢，动作迟缓，不爱运动——活力减弱，最终衰老死亡，生命个体结束，代之以繁殖的后代延续生命。

综上所述，生命个体的活力，是生命个体特有的由生长活力和成熟活力构成完整的生命周期。生命活力伴随着生命个体生长活力的逐步完成，生命个体进入成熟活力期。需要强调的是，这里讨论的生命个体生长活力和成熟活力，不仅是生命个体身体的生长与维持，而且包括生命个体在身体生长与维持的同时通过与外界的作用，实现生命个体信息接纳与吸收，信息判断与应用，信息整合与创造，实现生命个体之间、生命个体与非生命个体之间信息交流与共享，生命个体自身信息生成与储存，最终实现生命个体生存与发展，在相互作用过程中完成种群进化。当然，生命个体的综合活

---

① 赵德刚主编. 生命科学导论. 北京：科学出版社，2008：54.

力，也随着生命系统的衰老而减弱，随着生命个体生命结束而结束。由此可断定：生命个体活力存在高峰期。生命与活力同时诞生，同时生长，同时减弱，同时终结。生命及其活力是一个过程。

生命个体关系的建立

（观点）关系，是生命个体活力生长的关键因素。

同一个生命个体在不同结构系统，即不同关系态的建构过程中，得到不同生长。

从生命诞生之时起，生命个体与第二结构系统要素就建立了关系。一个受精卵，在输卵管的环境中与其建立关系，使其提供卵裂环境、搭建移入子宫通道。受精卵进入子宫并与子宫建立关系，形成囊胚实现着床，从此，受精卵与母亲建立亲密的关系——从母亲的血液中获取营养。由此可以断定——关系，是生命个体活力生长的关键因素。下面，主要讨论生命个体关系的建立与生命个体的生长。

生命个体第一结构系统要素与第二结构系统要素发生作用，实现生命个体自身的生长。生命个体在建构自身生命的同时，已经将生命个体生存的世界划分为两大结构系统——生命个体自身结构系统和生命个体外结构系统，即第一结构系统和第二结构系统。构成生命个体结构、或物质或情感、或思想等的所有成分，都可以看成是生命个体自身结构系统的要素；构成第二结构系统的要素是指与生命个体第一结构系统要素发生作用的或物质、或能量、或信息等的对象。由此可以说：生命个体既是自身结构系统要素的整体呈现，也是第二结构系统要素的核心。也就是说，第一结构系统是第二结构系统要素分布的中心，第二结构系统是以中心为核心的球体结构模型。从生命个体第一结构系统要素构建的过程，可以断定：

两大结构系统，是关系密切而开放的系统——没有第二结构系统要素的提供，第一结构系统要素就缺少物质、能量、信息等的来源，生命个体就不可能存在。因此，构成两大系统的要素必然始终发生某种作用，以确保两大结构系统的存在。生命个体自身结构系统，即第一结构系统要素是开放的，必然要求第二结构系统要素也具有开放性，以确保生命个体生长的需要。为此，两大系统要素必将实现某种作用的即时建立。

第一结构系统要素在不同时间、不同空间，与第二结构系统要素发生作用，把这种作用称为两大结构系统要素之间的关系建立。为方便，这里只讨论第二结构系统要素对第一结构系统要素的作用，暂时不讨论第一结构系统要素对第二结构系统要素的作用。当然，当第一结构系统要素没有与第二结构系统要素发生作用，或暂时没有发生作用，或发生作用结束或告一段落时，第一结构系统要素与第二结构系统要素均不建立关系。但是，这些要素依然存在于两大结构系统之内，把两大结构系统要素之间没有建立关系的状态称为暂态。把生命个体两大结构系统要素之间的相互作用——即建立关系的状态称为关系态。因此，处于暂态的两大结构系统要素之间不建立关系。两大结构系统要素之间由处于暂态转化为关系态时，也就是两系统要素恢复作用即建立关系态。

所谓作用，从内容上是指两大结构系统要素之间进行或物质、或能量、或信息的交流，给两大结构系统要素带来影响。从双方结构系统要素本身状态上，由于生命个体活力的存在，其作用可能是双向也可能是单一，可能一方主动一方被动，也可能双方都主动或都被动。比如：外在因素就可导致双方要素都是被动作用。但是，双方不管是什么条件导致的作用——建立关系，对第一结构系统要素就会产生影响。据此可进一步证实，第一结构系统要素不是封闭的而是开放的，系统内要素的数与量是变化的，其增减取决于两大结构系统要素关系建立及其作用程度。因此，生命个体两大结构系统要素之间的状态也是变化的：暂态或关系态；关系的数与量决定于结构系统要素的数与量。生命个体两大结构系统要素之间的关系，可能是单一的也可能是综合的，可能是某时刻的也可能是过程的。但是，不管是单一还是综合，不管是时刻还是过程，我们都把第一结构系统各要素某一时刻的状态称为基态。因此可以说，基态只存在两种状态——暂态或关系态。暂态是关系态的基础，关系态是生命个体活力的体现。更准确地说，生命个体的某一个基态，是生命个体结构系统各要素某一关系态的宏观表现。但是，生命个体的每一个基态，都是从上一个基态通过生命个体两大结构系统要素作用后发展而来的，因此，生命个体在两大结构系统要素的相互作用中，通过一个个关系态的建立呈现生命个体的活力，实现生命个体的生长。由此，我们进一步得出结论：同一个生命个体在不同结构系统，即不同关系态的建构过程中，得到不同生长；不同关系态的建立，带来不同的生命个体。

第二节　生命关系的划分及其作用效果

（要点）如果我们能从生命个体和生命种群关系建构的历史来考察，就能够较好地把握生命个体和生命种群的本质属性及其生命质量。

生命个体从诞生时刻起，即宣告自己存在的时空始点，开启了生命历程。由于生命活力存在，生命个体以自己为核心，积极主动构建自身结构系统存在的时空，而承载生命个体结构系统要素时空存在的内在机制即为生命个体的时空关系态——第一结构系统时空关系态。对第二结构系统来说，生命个体是生命第一结构系统各要素存在的时空关系态的整体呈现。第一结构系统生命个体的时空关系态，以时空的方式与第二结构系统要素发生作用，建立即时关系态。由此，生命个体时空诞生的同时，就意味着第二结构系统各要素时空的存在。两个系统时空同时诞生，同时拓展，开启了人类生命个体传统的时空相的记录。两个空间，缘于生命诞生得以确立，而生命又缘于两个空间结构系统要素的相互作用——关系态的建立得以生长。因此，生命的存在、生长与两个空间的存在与拓展总是有机地联系在一起，不可能独立存在。从起源上，生命个体缘于第二结构系统；从生长上，也缘于与第二结构系统要素关系态的建立，在关系建构中实现生存、生长保持活力。关系不仅存在于第一结构系统要素中，也存在于第一结构系统要素与第二结构系统要素作用中。

生命构建的直接与间接关系

（观点）每个关系态及其量的多少对生命个体生长，发挥着不同的作用。

生命构建的直接关系。生命个体结构系统是开放的，第一结构系统要素与第二结构系统立体空间的各要素均可建立关系。当第一结构系统所构成空间的某个要素与第二结构系统所在空间的某要素直接建立关系态，称之为生命个体在统一结构系统中的直接关系态。第一结构系统与第二结构系统要素建立的关系态的关系数，取决于第一结构系统自身的需要及第二结构系统要素与第一结构系统要素的匹配度。但是，每个关系态及其量的多少对生命个体生长，发挥着不同的作用。第一结构系统要素与第二结构系统各要素虽然建立关系态，但是，可能由于建立关系态过程中"量"的不同——或多、或少，对生命个体将产生不同的影响。

在众多关系中，有的关系及该关系的量起决定性作用，对生命个体是不可缺少的关系及该关系的量，称为关键关系；

对生命个体发挥重要作用的关系及该关系的量，称为重要关系；

对生命个体起到优化作用的关系及该关系的量，称为优化关系；

对生命个体起到免疫作用的关系及该关系的量，称为免疫关系；

对生命个体起到抑制作用的关系及该关系的量，称为抑制关系；

对生命个体起干扰破坏作用的关系及该关系的量，称为负向关系；

对生命个体起矫正治愈作用的关系及该关系的量，称为正向关系；

对生命个体只起一般的关系及该关系的量，即不是关键关系、重要关系、优化关系、免疫关系、抑制关系、负向关系、正向关系的关系，称为一般关系。

第二结构系统要素与第一结构系统建立的关系态，其表现方式可以简略地概括为：急风暴雨式、合作交流式、润物细无声式。

不难理解，急风暴雨式的关系态，是指第二结构系统要素对生命个体的影响，是外力的、强迫的、生命个体本身及其要素是被动接受的；合作交流式的关系态，是指第二结构系统要素对生命个体的影响，采用双方沟通、交流的方式，在双方接受的前提下实施的影响，此时的影响，往往是双边的、积极的、正向关系的；润物细

无声式的关系态，是指第二结构系统要素对生命个体的影响，是在不知不觉中、以悄无声息的方式对生命个体产生的影响，当然，此方式建立的关系态，既有正向，也有负向等关系态。

对以上各关系再做些说明：当生命个体结构系统缺失关键关系时，生命个体停止生长，失去活力，生命结束。当其结构系统缺失重要关系时，生命个体生长是不正常的，出现异化，呈现不健康或病态表现。当其结构系统不存在整体优化关系或某一优化关系时，生命个体整体或某一方面生长是常态化的，其整体或某一方面表现为一般的或大众化现象。所谓"优化"，是对生命个体积极的引导、得到生命个体积极的回应，不是外界对生命个体的强迫及暴力革命。当生命个体结构系统存在免疫关系时，生命个体受到负向关系侵扰时，生命个体关系态及时呈现对抗、减小、修复负向关系的自动作用，实现生命个体生长的自身保护机制的现象，否则，生命个体就处在负向关系或正向关系注入的状态中。抑制关系，是在生命个体关系态中，对生命个体生长虽然不像负向关系那样起干扰、破坏作用，但是不积极、不主动、不赞成，起限制作用的现象。当其结构系统处于负向关系起主导作用时，生命个体受到侵袭，将出现病态，生命个体本身受到威胁，其结构体系受到破坏。当然，负向关系是相对生命个体所处当前生命个体基态而言，或者说，生命个体受到"侵扰"或所说的"病态"、生命个体受到"威胁"等也是相对生命个体当前基态所言，而不一定是真正的病态，或者说是生命个体正处在变革或蜕变时期，以取得新的生命。简言之，负向关系是外界强加给生命个体的，而不是生命个体积极主动回应参与；当其结构系统处于负向关系起主导作用，而开放的系统注入正向关系时，该系统负向关系将逐渐减少直至消失；结构系统恢复正常关系，生命个体恢复原生长及其活力。正向关系也是相对生命个体当前基态而言，是指生命个体处在负向关系或抑制关系中，影响当前生命个体基态关系的建构时，正向关系起到对冲负向关系的作用，或限制抑制关系发挥作用。

与第一结构系统所建立的关系，大多数处于一般关系等级，对生命个体的影响只起一般的作用，即对生命个体的关系不构成关键性、重要性、优化性、负向性或正向性的关系。但是，处于一般关系的关系态，随时空的转换，结构系统内关系态可以发生转化，可转化为暂态或其他关系态——可以转化为关键关系、重要关系、优化关系、正向关系或负向关系，等等。当然，其他关系，随时空变化也可发生变化，即各关系均可相互转换：关键关系可以转化为一般关系，可以转化重要关系，可以转化为负向关系，也可以转化为正向关系等。因此，从这个意义上讲第一结构系统依然是开放的，暂态不仅可转化为关系态，关系态亦可转化为暂态，甚至不同的关系态随时空的变化实现相互转化，实现生命个体结构系统生长过程中不同的基态结构，即每个生命个体基态结构都是生命个体新的生长起点。

与生命构建的间接关系。除第一结构系统与第二结构系统要素建立直接关系态之外，还可以借助其他要素实现生命个体与第二结构系统要素建立间接作用关系，即通过要素间产生传递作用关系，称这样的关系为间接关系。例如，第二结构系统 A 要素与生命个体处于暂态关系，但是，A 要素与 B 要素建立关系即实施影响，B 要素与生命个体建立关系态，即 B 要素对生命个体实施影响，A 要素对生命个体产生的关系是间接关系（为讨论方便，仍不讨论生命个体对间接要素的影响，只考虑间接要素对生命个体的影响，生命个体对要素的影响放在本章第三节讨论）。其所形成的状态，称为间接暂态或间接关系态。对照直接关系态建立的关系，间接关系态的关系对应于间接关键关系、间接重要关系、间接优化关系、间接免疫关系、间接抑制关系、间接负向关系、间接正向关系、间接一般关系等，即第二结构系统要素间接作用于生命个体，实现对生命个体构建起关键关系、重要关系、优化关系、负向关系、正向关系和一般关系。

由此，可以进一步得出两个结论：一是第一结构系统通过其要素的间接作用，相当于增加了关系态的数量；二是相当于增加了第一结构系统关系的量或使其关系发生转化。由于结构系统关系态数量的增加或关系的变化，要么直接推进此结构系统生命个体活力的生成及其生长；要么由于第一结构系统的开放性，在直接与间接的作用下，促进第一结构系统要素(如物质、信息、经验、记忆等)的整合，扩大其结构系统要素的关系态，在其整合过程中优化每个生命个体自身，促进较弱的生命个体快速增加其活力实现其生长，即实现种群的整体进化。

关系对生命个体及种群形成的影响

(观点)生命个体生长及其活力取决于生命个体本身贮存活力的能动现象和生命个体与第二结构系统要素关系的建立。

如前所述，把世界划分为生命个体世界和非生命个体世界，那么，第二结构系统的要素要么是生命个体，要么是非生命个体。所以，生命个体与第二结构系统要素所构建的直接关系或间接关系，要么是生命个体与生命个体的关系，要么是生命个体与非生命个体的关系。

当生命个体与生命个体构建关系时，通常表现为生命个体对物质、能量、信息、情感、思想等要素的需求，而对这些要素的需求也往往是生命个体双向的需求；这种需求可能是单一的，也可能是综合的，至少一方是主动的。由于生命个体优势不同、需求不同、目的不同，不同生命个体在所构建的结构体系中，即使要素相同，所构建的关系也可能不同——对自身生命个体是优化关系时，对构成关系的另一生命个体可能是负向关系。但是，对自身是优化关系，并不意味着永远是优化关系，其关系态随时空的变化可转化为负向关系。当然，负向关系亦可转化为优化关系，一般关系也可以转化为关键关系，相对另一方也可能是负向关系等。

当生命个体与非生命个体建立关系时，通常也表现为物质、能量、信息、情感、思想等的交流，但是，此时物质、能量、信息、情感和思想通常取决于生命个体的主动需求与选择，而不是非生命个体的选择性提供。换言之，非生命个体给予生命个体的物质、能量、信息、情感、思想是被动的或一以贯之的，不取决于生命个体本身的需要。当生命个体不主动改变与非生命个体所建立对象的关系时，非生命个体不会主动获取物质、能量、信息、情感、思想，即生命个体的单向作用。进一步说，非生命个体不会主动构建关系，即生命个体是主动而非生命个体是被动。

由此可见，第一结构系统与第二结构系统非生命个体要素建立关系，要么是生命个体主动将非生命个体纳入生命个体基态结构中，成为生命个体结构系统中的要素；要么非生命个体依靠外界力量进入到开放的生命个体结构系统中，与生命个体构成暂态或关系态。生命个体与第二结构系统要素建立直接或间接关系，由于要素不同、目的不同、直接导致关系态不同，直接影响生命个体活力及其生长。因此，讨论生命个体生长与活力需要的关系，要区分生命个体结构系统生命要素和非生命要素以及与其建立的不同关系态。

综上讨论，生命个体是通过与第二结构系统要素建立关系构建统一的结构体系，在统一的结构体系内与其相关要素发生作用，实现生命个体活力及其生长。但是，第一结构系统与第二结构系统要素建立的关键关系、重要关系、优化关系、免疫关系决定了生命个体生长、优化及其实现自身免疫的可能。抑制关系态、负向关系进一步说明与第二结构系统要素关系的建立不完全有利于生命个体的生长，而且可能还有抑制作用，甚至起完全相反的作用。正向关系进一步说明生命个体结构系统的开放性，生命个体生长及其活力，即在第一结构系统构建关系呈现出不同关系态过程中可以实现关系冲抵。因此，生命个体生长及其活力是其第一结构系统要素连续不同状态的过程，除生命个体本身贮存的时空活力呈现的能动现象外，决定于生命个体与第二结构系统要素相关关系及其建立关系的过程。由此，有理由相信：生命个体生长及其活力取决于生命个体本身贮存活力的能动现象和生命个体与第二结构系统要素关系的建立。

下面，讨论生命个体与第二结构系统要素之间的关系。首先讨论生命个体与第二结构系统非生命个体要素之间的关系。每个生命个体与第二结构系统各非生命个体要素或建立关系态或处于暂态，以此实现或选择机会实现生命个体在与第二结构系统非生命个体要素相互作用获取物质、能量、信息、情感等。但是，由于第二结构系统非生命个体要素不一定是某个生命个体所独有，而是与其他生命个体第二结构系统要素所共有，如阳光、空气等。因此，系统非生命个体要素——如阳光、空气，对诸生命个体结构系统要素构建相同或不同关系态（或关系），实现"阳光要素""空气要素"对诸生命个体的影响。由于诸生命个体均对"阳光要素""空气要素"建立关系态，必将导致诸生命个体之间关系态的建构。因此，诸生命个体依据对"阳光要素""空气要素"建立的关系态及其关系态的量，构建诸生命个体之间"关键关系""重要关系""优化关系""抑制关系""免疫关系""负向关系""正向关系""一般关系"的关系态。由于诸生命个体灵性的存在，诸生命个体之间，诸生命个体与非生命个体要素之间必将构建适宜的关系态。诸如，生命界产生动物与植物的分类；植物界形成乔木和灌木的分类等现象。

其次，讨论生命个体与第二结构系统生命个体要素之间的关系。当生命个体与第二结构系统要素仍为生命个体时，该生命个体第一结构系统要素与第二结构系统生命个体要素依然是：或建立关系态或处于暂态。以此实现或选择机会实现生命个体生长，这一点与系统非生命个体要素相同。但不同的是，第二结构系统要素的生命个体具备生命的活力与能动现象，它除了作为"统一系统要素"与生命个体建立关系态外，又以自身的生命个体建立统一结构系统参照系与新参照系下的第二结构系统其他生命个体要素建立关系态；其他生命个体又以自身的生命个体建立统一结构系统参照系与新参照系下的第二结构系统其他生命个体要素建立关系态……直至众多生命个体结构系统建立稳定的网状结构为止。因此，可以得出这样的结论：众多生命个体之间，由于能动现象的存在，所构建的自身结构系统以及与第二结构系统的关系态必将相对稳定，即建立起相对稳定的生命群落系统。

以第一结构系统要素为核心，以第一结构系统要素暂态为结构基础，以第二结构系统要素建立关系态为作用体系，实现生命个体的生长。因此，凡是能构建相类似的第二结构系统要素的生命个体，即为同种生命个体；如植物种群、动物种群等。当然各种群还可以细分。在种群形成过程中及种群形成后，以生命个体第一结构系统要素为核心与第二结构系统要素建立的各关系态依然成立，或进一步说，种群的形成证明以生命个体结构系统要素为核心构建生命个体结构体系相同生物的趋同性。如果以生命种群为结构单位，那么生命种群结构系统要素——生命个体，与第二结构系统要素——生命种群或非生命个体种群建立关系态，即种群关系态。所形成的关系，即种群关键关系、种群重要关系、种群优化关系、种群免疫关系、种群抑制关系、种群负向关系、种群正向关系、种群一般关系等。

生命个体构建了生物种群，种群能否存在，取决于其内部生命个体关系态的建构和种群整体与第二结构系统要素关系的建立。种群在形成过程中，其生命个体与第二结构系统要素建立的关系态和生命个体结构系统要素在历史的建构中形成了诸多相似性，这些相似性，确保个体生命信息的交流与种群的繁衍，而长期的信息交流和种群繁衍模式将被生命个体固定化，形成生命种群的特点。诸如，动物界某种行为约定——蜜蜂、白蚁等固定行为；植物界其生长、开花、结果等繁殖方式行为等；人类社会不同民族形成的道德规范、民族传统、制度、规范、规章、机制等，以确保种群个体的和谐、稳定、生存、延续与发展。

生物种群也不是封闭的系统，存在于某一空间区域、在一段时间内的生物种群与第二结构系统要素建立关系态，进行物质、能量、信息、情感等交流，以此适应、改造生物种群第一、第二结构系统要素，实现种群的生存、繁衍。因此，可以把种群关系态的整体构建称为种群生态系统。当然，就生命个体而言，其个体关系态的整体构建即为生命个体生态系统。或者说，种群生态系统、个体生态系统，取决于种群及个体整体关系态的建构。因此，生命个体生长及种群发展活力，均取决于个体生态系统和种群生态系统的要素及其关系态的建立。生态系统要素，依然是生命个体要素和非生命个体要素。生命个体要素，已经讨论过。而非生命个体要素，因缺乏生命灵性，按照物理性质或与生命种群作用过程中具有的共同特征及某种共同属性给予类种群分类，如水、空气、阳光、土地、高山、温度等。生命种群及生命个体与非生命类种群构建的关系态依然是：类种群关键关系、类种群重要关系、类种群优化关系、类种群免疫关系、类种群抑制关系、类种群负向关系、类种群正向关系、类种群一般关系等。显然，非生命类种群要素对组建生态系统也十分重要。因此，若生态系统生命个体要素和非生命个体要素发生变化，也必将导致生命种群的变化，当然，其变化的程度与速度取决于统一系统要素的变化程度及速度。

纵观生命个体与生命种群的历史，"关系"构建始终伴随着生命个体与生命种群的存在，不管生命个体还是生命种群是主动的建构"关系"还是被动的建构"关系"，该"关系"对生命个体及生命种群都将产生相对应"关系"的影响。因此，考察生命个体、生命种群生命质量及其本质属性，都可以从考察"关系"切入。由此可以得出这样的结论：如果能从生命个体和生命种群关系建构的历史来考察，就能够较好地把握生命个体和生命种群的本质属性及其生命质量。当然，生命个体和生命种群如果能够施加某种影响，改进、改善或增加生命个体和生命种群的某种"关系"，那么生命个体和生命种群的生命质量也将得到相应的改善。但值得注意的是，生命个体第一结构系统与第二结构系统的开放性，决定着"关系"的开放性，当生命个体某"关系"的量达到某一阈值时，其"关系"将发生变化，对应的是生命个体的质量也将发生变化。因此，这就提醒人类，在依靠科学技术改善人类生命个体关系的同时，要兼顾人类生命个体第二结构系统要素的承载力，否则，人类也将面临生存危机！

需要说明的是，生命个体结构系统、种群结构系统所构建的关系概念，都是强调生命个体或种群建立关系的对象要素对生命个体或种群实施的影响，而没有给出生命个体或种群本身由于具有能动的适应性，而进行的自身修复、进化或对关系态中要素的改造。这一点，将放在"生命的本质属性"一节讨论。

第三节　生命的本质属性

（要点）生命的活力是生命个体有序现象，生命个体活力的衰减，即生命个体系统熵增加；生命个体活力消逝，生命系统熵趋于无穷大。生命活力遵循熵增加原理。

如上节所述，生命伴随着"关系"的建立而诞生，有了生命便有了"关系"。如果能够窥视自然界生命的某些共同特征和"关系"建构的历史过程，那么，就可以把握生命共同本质属性的某些特点。所以，从考察生命个体第一结构系统要素构成上入手，对比构成生命第一结构系统要素的物质基础，与此同时，考察生命与"关系"的本质联系，寻找生命本质属性的蛛丝马迹。

生命能动关系的建立

（观点）生命个体是生命能动的历史经验关系记忆的整体呈现。

自然界孕育了生命。组成生命的化学元素 C、H、O、N、P、S、Ca 等都存在于地球，"从分子成分看，各种生物体除含有多种无机化合物外，还含有蛋白质、核酸、脂、糖、维生素等多种有机分子……其中，有些有机分子在各种生物中都是一样的或基本一样的，如葡萄糖、ATP 等"[①]；"各种生物都用一套统一的遗传密码编

---

① 赵德刚主编. 生命科学导论. 北京：科学出版社，2008：4.

制自己的基因序列，并通过基因的表达与调控来实现生长、发育、生殖、遗传等生命活动"[①]；"除了病毒，生命的基本单位是细胞，细胞内的各种结构单元（细胞器）都有特定的结构和功能"[②]；所有生物都进行新陈代谢。通过生命个体这些共性的形成，可以考察生命个体形成的历史，以提供生命本质属性的一些信息。

细胞是生物的基本单位，"组成细胞的化合物：无机物——水占 80%，无机盐占 1%；有机物——糖类占 1%，脂类占 2%，蛋白质占 15%，核酸占 1%"[③]。单细胞构成单细胞生物如细菌、小球藻；多细胞构成的生物，是生物界最多的生物。细胞是如何构成诞生的呢？自宇宙起源之后，物质世界得以形成，构成物质世界的元素处在非生命物质形成要素的某一关系态中，元素与元素，在某一关键关系、重要关系、优化关系等条件（温度、湿度、压力、阳光、火山、闪电等）下，元素将以或原子、或分子、或化合物等无机物、有机物形式存在（见图 1-1）。有机物等这些小分子又与周边空间非生命物质要素建立关系态，经过这些关系态的长时间作用，在某一关键关系、重要关系、优化关系、免疫关系、抑制关系、正向关系及负向关系的作用下，有机物小分子实现与空间各要素的互动结合，众多有机小分子在与各要素的互动过程中，充满着活力，实现动态的增长与聚合，循环往复……有机小分子聚合成具有一定结构的、具有一定功能的、始终与周围空间各要素建立直接或间接关系态，进行着物质的、能量的、信息的、充满活力的交流，实现大分子进化，于是，RNA 诞生了——细胞诞生了——生命诞生了！（见图 1-2）

---

① 赵德刚主编. 生命科学导论. 北京：科学出版社，2008：4.
② 同上书，5.
③ 同上书，15.

时间/亿年前

宇宙大爆炸

150

140 ⎫
130 ⎪
120 ⎬ 元素起源和演化
恒星内超新星 110 ⎪
爆发核合成 ⎭

100 ⎫
简单分子 90 ⎪
80 ⎪
复杂分子 70 ⎬ 生命前化学进化
太阳系 60 ⎪
原始星云 50 ⎪
地球诞生 ⎪
地球大气 40 ⎭

最古老化石 30 ⎫
⎪
20 ⎬ 生物进化
陆生动物出现 10 ⎪
⎪
人类出现 0 ⎭

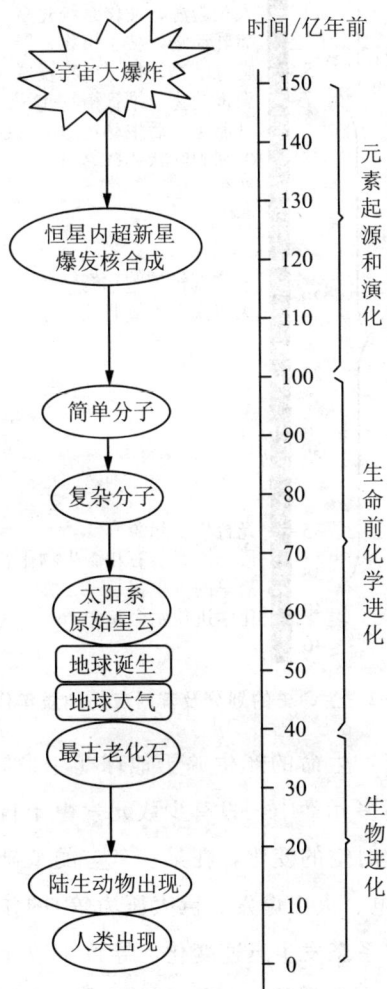

图 1-1 生命演化过程

23

地质年代　　　时间/亿年前　　　进化事件

显生宙

宏体真核生物占优势时期

0

人类起源、文化系统建立　　　　　文化进化
哺乳动物、被子植物发展

5

爬行动物、裸子植物发展

7
8
10

脊椎动物、维管植物起源
骨骼化、后生动物适应辐射
多细胞叶状体植物适应辐射
性分化　　　　　　　　　　　　多细胞生物进化

元古宙

微体原核生物占优势时期（生命史的）

20

冠族真核细胞起源
大气圈自由氧开始积累

25

单细胞生物繁衍及
原始生态系统建立

30

太古宙

4/5时间

35
38
40
46

光合作用起源
最早的叠层石和微生物化石记录
最早的沉积记录　　　　　　　　生命起源
化学进化生命起源

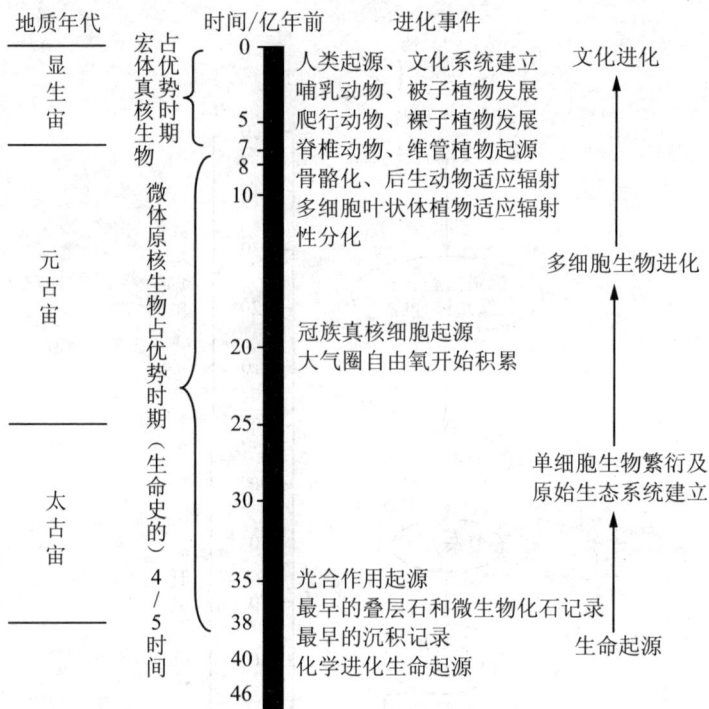

图 1-2　生命史的划分及其对应的地质年代①

　　由此可以断定：生命的产生源于地球非生命物质关系的建立，而构成地球物质诸多元素中，只有少数元素由于自身固有特性，在所处关系态中经过时空的变化，在某一基态的基础上，其某一暂态在某一媒介（如闪电、火山爆发、巨大压力等）的作用下，迅速进入关系态，或某一关系态发生迅速变化，导致少数元素由单质转化为化合物，直至有机物小分子、大分子的形成，进而诞生充满活力的生命。因此，地球上的生命在众多元素构成上具有同源性；由于各

---

① 赵德刚主编. 生命科学导论. 北京：科学出版社，2008：211.

元素所处的基态不同，关系态不同，注入的媒介不同，或至少存在细微差别，故可推断出这样的结论：生命具有多样性。

从元素到细胞，从细胞到生物多样性，始终贯穿元素或由元素组成的细胞，由单细胞或多细胞构成的生物与周围时空中的要素建立着关系态，恰恰众多新生命个体之间或新生命个体与非生命个体之间，构建直接或间接关系态，实现着生命个体构建的结构体系的要素对生命个体本身的影响。这种影响，由于生命结构体系的开放性，体系内要素可随时空发生变化，因此关系态数及其量可能发生变化，但是，不管关系态数及其量如何变化，与要素建立的关系态对生命个体的作用是持续存在的（参见第二节"生命关系的划分及其作用效果"的论述）。由此得出结论：生命的起源及其进化始终伴随着充满活力的生命能动关系建立。

第二结构系统要素分为两类：生命个体要素和非生命个体要素。当要素是生命个体时，要素生命个体是通过与生命个体建立关系态发生作用实施影响，但是，每个生命个体在作为结构体系要素对其他生命个体通过关系态发生作用实施影响的同时，也接受着该生命个体在要素生命个体构建的结构体系中以要素的身份发生作用实施影响。与此相似，当要素为非生命个体时，除要素通过关系态对生命个体发生作用实施影响外，生命个体对要素——非生命个体，亦发生作用产生影响。当要素为生命个体时，互为要素为生命个体，在要素具有的特性内均可实现双方主动作用；当要素为非生命个体时，相反，以非生命个体为核心构建的第二结构系统要素是生命个体，生命个体以要素的身份对非生命个体产生作用实施影响是主动的，非生命个体对生命个体产生作用、实施影响是被动的，是随着生命个体对非生命个体作用、影响、改造而逐步升级的，当非生命个体与生命个体建立的关系及其量积累到一定阈值，关系态将发生变化，可由一般关系变化为负向关系或关键关系等。如北京地区连续一周重度雾霾天气，是北京及周边地区对非生命个体——环境要素的无度开发、过度使用导致北京及周边地区环境要素对该地区人类建立关系态的变化，即由该地区美好环境要素与人类构建的重要关系或优化关系的关系态，转化为恶劣的雾霾天气环境要素与人类构建的负向关系的关系态。因此，得出结论：生命个体与第二结构系统要素的作用、产生的影响是双向的。生命个体充满活力的能动性，是统一体系内互为要素的关键，但两者对对方的作用与影响存在区别。

通过以上讨论，可以清晰地了解充满活力的生命个体伴随着生命个体关系的建立，完成了生命个体从起源、分化到进化的全过程。所以说，生命个体是生命能动的历史经验关系记忆的整体呈现。

生命的本质属性

（观点）生命存在原则是生命个体存在的基础，耗能最小原则是生命个体生长过程的特点，生命最优原则是生命个体发展的目标追求，衰减原则是确保生命系统存在——生态平衡的原则。

1. 生命存在原则

生命存在原则是生命起源、分化、进化的第一原则。生命从诞生那一时刻起，甚至追溯到由元素原子在与周围时空本元素或其他元素相互作用——建立关系，形成有机分子直至形成能动的生命个体。原子或生命个体始终依靠第一结构体系中的某要素与第二结构系统要素相互作用，呈现其存在的活力，使自身得到生长。因此，生命个体所处不同环境或环境发生变化，生命个体均以生命存在为第一原则，在此基础之上与第二结构系统的要素建立能动的关系。

　　生命在开放的关系建构中实现生长。其过程，是物质与物质在建立关系的过程中，形成开放、自动调节、信息交流、能量流动、物质交换及其能动的第一结构系统要素关系相互作用的现象。在此过程中，充满活力的生命第一结构系统一旦运转失灵或结构受到损坏，生命的信息交流、能量流动、物质交换，必将受到影响。然而，生命的第一结构系统要素由于存在诸如免疫关系、抑制关系等关系系统，生命系统依靠其自身的免疫关系或抑制关系实现自动调节，维护或替代结构功能，尽可能实现结构功能的自动修复。当生命结构系统受到负向关系的作用又不能得到正向关系及时救治，生命个体结构系统功能必将消失。若是生命个体关键关系或重要关系受到负向关系作用而没有得到正向关系的作用，生命个体的生命可能受到威胁甚至生命结束，生命物质转化为非生命物质，返回到物质世界中。因此，生命结构自动调节系统第一任务——维护功能存在，确保调节关系畅通，防止结构受到破坏。

　　生命能动的关系是双向的。在双向作用过程中，生命个体始终发挥着主导作用，一是主动完善第一结构系统要素的配置，以积极的态度适应第二结构系统要素的改变；二是对第二结构系统要素进行积极主动的应用与改造。

　　这里首先讨论生命个体主动完善第一结构系统要素的配置。生命个体从诞生时刻起，就与第二结构系统要素建立关系态，始终把生命存在放在第一位，积极改造第一结构系统要素的配置，由此呈现出生命个体的分化与进化。譬如，生命诞生之后，在与第二结构系统要素相互作用下，生命界开始分化出病毒、细菌、植物、动物等。又由于生命个体能动性的存在，使得生命个体进一步与第二结构系统要素发生作用，实现其生命的进化。譬如，水生动物，个个都进化成游泳能手；飞行动物，个个都进化成优秀航空器。其实，物种的多样性就是生命个体适应其结构要素的最有力实证。

为更深刻理解，以在大漠中生长的胡杨为例。胡杨树为了能够在干旱、高温、寒冷、盐碱地生存，它的根可以扎到 20 米以下地层，以较好地吸收水分，并将大量的水贮存在体内，用来抵抗干旱。其细胞有特殊的机能，不受碱水的伤害，细胞液的浓度也很高，能不断地从含有盐碱的地下水中吸取水分和养料。胡杨树有不同的叶子，大叶子为了吸收阳光，小叶子为了减少水分散失，叶片上有蜡质，能够锁住每一滴水。因此，可以肯定地说：胡杨树生命结构系统的特点是胡杨树生命个体适应第二结构系统要素的产物，或者说第二结构系统的要素对胡杨树生命个体的影响作用，胡杨树为了适应第二结构系统要素而形成了这些特点。

其次，再来看生命个体对第二结构系统要素的应用与改造。生命个体对第二结构系统要素积极适应的同时，也在不断的应用、改造第二结构系统要素的配置，追求生命个体更好地存在。由于第二结构系统要素由生命要素和非生命要素构成，所以分别进行讨论。

先讨论对生命要素应用与改造。大家知道，生命个体是在关系的建构过程中起源与生长的，因此生命个体对第二结构系统要素实施作用是必然的。当然，如果第二结构系统要素也是生命要素，那么第一结构系统的生命要素对第二结构系统生命要素的应用与改造，由于生命个体的能动关系，第二结构系统的生命要素也将呈现主动适应，进而形成自身特有的"第一结构系统"，即第二结构系统要素的生命个体也进行着不断的分化与进化，这就是生命个体对第二结构系统生命要素的第一次改造（其实，应用与改造是双向的，只不过是关系态有所不同）……诸如此类，众多的"第二结构系统生命要素"，将形成网状的生命个体的分化与进化。这种众多的"第二结构系统生命要素"的分化与进化，就是生命个体对第二结构系统生命要素的改造。这种改造，最终通过众多的同类生命个体而确立了种群之间关系——生态链的形成。譬如，自养生物——植物，异养生物——动物。植物通过光合作用实现生长，为食草动物提供养料，确保其生存生长，而食草动物又为食肉动物提供养料，食肉动物的粪便又为植物提供养料……客观上，食草动物在应用植物——草的过程中，对草的生长环境进行了改造。而这种改造又取决于食草动物与植物——草构建的关系态。同理，食肉动物与食草动物在关系态上，食草动物对食肉动物是关键关系或重要关系，但是食肉动物是食草动物的负向关系，恰恰是食肉动物关系的存在，改造了食草动物种群。当然，这种改造依然取决于两种动物的关系态。其实，生态链上的每个种群生命个体对相邻种群生命个体都在应用与改造，非相邻生命个体与生命个体构建了间接关系态。

再讨论对非生命要素应用与改造。其实，生命个体对非生命要素应用与改造更为明显。生命个体伴随起源、生长全过程都在与第二结构系统要素建立关系态，除上面讨论的生命个体要素之外，当然包括非生命个体要素。那么，生命个体对非生命要素的改造也是基于生命个体更好地生存。譬如，水生动物对水环境的应用与改造；植物对水土环境的应用与保护；人类对环境的应用与改造……

综上讨论，可以得出这样的结论：生命个体从起源、分化与进化，都在积极与第二结构系统要素建立关系态，不论生命个体自身适应性改造还是对第二结构系统要素的应用性改造，都是建立在生命个体存在的基础上，实现着生命个体生长——能动关系的历史经验关系记忆建构。其存在的本质有两种表现形式：一是生命个体结构系统要素能动关系的存在，对此，我们称之为客观存在；二是生命个体在与第二结构系统要素积极主动地构建关系态的活力表现，称之为表征存在。相比非生命要素，生命个体基于生命存在而具有的适应、使用与改造第二结构系统要素的属性，是区别于非生命个体的显著特征之一。

2. 耗能最小原则

大家知道，生命个体中原子构成分子、小分子构成大分子，只要满足某一能阈，生命个体中的物质分子遵循物理化学规律在与第二结构系统要素建立关系态的过程中，就会实现生命个体活力及其历史经验关系记忆的建构。但是，生命个体从与第二结构系统要素建立关系态获取能量、物质、信息、情感（生命个体对物质、信息、情感的需求其实质仍然是能量的需求）等越多越好吗？其实不是。生命个体第一结构系统要素关系态的建立过程中，存在最小的物质、能量、信息、情感综合阈值。这阈是状态阈，我们用字母 Q 表示。低于此阈值，生命个体生存与生长受到威胁或情感得不到满足，因此，生命个体依据存在原则必须给予坚决维护。超过此阈值，生命个体将多余的物质与能量排除掉或储存起来，例如，植物界等。植物生命个体根植于某一相对固定的空间，与第二结构系统要素——阳光、水、空气、无机物、有机物等建立关系态，采取生命个体能动的自身历史经验关系记忆结构——根、茎、叶体系及特点的建构，以最小的物质、能量、信息消耗获取第一结构系统要素建立关系态所需要的最少物质与能量，譬如，植物界乔木与灌木、阔叶林与针叶林等。

当然，动物界与植物界有明显的不同。动物生命个体必须能动地消耗自身能量，与第二结构系统要素建立关系态，从中获取能量，如食草动物、食肉动物等。对比植物生命个体第一结构系统要素关系态建构及其能耗关系，显然，动物生命个体尽可能以最小的能耗获取第一结构系统要素建构——历史经验关系记忆所需要的物

质与能量。值得强调的是，植物生命个体与动物生命个体，虽然都存在生命个体第一结构系统要素建立关系态所需要的最小能量，但是，植物生命个体所需要的最小能量来源其自身特有的根、茎、叶等器官的能动接受，而动物生命个体则需要消耗自身能量能动的获取。然而，植物生命个体根、茎、叶等结构系统要素在能动的接受物质与能量的同时，也存在其能动的消耗，而动物生命个体只能依靠能动的消耗物质与能量，才能够获取其第一结构系统要素所需求的物质与能量。另外，从人类自身发展的历史——工具的不断改进，可进一步窥视到人类生命界追求最小能量消耗的证据。因此，提出这样的"科学猜想"：生命界是统一的，最小能量消耗是生命系统共同的追求。

那么，生命系统是怎样完成最小能量消耗的呢？结合上面的讨论和经验事实，可以认为：生命个体是开放的耗散结构系统，其能量流是高度有序的。生命个体的能量流之所以是高度有序，是因为存在生命个体第一结构系统内各结构要素建立关系态的有机作用，进而产生生命个体能量的需求信息，对此，生命个体通过信息调控生命个体第一结构系统各要素的关系态及其量，实现从其第二结构系统要素建立的关系态中获取生命个体所需能量。获取的能量越多越好吗？从理论上说，生命个体与第二结构系统要素建立关系态获取的能量等于生命个体本身所需量即可。既然生命个体能量来源于与第二结构系统要素的关系态建立，就必然有生命个体关系态的转变。然而，生命个体的某一基态发生关系态转变时，或某一暂态转化为某一关系态时，必然要有一定的能量支持。因为生命个体的物质作用依然遵循物理、化学等自然界规律，所以，生命个体要实现关系态转变，必须满足所需要的某一能量，即关系发生转化需要满足某一能量阈。显然，这一能量阈是生命个体第一结构系统与第二结构系统要素建立关系态所需要的最小能量，即超过此能量对生命个体第一结构系统与第二结构系统要素建立关系态没有意义；低于此能量，生命个体第一结构系统不能与第二结构系统要素建立关系态，无从获取生命个体第一结构系统要素建立关系态所需要的能量。

那么，生命个体第一、第二结构系统要素建立关系态所需要的能量与生命个体第一结构系统要素之间建立关系态所需要的能量具有怎样的关系呢？大家知道，生命系统是耗散结构，依据热力学第二定律可知，生命个体第一结构系统与第二结构系统要素建立的关系态获取的能量，只有大于生命个体第一结构系统要素之间建立关系态所需要的能量时才能得以满足。因此，假设生命个体从外界获取的能量、信息、情感等综合量用 P 表示，则有 $P > Q$；把 $P - Q$ 称为无用综合能耗，用 M 表示，则有 $M = P - Q$，因为 Q 是状态的，所以 P 也是状态的，P 随 Q 的增大而增大。显然，对生命个体，M 越小越好，但 M 不可能等于零。所以，可以得出如下结论：只要生命个体维持正常活力及其生长并得到基本的情感满足，即生命个体第一结构系统内各关系态正常提供其所需要的各项供给，生命个体无须耗散更多的无用综合能耗与第二结构系统要素建立关系态用以获取更多的综合能量补充。简言之，即生命个体追求 M 最小。

这也是生命个体区别于非生命个体的显著特征之二。植物的根、茎、叶结构特点及动物的惰性等即为动植物追求 M 最小的例证。物质与能量、信息与情感、能量与信息是生命个体内的几对孪生兄弟，在适宜条件下可相互转化；物质与能量转化遵循爱因斯坦质能方程，信息与情感转化标明生命个体的进化程度，能量是信息的载体，信息是能量的表征。

3. 生命最优原则

生命是能动关系的产物。在能动关系的建构中，第一任务确保生命存在，即凡是不能构成生命的能动关系，在生命个体的建构中均不存在。生命个体的建构过程其实质是关系的建构过程，也是关系的否定过程。生命个体每一关系的建构，即生命个体与每一要素发生的作用，必须达到发生作用的能阈，这一能阈的大小取决于生命个体内关系态的需要，即生命个体活力及其生长的需要（前面已讨论过）。生命个体在众多关系的建构过程中，完成了生命个体第一结构系统及其功能的建设，当然，由于生命个体众多关系的不同，生命个体第一结构系统及其功能也不同，也就形成了不同的生命个体——物种多样性存在。一个物种生命个体一旦形成，其结构、功能、物质构成也就相对固定，生命个体第一结构系统各要素的关系也就相对固定，即生命个体本身历史经验关系记忆贮存在生命个体与众多要素构成的各关系态中，譬如，DNA 分子贮存遗传记忆信息、各器官的功能及人类大脑功能分区等，都是生命个体历史经验关系记忆的必然。但是，由于生命系统的开放性，生命个体对生命个体本身、对生命个体本身之外始终建构关系，尽管是相对固定，但生命个体本身及其之外的某个暂态关系在条件具备时，暂态关系达到某一能阈，两种结构系统也增加新的关系态，即使不能记录在生命个体历史经验关系记忆中，也就是说不能遗传给后代，也在生命个体第一结构系统中增加结构要素并与生命个体建立关系态，我们称之为现实经验关系记忆。

其实，生命个体历史经验关系记忆，体现在生命个体繁衍过程中子代与亲代的相对稳定。现实经验关系记忆，体现在生命个体第二结构系统现实关系要素的建构中。现实经验关系的现实建构，是生命个体适应环境、改造环境的体现，是生命活力存在原则的外在表现。生命个体第二结构系统要素的某基态，取决于生命个体与第二结构系统要素相互作用所记录的近期过程的现实经验关系记忆。因此，生命个体始终在关系态的建构中生存、生长，甚至有的关系态的建立改变了生命个体能动的历史经验关系记忆。更明确地说，生命个体在历史繁衍中除保持物种遗传外，还存在变异的可能。生命个体相对固定的各关系态，是保持生命个体活力及其生长不可缺少的关系态，是生物之所以为生物、种群之所以为种群、生命之所以为生命的有别于其他生命个体的结构和功能的具体呈现。

生命个体为持续供给第一结构系统相对固定各关系态物质与能量的需要，生命个体依据对本结构系统能动的历史经验关系记忆（专指遗传关系态）或新增关系态的现实经验关系记忆——生命个体表现为某种欲望，以此作为物质、能量、信息、情感输送的前提、基础，甚至是条件，决定其是否与第二结构系统要素建立关系态。或者说，生命个体依据本身关系态的记忆（历史的和现实经验的），做出对第二结构系统要素是否建立关系做出判断。换言之，生命个体对第一结构系统历史的或现实经验的关系态及其要素"情有独钟"，甚至产生"依恋之情"，即决不能没有、缺少这样的关系及其要素。我们可以作如下预判：具有相似或相近结构及其系统，或存在低能阈关系态的生命个体，其物理、化学规律在生命个体中呈现相似性，生命个体之间易产生和谐与共鸣——关系记忆起决定作用。因此，生命个体在追求关系的记忆中，将有较清晰的目标，在条件适宜或某信息、情感的诱发，生命个体在自动信息调节功能的作用下，为此目标作出顽强的努力或跟随性的选择，前者表现为生命个体的意志或行为，后者则表现为行为而非意志，即生命个体形成某种行为或"意志"倾向，追求生命个体和谐共振的关系态。由于生命个体对"关系态"，特别是"能动的历史关系态"——生命个体的关键关系的"情有独钟"，而"能动的历史关系态"恰恰是构成生命个体的充分必要条件。因此，生命个体将不可能拒绝能动的历史关系态中生命个体关键关系的供给，直至生命个体第一结构系统免疫关系或抑制关系发挥作用，生命个体将对其作出调整，确保其关键关系不转化为负向关系。所以，生命个体追求耗能最小或以较小能耗换取"能动的历史关系态"或"现实经验关系态"的最优化，即更大程度满足生命个体第一结构系统关系态物质、能量、信息、情感等生命个体更需要的量。

假设生命个体优化量 W，则生命个体追求 W/M 最大值，此时 M＝P－Q，W∈Q（假定 Q 其他量不变），即生命个体追求用较小的无用综合量换取最大量的最优化——实现 W/M 最大。当然，生命个体为追求生命的最优，即追求 W 增大。因为 W∈Q，所以 Q增大，生命个体将不懈地增大自身的付出与努力，即 P 值增大。而P 递增速度大于 Q 递增速度，所以 M 增大。但当 M 值增大到超过某一量值 N 时，生命个体将产生悲观情绪，不再追求生命最优而走向相反的一面，此时 W/N 最小。所以，N 值反应了生命个体追求最优与付出的关系。同一个生命个体因 W 不同，P 则不同，N值亦不同。不同生命个体，即使 W 相同，P 也不同，N 也不同。简言之，生命个体以较小能耗换取生命最优，0＜M≤N，就是生命最优原则。

这是生命个体区别于非生命个体的显著特征之三。为更好理解生命最优原则，可以假设，生命个体某个关系态刚好处于 Q 的某个基态，但是生命个体与此关系态的要素具有充足的量，生命个体又满足能耗最小原则，那么生命个体此时的关系态将变成生命个体优化关系，生命个体呈现在此关系上的最优发展。进一步假定，生命个体内所有关系态都满足上述假设，如果生命个体均不拒绝，即抑制关系不发挥作用，那么生命个体实现整体最优。譬如，植物生长，当水分、温度、肥料等要素具有充足的量，植物实现快速生长；但当植物水分、温度要素量充足，肥料缺乏，植物生长就不健壮；当水分、温度、肥料等要素不充足，植物生长缓慢且不健壮。植物是靠阳光、土壤、空气、水等要素获取能量确保活力及其生长的。

就动物生命个体而言，动物个体在确保生存的原则下，遵循能耗最小或 W/M 最优的生活过程，譬如，动物尽可能用较少的劳动获取较多食物。这是生命个体追求历史关系态记忆的必然结果。

人的惰性亦是如此。人的意志努力、理想追求等是更高层次生命最优的追求（将在后面的章节讨论）。

4. 生命活力衰减原则

生命个体是第一与第二结构系统要素能动地相互作用关系的产物，因此，生命个体存在能动作用关系的量值，即生命的活力值。此量值，现在虽然难以精确测量，但我们很容易感受到生命个体活力，在生命周期不同阶段呈现出不同能动关系的量值的大小。那么，"量值大小"遵循怎样的规律呢？

生命个体第一结构系统是开放的系统，在与第二结构系统要素能动地作用过程中，完成了第一结构系统要素物质、能量、信息的定向输入与输出，以此形成生命个体能动的物质结构或改造第二结构系统要素的构成。所以，生命个体第一结构系统要素能动的相互作用关系，建立在生命个体能动的物质结构基础之上。当生命个体第一结构系统的结构处于生命个体生长期，其本身随着结构活力完善、增强，结构要素活力与功能将得到提升、固化。由此，促使生命个体本身生长与发育，此时的生命个体能动关系充满着生机与活力——细胞分裂、分化、呼吸旺盛等。当生命个体发展到成年、壮

年时，生命个体结构系统能动关系的功能也达到生命个体的高峰期，细胞生长与死亡达到相对平衡。此时的生命个体第一结构系统各要素的历史经验关系记忆及第二结构系统各要素记录的现实经验关系记忆相对完善及丰富，生命个体的两个结构系统能动关系在整个生命周期中处于最佳状态。当生命个体生长到成年之后，生命个体能动关系，随着生命个体第一结构系统各关系态的长期运行，生命个体第一结构系统承担着生命个体与结构要素反复相互作用，使得生命个体结构要素中的最小单元出现衰老——细胞分裂及其功能减弱，即能动关系活力弱化。从此，生命个体第一结构系统及其功能的活力逐渐衰退，生命个体追求前面三原则的能力走向衰退——生命个体走向衰老，直至生命个体的生命结束。

事实证明：生命个体存在生物电流，即存在生物磁场。生物体存在的电磁场，即为生命个体内生活力的物质体现。当然，生命个体内生活力机制消失，内生活力随之消失，生命个体存在的电磁场不复存在，生命个体回归自然。由此，进一步得出结论：生命的活力是生命个体有序现象，生命个体活力的衰减，即生命个体系统熵增加；生命个体活力消逝，生命系统熵趋于无穷大。生命活力递减遵循熵增加原理。

生命存在原则、耗能最小原则、生命最优原则、生命活力衰减原则，是生命遵循的基本原则，是生命的本质属性。上述四原则，生命存在原则是生命个体存在的基础，耗能最小原则是生命个体生长过程的特点，生命最优原则是生命个体发展的目标追求，衰减原则是确保生命系统存在——生态平衡的原则。

此四原则，是生命个体在关系建构过程中的总原则，它们之间的关系可随生命个体进化程度的不同，在特殊关系态的建构中，有时发生变化。譬如，人类生命个体由于信仰、意志的存在可放弃生命的存在，进而追求生命个体情感需要的最优化。

四原则也是生命个体区别于非生命个体的四个显著特征，是生命个体到非生命个体的一个周期回归，其本质是生命个体一个完整的循环。因此，生命世界与非生命世界是统一的，生命个体与非生命个体只是物质存在的两种形式。

第四节　生命本质属性宏观表现及其差异

（要点）生命个体灵性及其灵动能力的实质是其本身能动的历史经验关系记忆的产物，换言之，不改变能动的历史经验关系记忆，改变生命个体灵性及其灵动能力是不可能的。

生命个体从诞生时刻起，就构建了自己的时间、空间体系，呈现着生命个体第一结构系统要素之间、生命个体与第二结构系统要素之间构建的关系态，充满着相互作用的活力，呈现着生命个体"四原则"追求机制的现象。因此，把生命个体对第一、第二结构系统要素建立关系态的内生活力的能动机制现象，称为生命个体的灵性。生命个体的灵性，也是生命个体本质属性四原则的整体呈现。把生命个体对第一、第二结构系统要素建立关系态的能力，称为灵动能力。或简言之，生命个体灵性呈现出的能力，即生命个体的灵动能力。因为不同生命个体存在灵动能力的差异，所以其自身与第二结构系统要素将建立不同的关系态。

由于不同生命个体在长期不同关系态的强化下，生命个体在某方面或其整体将呈现不同关系态的历史经验关系记忆，即不同生命个体形成不同的历史经验关系记忆结构。或者说，不同种群存在结构差异。即使同一种群不同个体，与第二结构系统要素关系态的细微差别，也将带来个体自身结构要素的差别。而且，生命个体的不同结构将进一步导致生命个体第一结构系统要素之间、生命个体与第二结构系统要素之间关系态及其量的不同，即实现生命个体四原则追求机制的现象的复杂程度不同，因此，将进一步导致生命个体灵动能力的差异性。换言之，生命个体灵动能力的差异，来源于生命个体对第一、第二关系态的建立，相反，生命个体的灵动能力也影响着自身对第一、第二系统要素关系态的建立。

由此，生命个体第一结构系统在形成过程中与第二结构系统环境要素的相互作用，既促进生命个体第一结构系统的形成，也相应地改变了第二结构系统环境要素。这种改变循环往复，长期存在，最终实现生命个体与环境的相对平衡。其结果，环境形成了相对固定的生物种群及其门类，即原核生物、原生生物、真菌、植物和动物等界。这些生命个体生长于不同的环境，建构了生命个体不同的结构，进而形成了适应、使用与改造环境的结构功能，此结构功能是生命的有机体，而不是非生命个体呈显的结构功能。其结构功能的实质是生命个体第一结构系统要素与第二结构系统要素建立的关系态，贮存了生命个体为了生命存在所记录的历史经验关系记忆，以结构功能的方式呈现了历史经验关系的记忆。生命个体的结构功能对外表现完整的生命个体有机的联系方式——生命个体关系态及其量的建立，即为生命个体的灵动能力呈现。此后，生命个体在繁衍过程中，能动的历史经验关系记忆将随生命幼体的诞生、生长表现出来。

但是，生命个体是开放系统，不是简单历史经验关系记忆的表现，而是在传承历史经验关系记忆的过程中，能动地建构新的生命个体。因此，生命幼体相对亲代呈现出遗传与变异。生命个体的遗传与变异，也正是生命个体从生命起源到生命个体形成本质的反映。由此，从生命起源开始探索生命个体的本质，其实质也是生命个体的本质。反过来，生命个体本质属性在生命个体上的宏观呈现，其实质也是生命本质属性的呈现。生命种群之间呈现的灵性及其灵动能力宏观上的差异，以及同一生命种群内生命个体之间呈现的灵性及其灵动能力宏观上的差异，再现了生命种群及生命个体能动的历史经验关系记忆，并以不同生命种群和不同的生命个体特有的结构系统记录下来，对外表现不相同的生命灵性及其灵动能力。

综上所述，不同结构功能呈现出生命个体不同的生命灵动能力。非生命个体结构功能不是生命有机体，因此，即便具有较完备、复杂的自动化功能仍不具有生命的灵性。当然，也不可能具有生命的灵动能力。

生命的灵动能力，没有好坏之分，只有程度之别。就种群而言，为便于理解，不妨以例来说明：狗的听力和嗅觉好于其他家养动物；蝙蝠听觉好于其他飞行动物，更善于夜间飞行；啄木鸟的冲击速度及它减速的冲击力大得惊人；箭鱼的游泳速度达到每小时120千米；胡杨的种子一旦萌发，第一件事情便是长根，待根系发育完全，才迅速长出枝叶。因此，不同种类生命个体第一结构系统的形成，与其第二结构系统要素的作用相一致，其结构与功能——灵动能力的呈现，是生命种类的典型代表。显然，生命个体不同的结构有不同的功能——即不同的生命灵动能力。种群不同，灵动能力不同。换言之，使不同结构生命个体功能，达到相同的结构生命个体功能是不可能的，譬如，让普通鸟达到啄木鸟的冲击速度是不可能的，或者不可能让啄木鸟在水中达到箭鱼的游泳速度，当然也不可能让箭鱼在树干上达到啄木鸟的速度。同样，更不期望让动物像植物那样进行光合作用！

　　凡是生命个体都有结构，都有与结构相对应的功能。生命个体是构成生命的物质与时空环境建立关系的产物，生命个体适应环境，具有灵性，只是，生命个体存在灵动能力的差异。

　　除不同种群表现不同灵动能力外，同一种群的不同个体，在生长发育的过程中，或由于生命个体变异，导致某些历史经验关系记忆变化，即或优化，或不足，这些相对于其他物种细微的结构区别，可能导致其功能较大差异，譬如，同一群灵缇犬的奔跑速度也有差别，当然，不同种群的犬，其奔跑速度差异更大；即使是生命个体自身在不同的历史时期，其灵动能力也存在差异。因此，结构的细微差别，也将导致功能的差别——即此方面的灵动能力差异。

　　生命个体的灵动能力也在进化。当生命个体及其结构相对固定之后，生命个体继续与第二结构系统要素作用，使相关要素发生变化，或生命个体的历史经验关系记忆发生突变，不适应环境的生命个体被淘汰，适应环境需要的优秀个体保留下来，即自然界物种的进化。外来物种的入侵，除改变生命个体第二外结构系统的要素结构外，通过新关系态的建立还不可避免地实现物种的杂交，实现对其物质、结构、功能的影响，改变其生命个体的灵动能力。当然，不适应环境的生命个体被淘汰，实现其再次选择——生命灵动能力的进化。其实，转基因植物，就是改变植物生命个体基因物质、结构实现其功能的转变——植物灵性及其灵动能力的改变（转基因植物种子对人类是否有影响我们不作讨论）。

　　综上讨论，可以得出这样的结论：生命个体是能动关系的产物，结构、功能是生命个体能动的历史经验关系记忆的产物，因此，其生命个体灵性及其灵动能力的实质是其本身能动的历史经验关系记忆的产物，换言之，不改变能动的历史经验关系记忆，改变生命个体灵性及其灵动能力是不可能的。

第二章 人类的本性

第一节 对历史上人类本性观的考证

（要点）以我国为代表的东方文化与以英美为代表的西方文化，对人性的讨论沿着两条道路进行，两者在观察的视角及研究方法方面具有明显的不同，都是人本性在不同环境下，人类生命个体两个结构系统分别呈现的现象，而非真实的人性本质。

对于人本性的假设，笔者认为，在人类历史上可分为两大阵营。一是东方文化阵营：性善、性恶、亦善亦恶论；二是西方文化阵营："经济人"假设、"自我实现人"假设、"复杂人"假设理论。从历史来看，两大文化阵营对人本性的假设，都来自对人的行为、可塑性及人本身的观察。以此为基础，东方文化以"善""恶"等东方文化内涵的标准——道德标准，给予人本性假设定义；西方文化以"经济学""管理学""社会学"视角——行为标准，给予人本性假设定义。从两者的对应关系来看，"性恶"论与"经济人"假设相对应；"性善"论与"自我实现人"假设相对应；"亦善亦恶论"与"复杂人"假设相对应。由此，不难看出，东方文化的道德标准与西方文化的行为标准，都来自人类对个体自身现象的高度概括。人类自身所思所想——道德层面，通过人的个体行为呈现出来；人类自身的行为——欲望行动，应答了人类个体的所思所想。东西方文化给出人本性的假设，虽然是从两个层面，不同角度，但是都有真实客观现象的支撑，其合理性不言而喻。当然，也证明了道德与行为的一致性。这些合理性与一致性的结论，是逻辑的必然。尽管如此，不禁要问：人类对人自身现象的概括就是人的本性吗？我们的回答：不是！现象只是本性的反映。

对东方文化人类本性观的质疑

（观点）我国关于人性的善恶观，其实是一种模糊概念——善恶标准多元。

众所周知，孔子是中国最早提出"人性"问题的人，"性相近，习相远也"（《论语·阳货》），孔子道出了人本性的相似性、人类个体的可塑性，没有回答人性的本质。此后，诸子百家围绕着人性善、恶及其有无开展了广泛而深刻的讨论，如孟子的"性善论"、荀子的"性恶论"、告子的"性无善恶论"、王夫之的"性日生日成论"等，直至近代思想家如严复基于进化论的"性无善恶论"、梁启超的"个性中心论"等。

其实，这些思想家始终站在人本性的外围，根据人本性对外呈现出的种种现象，推测人的本性。当然，鉴于历史条件及科学发展的局限性，历史上思想家们不可能从现代科学的视角考察人的本性。通过对"现象"的研究考究其"本质"，本身就是一种研究方法，但是对"现象"的认识、分析与考究的视角与方法不同，就会得出不同的结论。如果对"现象"考究不是全时空的，那么将导致考究的片面性，正像盲人摸象的故事一样，很难把握大象的全貌。

再考察我国历史上思想家对人本性的论述，多数以类比的手法描述和讨论。如告子："性犹湍水也，决诸东方则东流，决诸西方则西流，人性之无分于善不善也，犹水之无分于东西也。""性犹杞柳也，义犹桮棬也。"孟子："水信无分于东西。无分于上下乎？人性之善也，犹水之就下也。人无有不善，水无有不下。今天水，搏而跃之，可使过颡；激而行之，可使在山。是岂水之性哉？其势则然也。人之可使为不善，其性亦犹是也。"荀子："今人之性，饥而欲饱，寒而欲暖，劳而欲休，此人之性也。"这些以类比的方法考究人性的本质，缺乏说服力的根据——人不是水，人性更不是水性，人是生物，水是非生物，人和水是风马牛不相及的事物。当然，荀子对人的饥饿、寒冷、劳顿等呈现的需要，说是人的本性，亦不准确——对比生命本性四原则，我们知道是生命个体生存原则、能量最小原则、生命最优原则的体现，即人本性在人个体上的呈现。因此，这样的类比，难以服人，虽然便于人们的理解，但是容易对人本质属性的认识产生误导，经不住科学的考证和验证。

王夫之"形日以养，气日以滋，理日以成""目日生视，耳日生听，心日生思"等，以此论述人性"性日生日成论"，混淆了人的"身体、气色、思想"与人本性的关系，把人的"眼睛、耳朵、大脑"等器官的功能简单的说成是人的本性，明显的与"身体、气色、思想"是人的本性自相矛盾，亦不能自圆其说。

按照把生命个体划分为生命个体第一结构系统和生命个体与第二结构系统要素建立关系态来分析——身体及其器官、功能是生命个体在建构第一结构系统的过程中与第二结构系统要素相互作用，形成的能够适应与改造第二结构系统要素的历史经验关系记忆且具有某种功能的物质结构。人的思想、情感、认知是生命个体第一结构系统——人本身与第二结构系统要素建立的关系态所形成现实经验关系记忆的综合。由此，可以得出这样的结论：人类生命个体从出生到成年，由于人类生命个体本身历史经验关系记忆，呈现出许多生命个体本身的属性——生命个体共有属性；而人类生命个体本身在成长的过程中，始终与第二结构系统要素构成关系态。一方面从中获取人类生命个体生长及其活力需要的物质、能量、信息的需求；另一方面人类生命个体依靠各器官及其功能在与人类生命个体第二结构系统各要素进行物质、能量、信息交流的过程中，实现对其适应与改造，在人类生命个体中形成的现实经验关系记忆，经过人类生命个体对大量现实经验关系记忆的梳理——信息整合，即为大家所说的思想。所谓情感，其实就是人类生命个体在历史经验关系记忆、现实经验关系记忆的背景下，与第二结构系统要素建立关系态时所形成的某种共鸣，人类生命个体给予精神或行为的表达。

　　由于科学的进步，严复接受达尔文进化论提出"性无善恶论"，章太炎的"善恶同时进化论"。这两种观点有其合理性和进步性。严复"性无善恶论"与告子"性无善恶论"是有区别的，严复是以生物进化论为基础的无善恶观，体现了生命个体存在及发展的需要，没有硬性给人本性贴上"善"与"恶"的标签。但人的本性到底是什么？严氏并没有回答。告子的无善恶观，与严氏有明显的区别，告子以朴素的唯物观给出了"生之谓性"的观点，陈述了人类生命个体存在的原则，但没有给出"人性"的具体内容，从生命本性"四原则"看，符合生命存在原则，但没有讲清楚存在原则的两个方面，更没有讲出人类生命个体与第二结构系统要素构建关系态使其自身生长的关系。或者说，告子只看到了人类生命个体本身，而没有看到人类生命个体对外构建的关系。但孟子反辩说："生之谓性也，犹白之谓白与？""白羽之白，犹白雪之白；白雪之白，犹白玉之白与？"告子都答说"然"。这说明告子人性的朴素唯物观的正确性，但孟子："然则犬之性，犹牛之性；牛之性，犹人之性与？"告子没有坚定地回答"然"，这说明告子对人本性与生命本性的共性认识是存在差距的，因此，告子对人本性的认识也是片面的。当然，这是由于告子所处时代具有历史局限性。

章太炎的"善恶同时进化论"，是站在人性善恶论的基础上，应用生物进化论提出的。由于历史上人性的善与恶，是缺少令人信服的根据，所以"善恶同时进化论"难以成立。

综合上述讨论，按照对生命个体结构系统两种分类方法，不难看出：我国历史上人性善恶的争论，基本上局限在人类生命个体与第二结构系统要素建立关系态，实现人类生命个体自身——人类生命个体对历史经验关系记忆的需求，以及形成的现实经验关系记忆的整体表现，依据人类道德观评价标准，定义了我国人性的善恶观。因此，我国关于人性的善恶观，其实是一种模糊概念——善恶标准多元。告子的"人性无善恶观"，关注的是人类生命个体本身结构系统要素的关系态，即只知"生性"，不知"习性"；这是告子的人性一元论。在这一点上，王夫之应该说认识到了生命个体的两个系统——"天命之性"与"气质之性"。但遗憾的是，王夫之没能洞察到人类生命个体两个系统的统一。因此，王氏人性论是二元论：天性，生而即有；习性，习与性成。二者的关系"日生日成"，但没有讲清楚"日生日成"什么——人性内涵。尽管如此，王氏一方面从生理、心理等自然性能，分析了生命个体与第二结构系统要素建立关系态，不断地从自然界摄取营养，"取精用物"而得以成长，即"形日以养，气日以滋，理日以成"；另一方面就人的智慧、道德等社会属性，分析了人类生命个体与第二结构系统要素建立关系态的现实经验关系记忆，即"目日生视，耳日生听，心日生思""迟久而始成"。由此进一步说明，王氏人性观是"人性生成观"。"性屡移而异"，"未成可成，已成可革"。王氏虽然关注到人类生命个体——人的二元结构系统，但没有讨论清楚人对第二结构系统与人第一结构系统之间及二者与人性的关系。因此，王氏人性二元论是模糊、松散的人性论。

对西方文化人类本性观的评析

（观点）以英美为代表的西方文化更加关注人类生命个体——人本身结构系统要素的需求及其与第二结构系统要素的相互作用带给人类生命个体的影响。

再来考察西方人性论："工具人"假设、"经济人"假设、"社会人"假设、"自我实现人"假设、层次需求理论、"复杂人"假设的合理性。从东西方文化的历史看，我国历代思想家以思辨著称，围绕着人性的"善"与"恶"，展开了广泛而深刻的讨论，也充分体现了东方文化的特点。而西方的人性假设，主要源于对人性在不同背景环境下呈现出的特征给予的概括。

1."工具人"假设

"工具人"假设是西方奴隶社会时期，奴隶主把奴隶看成是会说话的工具和他们的私人财产，类似于生产工具，可以随时使用，也可以随时闲置。"工具人"假设，其实质没有把人与动物区分开来，"奴隶人"的工具性与牛马工具性没有区别。依此，我们对人性作如下推理：奴隶是人，奴隶的工具属性等同于牛马；奴隶主与奴隶都是人，奴隶主的工具属性等同于牛马，即人的属性等同于牛马。显然，"工具人"假设，除人与牛马都是生命，具有生命的共同属性之外，没有一致性，是不同的种类，这种假设是荒谬的，是人性的不平等，是人类社会发展的局限性。

2."经济人"假设

"经济人"假设是 20 世纪早期西方古典经济学家和古典管理学家，基于企业管理追求提高生产效率，提出的人性假设。基本观点是：（1）多数人天生是懒惰的，他们尽可能逃避工作；（2）多数人都没有雄心大志，不愿负责任，而心甘情愿受别人指使；（3）多数人的个人目标都是与组织的目标相矛盾的，必须用强制、惩罚的办法，才能迫使他们为达到组织目的而工作；（4）多数人干工作都是为了满足基本的生理需要和安全需要，因此，只有金钱和地位才能鼓励他们努力工作；（5）人大致可以分为两类，多数人都是符合于上述设想的人，另一类是能够自己鼓励自己、能克制感情冲动的人，这些人应负起管理的责任。

亚当·斯密提出"经济人"假设的基础，不同于我国对人性道德的宏观概括——善恶论，而是基于人性在工作、生活中的表现，是梳理之后的高度概括，虽然不能肯定人类呈现出的种种表现就是人性，但至少可以肯定这些现象是人类本性的反映。或者说，有其合理性及真实性。按照前面论述过的生命四原则，从耗能最小原则不难看出人是懒惰的；从生命存在原则看，人是要与第二结构系统要素建立关系态，实现第一结构系统要素对物质、能量的需要，因此要工作；但是当确保生命存在的前提下，追求 W/M 最大值，实现生命最优化——追求物质与精神的享受。由于生命个体 W/M 最大值的不同，必将导致人类生命个体的不同角色，即亚当·斯密所说的"两类人"。

3."社会人"假设

"社会人"假设的理论基础是人际关系学说，人除了需要物质外，还有社会需要，人们要从社会关系中寻找乐趣，追求最优。基本观点是：（1）从根本上说，人是由社会需求而引起工作的动机，并且通过同事的关系而获得认同感；（2）工业革命与工业合理化的结果，使工作本身失去意义，因此能从工作上的社会关系去寻求意义；（3）员工对同事们的社会影响力比管理者所给予的经济诱因控制更为重视；（4）员工的工作效率随着上司能满足他们社会需求的程度而改变。

　　由此看来，人不仅仅是关心自己个人的物质利益，还会追求人与人之间的友情、安全感和组织归属感。不难理解，当人类生命个体生存条件得到满足时，按照生命个体追求生命最优原则，人类生命个体不仅追求物质需要而且还要追求精神最优，而人与人之间的友情、安全感和组织归属感正是生命个体追求生命最优的重要体现。由此，"社会人"假设从精神层面，反映了人类生命个体的本质属性，自然按照人类生命个体在正式或非正式组织中的角色，"社会人"也将分成亚当·斯密所说的"两类人"。

　　4."自我实现人"假设

　　"自我实现人"假设，又把重点从关注人自身，再次转向关注环境因素，但不同于"经济人"假设关注的工作任务。主要内容有：(1)一般人都是勤奋的，厌恶工作并不是人的普遍本性，只要环境条件有利，工作就会像娱乐、休息一样自然；(2)人们是能够自我管理、自我控制的，外来的控制、惩罚不是鞭策人们为组织目标努力工作的唯一方法；(3)个人自我实现的要求和组织目标并不矛盾，在适当条件下，人们会自我调整，将个人目标和组织目标统一起来；(4)在正常情况下，人们会主动承担责任，力求有所成就，缺乏抱负、逃避责任并非人的本性；(5)大多数人都具有高度的想象力、聪明才智和解决组织中困难问题的创造性[①]。

　　从"自我实现人"假设内容看，"人都是勤奋"的假定，不符合前面给定的生命个体本质属性耗能最小原则，"人的勤奋"是生命追求物质或精神最优的体现，而不是人类本质上的勤奋。而"环境条件有利，工作就会像娱乐、休息一样自然。"其实质，也是体现了生命追求的精神最优，把"工作"当作了精神享受，而不是愿意劳动。其

---

①　杜祥培. 教育与人的发展. 北京：民族出版社，2005：41.

他主要观点，应该说反映了生命本质属性追求生命最优原则，特别反映了生命个体追求精神最优化。

5. 层次需求理论

著名心理学家亚伯拉罕·马斯洛把人的需求从低层次到高层次进行了排序，基本内容包括：(1)生理需求，包括饥饿、口渴、住宿、性和其他身体需求；(2)安全需求，包括免受生理和心理伤害的保护及安全需求；(3)社会需求，包括情感、归属、接纳和友谊的需求；(4)尊重需求，包括自尊、自主与成就等内部因素和地位、认可与关注等外部因素；(5)自我实现需求，一种追求个人能力极限的内驱力，包括成长、发挥自己的潜力和自我实现。

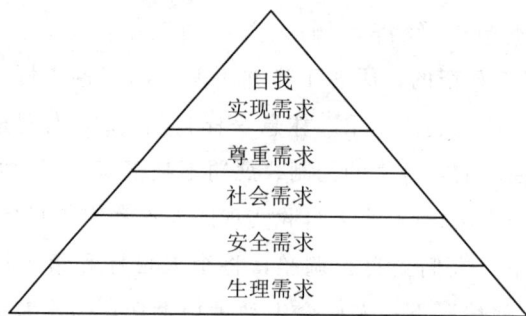

图 2-1 马斯洛需求层次理论①

生理和安全需求，属于低层次需求，不难理解，低层次需求符合生命个体存在原则；社会、尊重和自我实现需求，属于高层次需求，符合生命个体追求生命最优原则，严格讲，更多体现生命个体追求精神最优。层次需求理论部分地反映了生命四原则。

---

① 斯蒂芬·P. 罗宾斯. 组织行为学精要. 郑晓明，葛春生译. 北京：电子工业出版社，2005：53.

6. "复杂人"假设

"复杂人"假设是在综合"经济人"假设、"社会人"假设和"自我实现人"假设的基础上，提出"复杂人"的观点。基本内容包括：（1）人的需求分为许多种，纷繁复杂，而且随发展阶段、生活条件和具体环境的不同而改变。每个人的需要各不相同，表现形式因人而异、因事而别；（2）人在同一时间会有多种需要和动机，他们相互作用，并结合为统一的整体，形成错综复杂的动机模式；（3）人在组织中可以产生新的需要和动机，在某一特定的阶段和时期，人的动机是内部需要和外部环境相互作用的结果；（4）人在不同的组织、不同的工作部门和岗位，可以有不同的动机模式；（5）人感到满足、致力于组织工作的程度决定于本人的需要结构及其与组织之间的相互关系，工作能力、工作性质、与同事的关系都可能影响其积极性；（6）由于人的需要不同，能力各异，对同一管理方式会有不同的反应，所以没有对任何时代、任何组织和任何个人的普遍适应的唯一正确的管理方式[①]。

由"复杂人"假设的内容，更加感受到生命个体的本质属性，取决于：一是生命个体的灵动能力；二是第一结构系统要素与第二结构系统要素关系态的建设。而这两个方面恰是形成生命本质属性的全部。但是值得注意，"复杂人假设"，模糊了生命个体本质属性的实质，看似更加科学，实际让人难以把握生命本质特征。

综合以上讨论，以英美为代表的西方文化——"工具人"假设、"经济人"假设、"社会人"假设、"自我实现人"假设、层次需求理论、"复杂人"假设的观点，更加关注人类生命个体——人本身结构系统要素的需求及其与第二结构系统要素的相互作用带给人类生命

---

① 杜祥培. 教育与人的发展. 北京：民族出版社，2005：42.

个体的影响，而不同于我国思想家更加关注人类生命个体——人与第二结构系统要素关系态所形成的现实经验关系记忆的表现。

由此看来，以我国为代表的东方文化与以英美为代表的西方文化，对人性的讨论其实是沿着两条道路进行：一是现实经验关系记忆的呈现；二是历史经验关系记忆的需求。两者在观察的视角及研究方法方面具有明显的不同，都是人本性在不同环境下，人类生命个体两个结构系统分别呈现的现象，而非真实的人性本质。

第二节　人类本质属性特点

（要点）人类生命个体本质上与其他生命个体没有什么不同。只是在于人类生命个体与第二结构系统要素作用后，一是形成了人类特有的历史经验关系记忆的关系结构及其丰富的现实经验关系记忆的物质基础，使工具使用、语言、思维、创造等成为可能；二是储存了人类现实经验关系的记忆，使人类的学习变为现实；三是构建了能动的人类社会关系体系，形成了人类的社会属性。

前面讨论过生命的本质属性——生命四原则。因此，人类在具备生命四原则的基础上，区别于其他生命个体的属性，或者说，人类生命个体具有的而其他生命个体没有的属性特点是什么呢？按照第一章第四节的讨论，只要清晰构成人类生命个体结构及其物质与第二结构系统要素的关系建构，或者说清晰与其他生命个体结构系统及其第二结构系统要素关系的差异，就能较好地认识我们人类自身。

为把此事说清楚，就要较系统地考察生命个体结构及其物质特点。大家知道，美国生物学家魏泰克对生物界划分为：原核生物界、原生生物界、真菌界、植物界和动物界。为研究方便，我们把生命个体按照大类划分为植物、动物两类，因此，这里主要讨论植物和动物生命个体的结构与第二结构系统要素关系建构的特点，并以此做比较说明，在比较中认识人类生命个体自身的本质属性。

植物与动物的结构特点

（观点）生命系统自身与第二结构系统进行物质、能量、信息的交流，获取生命个体活力及其生长所需要的物质与能量，将生命个体不需要的"废物"排除生命个体系统外，回归第二结构系统中。如此循环往复，构成生命与非生命的世界。生命是能动的关系产物。

1. 植物的结构特点

植物生命个体在历史关系的建构过程中逐步形成自己的体征特点，由于植物种类众多，仅以被子植物为例。被子植物的营养器官——根，是植物长期与大地环境因素建立关系态，形成对植物起到固定作用并吸收土壤中物质养料，供给植物体本身结构体系要素生长的需求。但是，植物的根不能长期离开其自身与大地土壤建立的关系态，即植物体器官——根，与植物体第二结构系统要素——大地土壤，由关系态转化为暂态时，其时间与空间有其阈值。超过此阈值，即植物体器官——根，缺少物质的供给，根的活力减退，生命结束。植物体缺少器官——根物质的供给，活力减弱，直至生命结束。因此，当植物靠外力发生移动时，如果植物无法与土壤建立关系态，或即使建立关系态，但土壤要素发生变化，植物与土壤关系态亦发生变化，根的生命个体亦受到影响。因此，植物的根与其对第二结构系统要素的作用，在范围上有其局限性，即决定植物体本身与第二结构系统要素数量的局限性。

其次，考察植物营养器官——叶。植物器官——叶，是植物体第二结构系统要素——光，长期与叶建立关系态吸收二氧化碳生产有机物，并为其他生命个体提供氧气。作为植物第一结构系统要素——叶具有的能动活力，能动调节气孔开闭，完成保卫细胞的渗透调节机制，实现植物体本身结构系统要素——根系从土壤汲取的物质供给植物体的需要，确保植物体生命的活力及其生长。但是，植物的叶，由于植物体器官——根，与土壤要素有依附关系，因此，植物的叶与植物体第二结构系统要素——光的作用也具有局限性，即叶不可能离开植物本身到更广阔的时空有选择地进行光合作用，以便提供植物体本身物质的需求。

最后，考察植物营养器官——茎。植物茎联系着植物的根与叶，不言而喻，茎承载着植物物质与能量的储藏与运输，茎不可能离开植物的根与叶独立生存。因此，植物根、茎、叶三大营养器官以空间相对固定方式构成植物体本身，其活动范围也具有局限性。

关于植物生殖器官花、果实和种子。植物体本身在构成植物生命之前与第二结构系统要素相互作用，形成与第二结构系统相适应的历史经验关系记忆关系结构体系，即植物从种子萌发到植物开花之前，进行营养生长，即植物的幼年期。当植物进入成熟期后，植物体自身结构系统要素与第二结构系统要素相互作用，呈现植物体历史记忆关系的需求，产生植物生殖器官——花。植物通过花这一生殖器官，借助外力——风或动物的搬移花粉，在一定时间内完成传粉，实现发育成熟的雌配子体和雄配子体结合形成合子，进一步发育成种子和果实。因此，植物依靠种子或植物的根系由近及远繁衍，或在外力作用下实现种子漂移、植物器官迁移，进而完成生命的扩张。

通过以上分析，植物生命个体本身结构系统关键要素——根、茎、叶与生命个体第二结构系统关键要素——温度、光、水分等相互作用实现植物的生长发育。因此，植物本身是靠自身结构系统要素与生命个体第二结构系统非生命要素相互作用实现生长发育，即植物把无机物合成有机物，实现自养。由此结论推断：众多植物种群，在与第二结构系统要素相互作用，完成生命个体本身特有结构，以此形成适宜的植物群落。因此，植物生命的灵性，更多体现在对环境要素的适应，以及在适应过程中通过植物生命个体自身不需要更大移动的实施对第二结构系统要素的反作用——改造环境。

植物根植于土壤，育于一隅，与非生命个体要素建立关系态，即在适应非生命个体结构系统要素的同时，改造非生命个体结构及其要素，并实现自养，为生命群体提供生存要素。

2. 动物的结构特点

在讨论前，应强调，生命个体是能动关系的产物。当然，动物生命个体也是能动关系的产物。动物活动于一域，与生命个体、非生命个体要素建立关系态，实现异养，构成生态链。因此，动物生命个体在与第二结构系统要素建立关系态的过程中，不同动物种群形成了各自特有的结构体系及能动的适应与改造第二结构系统要素的物质基础，并在适应与改造的过程中建构着自身。

以脊椎动物为例：脊椎动物生命个体在产生过程中始终伴随着与第二结构系统要素构建关系态，以此能动地实现生命个体自身结构系统各要素的有机协作，同时动物自身结构系统也要满足对第二结构系统要素的适应，如脊椎动物形成运动系统、呼吸系统、消化系统、循环系统、神经系统、免疫系统、泌尿系统、生殖系统等。动物生命个体这些特有的结构体系及其功能，构成了动物生命个体自身。或者说，是区别于植物生命个体而成为动物生命个体本身。

运动系统的形成，是动物个体适应相对广阔空间活动的需要。其活动空间，一方面为动物个体提供物质、能量，保持动物个体活力，实现动物体生长；另一方面，为动物个体生存，躲避灾难提供空间。不同动物种群，其运动系统结构不同，功能不同，其运动系统结构功能适应了该动物体整体生存的需要，诸如动物的繁殖能力、上下游生态链的构成等。

呼吸系统是动物个体适应身体结构，与第二结构系统要素——空气建立关系态，实现动物体对内结构系统各要素对物质——空气的需要，确保其生命个体生长及其活力的存在，并把"废料"通过呼吸系统相应器官排除。

消化系统是动物个体在与第二结构系统要素建立关系态，获取物质、能量的供应，使其转化为动物个体自身结构体系各要素所需求的物质与能量，并把"废料"排出体外的器官体系。或者说，没有消化系统，动物生命个体自身结构体系各要素就不可能有物质、能量的供应，动物自身结构体系各要素必将失去活力及生长，即导致动物生命个体走向死亡。

循环系统保证了动物体从第二结构系统各要素建立关系态获取物质与能量后，充分有序地输送给动物生命个体自身结构体系各要素对物质与能量的需要，并把"废料"通过相应器官排出体外，实现动物自身体系结构各要素对物质能量的需求。

神经系统是动物生命个体自身判断其自身结构系统要素之间，或与第二结构系统要素之间建立关系态的桥梁与纽带，决定动物生命个体自身结构系统各要素之间，或与第二结构系统各要素之间是否建立关系态，建立怎样的关系态，建立关系态的途径、载体由谁完成等，譬如，触觉系统、视觉系统、听觉系统、嗅觉系统、味觉系统等。这些不同的神经反馈系统是生命个体与第二结构系统要素

建立关系态的物质与结构基础，当然，也是其与此系统要素建立关系态的必然。这种必然性，确保动物自身结构系统要素之间，或与动物生命个体对第二结构系统要素之间的相互作用，以此完成生命个体自身需求，以及决定其自身对第二结构系统要素的物质、能量、信息、情感等需要的判断，在与其他系统协同作用下，共同满足其需要。

免疫系统是动物生命个体在构建自身生命过程中，其自身结构系统的开放性，决定其自身结构系统要素与第二结构系统要素的广泛作用，其生命个体本身在追求生命存在的原则下，形成的生命个体特有的结构体系。免疫系统的存在为动物生命个体生长提供了广阔空间，为其健康茁壮生长提供了可能。

泌尿系统是适应了动物生命个体自身与第二结构系统要素相互作用，在获取其生命个体自身所需要的物质、能量后，将不需要的物质排出……

由此可以进一步证明，生命系统自身与第二结构系统构成封闭的循环：生命系统自身与第二结构系统进行物质、能量、信息的交流，获取生命个体活力及其生长所需要的物质与能量，将生命个体不需要的"废物"排除生命个体系统外，回归第二结构系统中。如此循环往复，构成生命与非生命的世界。生殖系统是动物生命个体适应第二结构系统的需要，形成生命个体追求种群存在的必然。这些再一次证明：生命是能动的关系产物。

人类结构特点

（观点）人类生命个体在人类灵性及其灵动能力的基础之上，依据其优势的历史经验关系记忆关系态，努力建构现实经验关系记忆关系态，促进人类生命个体向生命最优追求。

综上讨论，较系统分析了植物生命个体和动物生命个体的自身结构及其与第二结构系统要素的作用关系。或者说，认识了植物生命个体与动物生命个体本质属性的差异，即植物之所以为植物，动物之所以为动物。

按照人在生物分类系统中的地位，人属于哺乳动物纲——人科——智人种。因此，人具备脊椎动物所有结构系统，即人的结构系统也是生命个体——人与第二结构系统要素主动建立关系的产物。但是，人又不同于其他动物类。人类与类人猿虽然都属于灵长目，但是人类属人科，类人猿属类人猿科。那么，人类生命个体的什么结构系统使人类与其他动物类，甚至是类人猿产生如此的重大差别呢？下面考察人类的神经系统和运动系统，将对我们有所启发。

大家知道，人的神经系统分为中枢神经系统和周围神经系统。中枢神经系统主要包括脑和脊髓；周围神经系统主要由12对脑神经和31对脊神经组成。脊髓神经是脑与外周神经之间的通路。周围神经系统，由脑神经、脊神经和植物神经组成，支配身体各器官运动。中枢神经——脑，起决定作用。人脑由1000多亿个神经元和支持细胞组成，在人类生命个体与第二结构系统要素相互作用过程中，建构了人类生命个体大脑的物质、结构及其分区。人类大脑的物质主要由神经元、神经胶质细胞、神经纤维等组成。神经元是一类具有接受刺激和迅速传导神经冲动能力等特化细胞，聚集形成神经束或神经干，适应信息传导。每一个神经元都含有一个细胞体和数条突起，树突将冲动传入细胞体，轴突将冲动从细胞体传出。每个神经元都与其他神经元产生大量的突触连接，其中电突触以电耦合的方式在神经元之间传递神经信息，化学突触以化学物质——信使分子、神经递质为介导，将神经冲动传递给下一个神经元。神经胶质细胞具有机械支撑、营养供给、绝缘、神经递质的转化、代谢和释放、神经活性物质的分泌等功能。神经元聚集形成了神经束，确保了神经冲动的传入与传出。

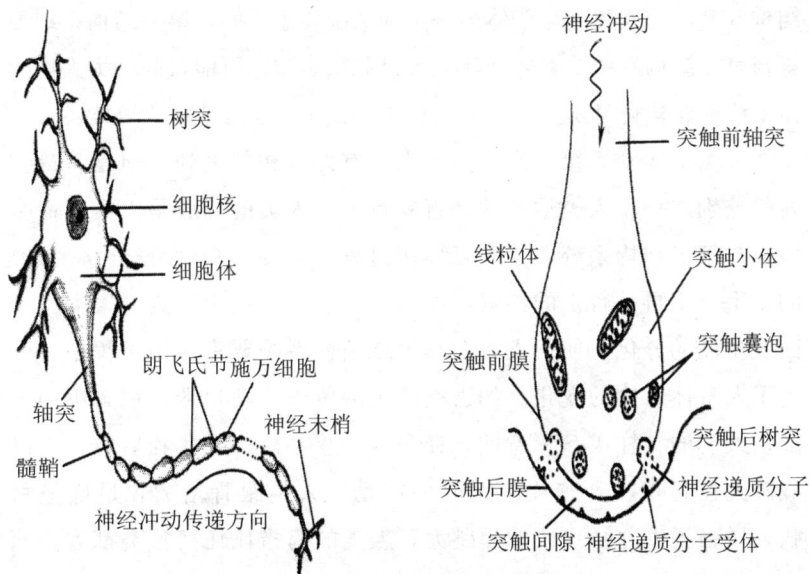

图 2-2 脊椎动物神经元的结构和哺乳动物突触①

人类生命个体在与第二结构系统要素相互作用的过程中，大脑物质不断丰富，形成了大脑半球表面许多深浅不同的沟、裂和隆起，扩大了大脑表面积，增加了大脑的重量，为大脑功能分区提供了可能。据悉，人类大脑神经元数量巨大，成人脑神经元可达 10^{11}，成人大脑皮质表面积约为 2000 多平方厘米，大脑重量约为人体重量的 1/50 到 1/40，每秒钟进行着十多万种不同的化学反应。如果把大脑的活动转换成电能，大约相当于一只 20 瓦灯泡的功率，每天能记录生活中大约 8600 万条信息。大脑神经细胞间最快神经

---

① 赵德刚主编. 生命科学导论. 北京：科学出版社，2008：89.

冲动传导速度可达 400 多公里/小时。

　　总之，人类大脑是脑体比重最高的生命个体，其丰富的物质与结构基础，为人类生命个体第一结构系统要素之间，第一结构系统要素与第二结构系统要素之间建立大量关系态成为可能，同时为人类生命个体在建构自身及其生长的过程中，记录现实经验成为可能。

　　人类的运动系统。人类与类人猿有许多相似之处，但是，最主要的差别之一：人类适于两足直立行走。人类的四肢是人类生命个体在与第二结构系统要素相互作用过程中，使其功能分化——人类的双手，不再是行走的器官，而是用来制造和使用工具。人类由于四肢功能的分化，使得人类在与第二结构系统要素作用过程中，促进了人身体结构的变化。如人类的头部位于脊柱顶端，视野更加开阔；人类的脊柱成 S 形弯曲，使身体的重心落在骨盆和后肢上，以减轻人在行走、奔跑或跳跃时的震动；人类跟骨增大，足底呈弓状，增强了直立行走式的弹跳力；人类的拇指比任何猿类都大，而掌部相对较短，从而增加了人手的灵活性和动作的准确性等。

　　由于人类的直立行走，人类器官功能的分化，进一步促进人类大脑的发育，与此同时，人类大脑的发育，更有利于人类器官的进化，循环往复，人类在与第二结构系统要素的作用过程中，建构了人类自身结构系统——人类是关系的产物。实现了人类新的跨越——人类与动物分离。人类大脑皮层的面积是黑猩猩的三倍多，其额叶、定叶和颞叶也比类人猿的大。

　　人直立行走后，人类完成了肢体功能的分工，人的双手更加灵活，手脑更加协调，使得人类生命个体在第二结构系统要素作用的过程中，更容易使生命个体——人自身结构系统各要素需求得到满足，从而使生命个体产生愉悦。生命个体自身的愉悦不断强化，一方面促进人类大脑的发育；另一方面形成现实经验关系的记忆。因此，人类的现实经验关系记忆，即人类独一无二的文化媒介，从而人类开始了经验的传承与在经验基础上的第二结构系统要素的认识与改造。人类开始了社会化进程，形成了与之对应的物质财富和精神财富。

随着植物与动物生命个体关系的建构，能动地生成了植物与动物特有的第一结构系统。而人类生命个体第一结构系统也同植物与动物生命个体一样，在与第二结构系统要素建立关系态过程中形成特有结构。这一特有结构刻录着人类生命个体能动地与第二结构系统要素建立关系态的历史经验关系记忆，并形成了现实经验关系记忆的物质基础。人类生命个体历史经验关系记忆同其他生命个体历史经验关系记忆一样，实现生命个体种类的传承。然而，人类生命个体形成的现实经验关系记忆的物质基础，在实现"现实经验关系记忆"之前，人类生命个体通过"记忆物质"，实现第一结构系统要素与第二结构系统要素建立关系态。这"第二结构系统要素"即为人类生命个体第一结构系统要素关注的"对象"，这关注"对象"就是大家通常所说的人类生命个体的"意识对象"。而人类生命个体第一结构系统要素与第二结构系统要素建立的即时关系态，即为人类生命个体的"意识"。由于人类生命个体特有的储存现实经验关系记忆的物质基础，使得人类生命个体在追求"生命最优"关系态的建构中，实现"意识对象"整合、概括与持续。"意识对象"的整合与概括的过程即为人类的思维过程。"意识对象"的持续关注过程即为人类生命个体产生的"意志"。由此，认识到人类生命个体区别于其他生命个体的重要标志——是有意识、有思维、有意志的生命个体。

综上所述，可以得出这样的结论：人类生命个体本质上与其他生命个体没有什么不同。只是在于人类生命个体与第二结构系统要素作用后，一是形成了人类特有的历史经验关系记忆的关系结构及其丰富的现实经验关系记忆的物质基础，使工具使用、语言、思维、创造等成为可能；二是储存了人类现实经验关系的记忆，使人类的学习变为现实；三是构建了能动的人类社会关系体系，形成了人类的社会属性。

众所周知，生命个体种群存在灵动能力差异，生命个体种群个体之间也存在灵动能力差异，抑或生命个体自身的不同历史时期也存在灵动能力差异。因此，人类个体也存在灵动能力差异。其实，这一点不难理解。人类生命个体也和其他生命个体一样，在与第二结构系统要素相互作用过程中，构建了人类个体自身，形成了人类个体固有结构体系。我们暂不讨论人类个体构成大脑神经元、神经细胞数量上的差异，仅从人类大脑皮层的精神功能区、视觉功能区、听觉功能区、机体感觉区、语言区等，对每个人类生命个体来讲也是有区别的。这些区别将体现在人类生命个体与第二结构系统要素相互作用过程中对要素的认识、理解与记忆等。因此，就人类生命个体整体而言，每个人类生命个体历史经验关系记忆及其生命个体在建构自身的过程中，与第二结构系统要素建立不同的关系，这必将导致人类生命个体的差异性。按照人类生命个体自身整体功能的划分，这些差异性均可体现在人类生命个体功能器官上。

这里仅简略讨论人类大脑器官。人的大脑分为两半球，左半球更多体现在语言、逻辑、顺序因果、文字等功能方面；右半球更多体现在节奏、旋律、音乐、图画、想象力、图案等功能方面。如果人类生命个体的差异性体现在大脑的某个功能区，那么人类生命个体在与第二结构系统要素作用的过程中，这个功能区的功能将被显现，即要么呈现优秀，要么呈现不足。也就是说，如果人类生命体的差异呈现在负责人类生命个体特殊才能的大脑颅顶叶，体现在负责处理人思考的额叶皮质，体现在控制人运动的运动皮质，那么，人类生命个体在特殊才能、思维能力、运动技能等方面将有不同寻常的表现。

　　就人类生命个体本身，在呈现人类灵性及其灵动能力共性基础之上，大家都能找到人类生命个体第一结构系统要素与第二结构系统要素建立的优势关系态。当然，也能找到其劣势关系态。由此可以说，人类生命个体在人类灵性及其灵动能力的基础之上，依据其优势的历史经验关系记忆关系态，努力建构现实经验关系记忆关系态，促进人类生命个体向生命最优追求。

第三节　人类属性特点的生理学基础及心理学实验新解

　　（要点）人类属性决定了人类社会化的形成。人类不管通过个体还是通过集团、国家、组织，都是通过积极主动的竞争、合作，以精细化的分工等实现人类社会化的改造，在此过程中，建立共同遵守的制度、合约与法律是人类属性追求的必然。

　　生命本质属性是统一的，但是，不同生命个体，在构建自身与第二结构系统要素关系的过程中，形成了生命个体自身而非其他生命个体的结构系统。因此，所有生命个体在具有生命共同本质属性基础之上，形成了属于生命个体自身属性特点。基于此，人类为了认识人类自身，进行了众多研究。这里介绍生理基础及有代表性的心理学实验结论及其新解，对人类本质属性特点给予佐证。

人类属性特点的物质基础

　　（观点）动物界当然包括人类，存在记忆的物质基础。

　　记忆伴随着人类的存在而存在，伴随现实经验关系记忆的强化而加深。

人类逐渐学会用两脚直立行走，前肢解放出来，为人类能够劳动提供了可能。从解剖学看人类记忆的物质基础，科学研究发现：大脑是人类贮存记忆、思维、语言等物质基础的器官。"大脑半球表面被灰质覆盖，称大脑皮质，即是由大脑的神经细胞的胞体（又叫神经元）组成。大脑皮质的总重量为600克，占全脑皮质的40%，面积约为2200平方厘米，大脑皮质分为新皮质（出现在爬行动物，主司运动与思维、语言等）和旧皮质（主要调节内脏活动），人类的新皮质占96%。人类的大脑半球极为发达，左右大脑半球间有直立深邃的大脑纵列，大脑纵列的底端有连接两个半球的巨束纤维——胼胝体，负责左右脑的信息沟通。信息的传递靠神经元之间的联系，其中神经递质在神经通路连接过程中发挥了重要作用。"[1]因此，人类大脑为人类记忆、语言、思维等提供了物质基础。

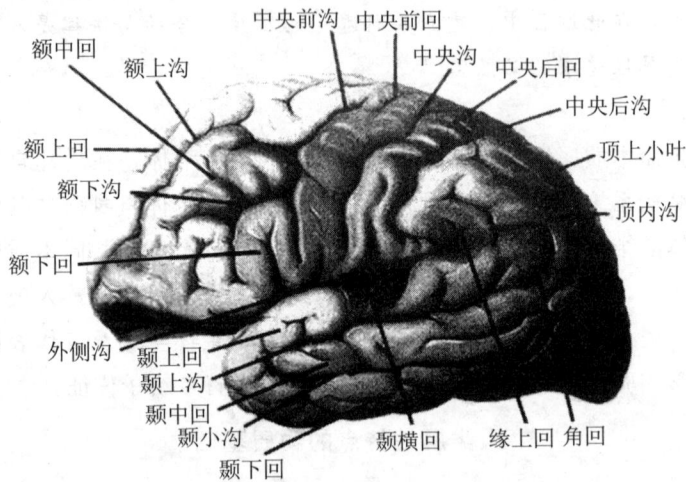

图 2-3　人脑半球外侧面

① 时龙，李荐. 友善用脑. 北京：北京出版社，2009：7.

记忆物质的存在。我们知道，当母鸡开始孵蛋以后，将鸡蛋换成鸭蛋甚至换成乒乓球，母鸡也要孵化到 21 天。奥地利动物学家、诺贝尔奖获得者洛伦兹，对这一现象进行研究，发现了"印刻"现象。即小鸡、小鸭子等把出生后最先看到或听到的事物引入它的感觉中，从而对该事物产生本能的追随反应。印刻现象，是动物天生的、本能的、迅速的记忆，发生在动物生命早期很短的时间里，因此，这种记忆为动物形成依恋和合群关系提供了前提。这种无须强化、在一定时期容易形成的反应叫作印刻现象①。由此，可以推论：动物界当然包括人类，存在记忆的物质基础。

其实，动物的记忆不仅存在关键期或敏感期，而且记忆伴随生命个体生长而存在，记忆是生命个体与第二结构系统要素建立关系态的表现，是生命个体与第二结构系统要素发生作用的前提与基础，是决定生命个体与第二结构系统要素相互作用建立怎样的关系态。新华网 2005 年 4 月 14 日报道：华东师范大学脑功能基因组学研究所林龙年副教授与美国波士顿大学钱卓教授，在世界上首次发现大脑记忆的编码单元与大脑密码的解读方法。可以猜想：记忆的编码单元是生命个体记忆物质的某一激发关系态存在形式，记忆物质的激发关系态存在形式，遵循于量子物理学规律，就像原子核外的电子形成的电子云，电子出现概率多的地方，就好像是电子轨道；记忆物质的某一激发关系态，就是存储记忆信息时，信息物质（存储信息的记忆物质）的某一分布状态，当信息物质分布状态越清晰，生命个体的记忆就越深刻，否则越模糊。生命个体记忆物质众多的激发关系态形式，就是生命个体众多的信息储存，即生命个体与第二结构系统要素某一关系激发关系态的记忆储存；该生命个体

① 边玉芳. 儿童心理学. 杭州：浙江教育出版社，2009：27.

记忆物质某一激发关系态形式，是动态而非静态，引起生命个体建立关系态的任一信息，如视觉信息、听觉信息、触觉信息等，都对应生命个体记忆物质某一激发关系态形式。但是，记忆深刻与否取决于刺激后产生的记忆物质量及其分布状态的清晰程度。

根据记忆物质某一激发关系态存在时间的长短，分别对应于生命个体的短时记忆和长时记忆。如果生命个体曾经有引起生命个体建立关系态的某一历史信息，但生命个体记忆物质又无法呈现相应的某一历史信息的激发关系态，那么生命个体就不存在或淡化甚至消失这一信息的储存；生命个体的感觉：没有见过或记不清了甚至彻底遗忘了。而生命个体的记忆物质由某种原因而产生的随机分布的激发态，便产生不同的类生命记忆，诸如梦境、幻觉、顿悟等。生命个体长期的、固定的某一激发态历史经验关系记忆的储存，即转化为生命个体第一结构系统要素——生命个体历史经验关系记忆。生命个体的这一"历史经验关系记忆"，是生命个体呈现本质属性最基础、最重要、最经典的关系储存或知识储存；也是生命个体代际间固有的历史经验关系记忆的储存，这一记忆的存在，不需要生命个体与第二结构系统要素先建立意向对象而进行意识活动，只需依靠"历史记忆关系"做判断，下"指令"，进而产生生命个体的行为现象。因此，生命个体"历史经验关系记忆"呈现的生命行为现象与生命个体无意识呈现的行为现象相类似，只不过"无意识"是生命个体当前的暂时记忆产生的行为。

上述历史经验关系记忆、现实经验关系记忆，有意识、无意识的生命个体行为，本质上都是生命个体依据"记忆"进行判断，下达指令，呈现生命个体行为，而这一系列程序——内生机制，均建立在人类神经系统之上。神经系统是人类生命个体信息传输通道；神经元的树突、轴突、神经胶质细胞及其生命个体刺激后在大脑结构——如"海马"处产生记忆物质并呈现不同激发关系态的储存系统；生命个体的短时记忆、长时记忆、现实经验关系记忆、历史经验关系记忆等相互联系，呈递进关系。在此有必要进一步强调：记忆伴随着人类的存在而存在，伴随现实经验关系记忆的强化而加深。

两个著名实验新解

（观点）两个著名实验告诉我们，人类生命个体除与其他生命个体有相似之处，还有其人类自身的特点——人的社会属性，即竞争、合作与分工。

巴甫洛夫经典条件反射实验。有关动物记忆的研究，人类进行了大量的实验，有的实验虽然没有以研究记忆为目的，但是对动物的记忆现象给予了有力的证明。如俄国著名生理学家、诺贝尔奖获得者巴甫洛夫经典条件反射实验，该实验证实了无条件反应、条件反应的存在，揭示了人类学习就是条件反射的过程，将记忆看作条件反射的巩固。对此实验现象的分析，巴甫洛夫将无条件刺激引起的固定反应，称为与生俱来的，即指食物引起唾液分泌；对"与生俱来"巴氏并没有给出具体解释。在此，我们认为"与生俱来"，就是生命个体本质属性的历史经验关系记忆（前面已讨论）。巴氏的条件刺激是指伴随食物或稍前于食物出现的声音，在条件刺激形成后，有条件刺激引起的反应，即实验中的声音引起唾液分泌，巴氏以"反射"解释狗听见声音产生唾液分泌。

笔者认为"巴氏反射"，简单化了动物对信息的处理，不是一束光照射到平面镜产生反射现象那么简单，而是动物听见声音，即动物本身与声音建立关系态，进而与食物建立关系态，两个关系态在动物头脑中实现了储存，建立了初步的记忆物质的两个基态。当多次重复，即强化两个基态的关系态，使得动物建立的初步记忆物质的两个基态结构越来越清晰，即生命个体完成了现实经验关系记忆。

在此基础上，动物凭借两个记忆物质基态的逻辑关系，建立起动物最简单的思维推理：声音（信息）——判断——推理——食物——唾液分泌。简言之，动物建立了喂食与摇铃的关系记忆，此关系通过神经系统传导——产生唾液。由此推断，记忆是动物生命个体作出推理、判断的基础。一切动物生命个体都存在思维能力，只不过程度不同罢了。其实植物生命个体也有记忆，不过与动物生命个体表现方式不同。当然，也存在植物生命个体依据记忆做出判断——即植物思维（与本节内容无关，不再论述）。

其实，不管是动物生命体，还是植物生命体巴氏实验中条件反射概念都是存在的。条件可分为：生命体内刺激和生命体外刺激。比如，人类生命体饥饿的反应是生命体内刺激反射效应；人类生命体的打喷嚏等是由于身体对空气、阳光等外在条件的不适应产生的条件反射，等等。因此，生命体的条件反射与生命体存在的思维功能是两个不同的概念。生命体思维功能是建立在记忆基础之上的，而生命体的条件反射是不需要记忆，只是由于生命体灵性存在的必然。

囚犯困境实验。从生命的本质属性特点，可以知道，生命个体在存在的基础上，总是希望以较少的付出，追求最优的生命质量。因此，在现有的资源条件下，生命个体相互竞争是不可避免的。在竞争生存中，生命种群之间、生命种群的个体之间建立不同的关系态，构建种群与种群、种群个体之间的生态平衡系统。其中，人类生命个体也不例外。但是，人类生命个体除与其他生命个体有相似之处，还有其人类自身的特点——人的社会属性，即竞争、合作与分工。

　　这里来考察著名经济心理学中的囚犯困境实验。诺贝尔奖获得者、美国数学家纳什，就此实验提出了著名的"纳什均衡"，即两人合理的选择都是坦白，原本对双方都有利的共同抵赖策略就不会实现。我们再从生命本质属性视角考察囚犯困境实验。第一种情况，囚犯 A 和 B 没有建立攻守同盟，面对检察官两名囚犯只有两种选择——坦白或抵赖。由于每个生命个体，都在追求生命最优，因此两名囚犯的选择遵循"纳什均衡"理论。第二种情况，假如两名罪犯在作案前建立攻守同盟，那么按生命追求最优原则，两名囚犯必定选择共同抵赖。第三种情况，允许罪犯 A 和 B 在作案后选择：（1）不建立攻守同盟；（2）建立攻守同盟。依据生命追求最优原则，两名囚犯必选择第二种。

　　分析三种情况可以看出，人类在没有进入社会化时期或没有条件、机会进行合作，个体追求生命最优——充分体现竞争，遵循"纳什均衡"理论；若人类进入社会化时期或有条件、机会进行合作，人类生命个体追求生命最优——选择合作，实现最优。因此，人类生命个体在追求生命最优化的过程中，一般要思考两种方式：一是采取竞争的方式获取自身生命最优化；二是采取合作的方式获取利益最大化，实现生命自身最优。人类生命个体选择哪种方式取决于"利益最大化"的可能性。当人类生命个体不可能选择"合作"时，一定采取"竞争"的方式追求生命最优化；当有可能选择"合作"一定首选"合作"，达到合作小群体利益的满足。

　　由此，对我们的启发是：人类生命个体的本性决定了人类的社会化属性——合作。一方面，从人类生命个体而言，人类社会化合作的更高层次，是实现人类群体内部个体成员的分工。随着人类社会化的深入，人类在不断的追求用较少付出获取更多的利益，从此有效地推进了人类工业化、信息化的发展，对此，专业化在人类社会中也被分化出来。随着人类生命个体追求生命最优，也导致人类生命个体需求的多元化，从而进一步促进了社会分工的精细化。另一方面，从人类生命个体组织而言，合作推进了利益集团的形成与建立。人类生命个体追求最优化，必将导致利益集团追求最优化，其结果是：追求集团垄断。不同地区利益集团的垄断，最终形成以地域为界的民族集团或国家集团，集团以垄断为特征并形成集团自身的文化。集团与集团、国家与国家，以及世界形成的国际组织均是在竞争中合作，在合作中竞争，以此实现集团利益的持续最优。为保证集团内部、集团之间、各组织之间有序竞争与合作，必须建立共同遵守的制度与法律约束及确保制度与法律得以执行的专门机构。

总而言之，人类属性决定了人类社会化的形成。人类不管是通过个体还是通过集团、国家、组织，都是通过积极主动的竞争、合作以精细化的分工等实现人类社会化的改造，在此过程中，建立共同遵守的制度、合约与法律是人类属性追求的必然。

第三章　人类本性与教育关键

众所周知，人类可教育是常识，因此没有必要再讨论。但是，本章试图从人类本质属性的角度，考察人类自我进化的历史，依此提炼出影响人类文明的最本质的因素，进而找到对人类实施教育的关键载体，追求人类教育的最优化及高效率，尽可能实现人类追求生命最优。

第一节　人类现实经验关系记忆的累积与语言的形成

（要点）生命个体对现实经验关系记忆印刻，使生命个体确立了注意的对象，从而使生命个体在此基础上，进行合乎逻辑的再认识，即建立概念、判断、推理的认识——理性认识。

人类语言的形成分为两个阶段：一是有声语言阶段；二是书面语言阶段。

人类经验关系的形成与发展

（观点）经验的发现、习得、传承及其方式，记录了人类生存的历史，进化的历史，发展的历史、学习的历史。

人类生命个体在与第二结构系统要素建立关系态的过程中，与其他生命个体一样，为了生命个体自身存在，一方面在积极适应第二结构系统要素的同时；另一方面也在努力地改造第二结构系统要

71

素。为讨论方便，选择距今700万年左右，从共同祖先中分离出来的现代人类祖先——原始人，作为讨论对象。

假定原始人之前的生命，在与第二结构系统要素建立关系态的过程中，形成的现实经验关系记忆，在生命存在的历史长河中，依据生命存在的需要，有选择的对部分历史的现实经验关系，固化为人类生命个体历史经验关系记忆中。譬如，原始人直立行走，即为原始人长期与第二结构系统要素构建关系态，建立为历史性的现实经验关系记忆关系的累积结构——特有的人类身体的物质结构。

以南方古猿为例作进化分析：从攀树猿群动物开始，就与人类原始生命个体第二结构系统要素——森林，建立了依存关系，使得人类原始生命个体与树木、森林建立经验，上肢的双手能攀住树枝，通过上下攀附运动，扩大生命个体纵向运动空间，通过生命个体在森林中"摆荡"运动，扩大生命个体横向空间，生命个体以植物果实为目标，选择自己是上下"攀附"还是横向"摆荡"，以此实现获取更多的果实，供给生命所需。所以，一定数量的森林、树木是人类原始生命个体第二结构系统要素中的与人类原始生命个体构建关键关系的要素。从此，人类原始生命个体在对森林、树木、果实等长期建立关键关系的过程中，形成了生命个体的现实经验关系记忆——即只有这样才能实现获得"果子的目标"。

由于现实经验关系记忆的成功，进一步强化了生命个体头脑及肢体的运用，长此以往，在人类进化的历史长河中，生命个体现实经验关系记忆，一方面转化为以历史经验关系记忆关系贮存在生命个体结构体系要素中，如外显的有人类独有的直立解剖结构；内隐的有生命个体脑容量、神经系统、基因等的变化，为生命个体建立注意、意识、感觉、知觉、表象、理解、判断与推理提供了可能。另一方面，现实经验关系记忆在生命个体间习得与传承，在内隐要素基础上，建立新的现实经验关系记忆，循环往复，实现生命个体自身结构要素关系态及对第二结构系统要素关系态的动态建设，促进生命个体进化及生命个体之间的社会化进程。

下面，按照人类现实经验关系记忆习得与传承的累积方式顺序（顺序是相对的，具有重叠性、共有性，以主要方式作为划分依据）进行讨论。

在讨论前，应清晰人类现实经验关系记忆取得的路径，以确保讨论不迷失方向。人类生命个体为自己生命的存在，必须以人类生命个体的关键关系——食物为核心，与第二结构系统要素建立关系态。围绕着食物，人类生命个体进行多种多样的尝试，有些尝试是失败的，有些尝试是成功的。经过多次反复的印证，能够成功的、有效的获取食物的关系态将上升为经验。这些经验，往往是某些优秀的个体率先总结出来，然后由个体传播到群体，并在群体中应用。与此同时，某些聪明的个体，再创造，或在此基础之上，逐步完善、改造获得新的经验。总之，获得食物是目标，获得食物的方法、技巧是现实经验。经验的发现、习得、传承及其方式，记录了人类生存的历史，进化的历史，发展的历史、学习的历史。因此，围绕着人类生存，是我们展开讨论人类现实经验关系记忆累积的路径。

1. 经验探索与动作模仿阶段

这一时期，人类的语言还没有形成，天然工具的使用及其制造技能的经验，是依靠个体的模仿并靠个体传授到群体，在人类群体生存实践中巩固、改进、完善、创造，在不断的师徒传授中积累、保存、改进、传承下来。聪明的个体尝试、探索自身及天然工具的使用，实现获取食物的方法。例如：直立行走后，双手在获取食物中的应用，在树林间使用树干的攀缘运动，提高身体移动速度；对成熟果实的颜色辨认；树枝、棍棒在获取食物中的应用；打制粗糙石器及其应用；火的使用，等等。

2. 命名标记具体表达阶段

这一时期，人类的有声语言初步形成，词汇还非常贫乏，伴随着有声语言与肢体、面部语言相互印证，逐渐约定俗成并命名、标记自然界事物、现象、事件及情感表达等，从而丰富了有声语言的词汇，特别是出现了大量的动词，并逐步分化出大量的无人称代词，"在一定意义上说，无人称代词是最早的名词，因为它是万事万物的名称，可以用它来指称一切自然现象和社会现象"①。因此，这一时期人类知识、现实经验关系记忆习得与传承，是具体的、形象的、直观的，由于有语言的参与，师徒传承知识、经验的效率大大提高。

人类由单纯的经验探索与动作模仿阶段，发展到对自然界具体事物、现象、事件、情感等具体标记与表达，是人类发展史上的第一次质的飞跃。

标记是人类对组成大自然的事物的最初级分类；即从混沌的、统一的、整体的自然物中，看到了一个个不同的实物个体，通过标记，把它们表达出来。其呈现方式，一是在头脑中以象形、功能、特点等对事物标记；二是命名标记；三是实体标记，如"记号"等。

(1)人类对工具的标记，促进了工具制作和使用。"北京猿人已经积累了不少制作石器的经验，懂得不同的石料采用不同的加工方法。他们已能制成砍砸器、刮削器和尖状器等多种类型、多种用途的工具。刮削器形状大小不一，有直刃、凸刃、凹刃和多边刃等形式"。"尼安德特人……并能把石制的尖状器安装在木柄上做成矛，

---

① 张浩. 思维发生学. 北京：中国社会科学出版社. 1994：159.

作为投掷器。"①

（2）对具体物质的标记，促进了数和量概念的形成。以获取食物为中心的现实经验关系记忆的有效传承及发明创造，带来了相对丰富的食物，随着食物累积与消耗，人类逐步建立"多"与"少"，"大"与"小"的概念；在收获与分配的过程中，为计算劳动收获和分配所得，创造用自然物或自己手指来标记数量（"屈指可数"这一成语便可为其佐证），建立了"数"的概念；聪明的个体，创立了十进位计算法，并在人类群体中得到传授。

（3）对空间与时间的标记，形成空间与时间概念。此阶段的人类由于思维能力的发展，开始注意到自然界的变化规律及动植物的生长特点：日出日落，斗转星移等自然现象；植物生长，动物追逐等生命个体的呈现特点。慢慢的人类随着与自然界建立关系的同时，积累了对自然现象认识的经验，久而久之建立了人类的空间概念。人类随日出而作，日落而息规律的强化，对明月圆缺，四季交替，花开花落，候鸟迁徙等自然现象的认识，逐步建立时间概念，并以时间概念对自然现象进行标记——日出一个轮回为一天，月出一个轮回为一月，花开一个轮回为一年等。随着人类对自然现象的认识及经验的积累，特别是对天象的认识，以及天象与动植物生长出没规律、天象与气候变化的规律等关系的把握，逐步完善了时间的划分——白天与夜晚，上半月与下半月，四季与一年等。此时，聪明的个体开始学会以自然现象标记人的年龄，如"像门前那棵树一样大""我是桃树开花时生的""我见过几次草青了"等。②

3. 类化抽象表达阶段

此阶段是人类发展的第二次质的飞跃。人类经历了对混沌的、

---

①　张浩. 思维发生学. 北京：中国社会科学出版社. 1994：104.

②　同上书，116－117.

统一的、整体的自然界事物进行标记表达，诸如中国古代不同马的表述："身黑而胯白者叫作'骊'，毛色纯黑的叫作'骊'，红白相间的叫作'皇'，毛黄而带红色者叫作'黄'；叫作'雅'的是青白毛混杂的马，黄白毛混杂的马则叫作'駓'，此外还有很多'马'旁的字（如'騏''骅''骆''骊''骊''駇''骥'）及看起来并没有'马'旁的字（鱼），个个表示一种不同毛色或不同种属的马。"①其实，自然界中这些零散的、众多不同马，都是头上不长犄角，耳朵较小，头部较长，身体较大，跑得也比较快，习惯站立着等共同特点的一类动物——马。这类部分的或整体的抽象，在人类意识中以观念的形式固化来，储存在现实经验关系记忆中的表达，即为类化抽象表达。

对群体的类化抽象表达，是对群体中的某个个体典型抽象表达的概括。因为只有对个体"马"，不长"犄角"，"耳朵"较小等的典型抽象概括，才能概括出具有部分或整体共同特点的一类群体——"马"。当然，这一群体共同典型特点越多，概括范围越小，抽象性概括就越弱。对个体抽象概括亦是如此，如对太阳抽象性概括表达等。类化抽象表达，对应的思维方式，"由形象思维中孕育出了早期的抽象思维"。但是，"此阶段的思维还不是科学意义上的抽象思维，它的基本要素还不是概念，也不可能是概念，而是在形象思维活动中，经过各种各样的想象活动产生的意与境、形与神、客观世界与主观情思相统一的知觉意象基础上所形成的、带有社会性的、类化了的意象"②。

这一阶段，由于人类经验积累、生活技能的提高，加之人类思维能力发展，人类对信息及经验与技能的传承，明显地丰富了第一阶段单一的经验探索与师徒动作模仿、第二阶段简单语言参与下的

---

① 张浩. 思维发生学. 北京：中国社会科学出版社，1994：123.
② 同上书，128.

具体、形象、直观师徒传承知识和经验的方式，代之以除简单语言之外的类化抽象的表达方式。

(1)概括象形表达。这种表达内容更加丰富，是抓住了事物某一点、或一部分、或整体的共同特点进行的典型概括，是一种"类"，而不是一个个孤立的个体。由此，古人产生了绘画艺术：崖画、壁画、陶文、雕塑及记事图画等。即人类在前两种表达传承人类现实知识、经验的基础上，又增加了一种新的表达方式——图画表达。这一表达方式，相对于有声语言和动作模仿，有明显的优势——不受有经验的个体限制，即有经验的个体，通过绘画把经验记录下来，传承给其他个体和后人。

(2)象征性会意表达。这一表达比象形抽象表达更进一步，"象形"是在具体"形"的基础上的抽象，是"外形"的抽象概括，而"象征"是对事物的属性、功能、关系等非外形抽象的概括。如"表示'硬'的东西，说'像石头'；表示'圆'的东西时，说'像月亮'；表示'长'的东西时，说'像大腿'"①"北美印第安人在宣战时，先给对方送去一把战斧，对方如果接受了战斧，即表示应战；要是把战斧埋起来，则表示和平"②。象征性抽象表达方式，是人类在生存过程中与第二结构系统要素建立经验关系记忆的典型性抽象。因此，当人类个体没有建立起相应的"经验关系记忆"，对这样的表达方式是难以理解的。

(3)联想性借喻表达。这种表达容易理解，即通过事物联想，借此喻彼，表达某种信息。例如："恶"就借用有毒的箭头来表示；"苦"借有物从口中吐出来表示；"时代"借用青草来表示，等等。③

---

① 张浩. 思维发生学. 北京：中国社会科学出版社，1994：135.
② 同上书，136.
③ 同上书，137.

这一表达方式，也需要有更多的"经验关系记忆"，否则既联不起来，也借不过来。

(4)符号指事表达。这一表达更具有抽象性。"符号"，有实物符号、有印记符号等。符号指事，人类赋予符号相关信息，符号与指事之间没有必然的联系。"符号"承载的信息，是人类群体社会化赋予"符号"应有的信息。例如："北美印第安人打猎时，常把一根折弯或折断的树枝放在石头上，以此为伙伴们指示被猎动物的去向。"[①]；人类个体，在自己使用的武器、工具、劳动产品上标注符号，以示区别于其他个体。"西安半坡遗址就发现过一件石铲，上刻交叉形；浙江吴兴钱山漾出土一件石斧，上有墨绘回纹。"[②]古代的"结绳记事""木刻记事"在世界各地较为普遍。这一表达方式，是人类个体与第二结构系统要素建立关系的过程中，呈现的超越具体形象事物，代之以某种"符号"，赋予该"符号"以人类相互约定的相关信息，即具体"符号"信息之外的约定的信息。因此，"符号"指事表达，不受具体事物限制，只取决于人类个体约定，为方便人类丰富的表达提供了现实。它是人类类化抽象表达的高级阶段，也是人类抽象表达的开始，即为人类抽象思维奠定了基础，拓宽了人类现实经验关系记忆的历史传承时空。

4. 抽象逻辑表达阶段

此阶段为现代人具有的抽象表达。人类由类抽象表达——形象概括的绘画，符号指事的图画，在经过人类关系构建过程中，形成共同认可的简化，泛化、抽象形成象形文字，再分化发展成拼音文字、中国的方块字或符号计数。这一时期，人类的有声语言发展较

---

① 张浩. 思维发生学. 北京：中国社会科学出版社. 1994：138.

② 同上书，174.

为成熟(后面讨论)，思维能力实现了质的飞跃，至少可概括以下几种方式。

(1)书面语言文字表达。通过语言文字，记录人类发生的事件，描述具体事物，表达人类情感，阐述人与人、物与物、人与物之间的关系，评论对人、事与物的认识及看法，描述客观世界的规律等。

(2)数学表达。随着人类思维水平的提高，在文字表达基础上，需要对事物进行如大、小、多、少、长、短、高、矮、顺序等具体量化，特别是对物的分配、土地测量、天文观测、建筑设计、工具制造等，需要进行关系的量化，找到数与数、数与量、量与量、形与形及各量的变化等之间的关系，进而发展成文字语言所不能替代的工具学科体系。数学表达为科学探索提供了强大载体与工具支撑，数学领域的每一进步，都将推动人类对自然现象的进一步认识。

(3)科学规律表达。随着人类对自然现象规律的逐步认识，按大类构建成物理科学体系、化学科学体系、生物学体系等，这些科学体系均以符号、概念、定理、定律、公式等给予支撑。当然，人类对科学的认识还在发展中，永无止境。

(4)艺术表达。人类除用有声语言、文字语言陈述故事、表达情感之外，还通过音乐、舞蹈、绘画、书法将抽象与形象表达有机结合，再现场景、抒发情感、表达愿望，进而提高人的审美情趣、人格修养。艺术表达是语言文字表达不可替代的。

综上，对人为划分的人类现实经验关系记忆累积的四个阶段，即经验探索与动作模仿阶段、命名标记具体表达阶段、类化抽象表达阶段、抽象逻辑表达阶段的讨论分析，有理由相信：人类生命个体第一结构系统要素，在与第二结构系统要素作用的过程中，实现了将部分现实经验关系记忆，转化为历史经验关系记忆——或完善、或产生新的器官或功能区的形成。为更好地理解，再综合起来做一梳理，以便认识人类在现实经验关系记忆过程中，怎样实现人类的记忆、认识、意识、顿悟、创造与逻辑推理。

大家知道，人类所有现实经验关系记忆，都是通过视觉、听觉、嗅觉、味觉、触觉等形成感知觉，即外感知觉获得，即使人类在抽象逻辑表达阶段，依据严密的逻辑思维获得现实经验关系记忆，也是建立在人类最初外感知觉获得经验关系材料基础之上的。因此，生命个体为更好地协调自身结构系统要素与第二结构系统要素建立关系态——获得外感知觉的作用，必须同时实现生命个体第一结构系统要素关系态的建设，即生命个体器官及其功能的协调机制，其中生命个体内各器官的感觉系统及其功能机制建设是极其重要的方面，即生命个体内感知觉的形成。

生命个体的内外感知觉的经验在人类原始生命的头脑中形成记忆、产生对诸外感知觉要素的注意，诸外感知觉要素对生命个体长期的刺激累积，在生命个体第一结构系统要素形成较固定的内感知觉载体——中枢神经系统和遍布全身各处的周围神经系统。

中枢神经系统之一的脑神经系统，是生命个体在与第二结构系统要素建构关系态的过程中形成的、控制整个机体功能的最高级部位。人类生命个体的感知觉在头脑中不断地印刻，在大脑某一位置形成功能专区，专司其职。因此，生命个体对长期现实经验关系的累积，在头脑中将短时记忆转化为长时记忆，即记忆物质的某一固定关系态分布；众多固定关系态记忆物质的不同分布，亦即为现实经验关系记忆的累积。

现实经验关系的累积除在生命个体各器官、组织中固化为历史经验关系记忆外，还印刻在生命个体中枢神经系统——大脑中，在众多印刻记忆的基础上，生命个体在内生活力机制的促使下，形成不同固定关系态的转换，这种不同固定关系态按照一定内在联系实现的转换，即为人类生命个体的思维。当生命个体不依靠第二结构系统要素的刺激、而由生命个体自身大脑的某一现实经验关系态的印刻、主动建立起生命个体第二结构系统要素关系态的现象，即为生命个体的意识机能，简称为意识。

由于人类生命个体大脑众多的现实经验关系记忆的印刻是动态的，生命个体外任意要素的刺激或生命个体自身大脑众多印刻记忆物质，由于意识作用或某种原因而形成的交叉沟通，都将形成新的固定关系态分布，这种新的固定关系态连接是不深刻的、短暂的，若经过有意识的思维，这些新的固定关系态连接，将转化为新的固定关系态印刻，这新固定关系态印刻就是生命个体的创新。

当生命个体现实经验关系记忆的随机沟通，不是生命个体按照自身系统的内在联系进行的沟通而形成的合理的固定关系态印刻，即为生命个体的发散思维而进行的创新，顿悟现象即为生命个体现实经验关系记忆的瞬间沟通而形成的、合理的固定关系态记忆印刻；当生命个体现实经验关系记忆的沟通，是生命个体本身系统的符合思维逻辑的沟通而形成的新的固定关系态记忆印刻，即为生命个体合乎逻辑的创新。

生命个体对现实经验关系记忆印刻，实质上建立了生命个体与第二结构系统要素的映射关系态，这种映射关系态的建立，使生命个体确立了注意的对象，从而使生命个体在对注意对象感知的基础上，进行合乎逻辑的再认识，即建立概念、判断、推理的认识——理性认识。

人类语言的形成

（观点）直立行走、人类社会化和语言中枢系统的形成三大因素决定人类产生自身的有声语言，进而形成书面语言。

人类语言的形成分为两个阶段：一是有声语言阶段；二是书面语言阶段。通过上面的梳理概括，我们认识到，人类语言形成也是在人类现实经验关系记忆基础之上产生的。按照生命存在第一原则，人类本身就是群居动物。而至少人类三大因素决定人类产生自身的有声语言，进而形成书面语言。

第一因素——直立行走现实经验关系记忆的累积，转化为人类历史经验关系记忆的累积，即人体语言器官的形成。我们知道，人类原始生命直立行走后，使肺部和声带的压力减小，可自由加以调节；下颚后缩，与上颚吻合，可构成发音需要的状态；头颅垂直减少对鼻腔的压力，使人类的发音结构唇、齿、舌、咽、鼻一应俱全，发展为理想的发音共鸣器。

第二因素——人类社会化。在人类原始生命社会化的过程中，生命个体之间需要把现实经验、视觉信息、听觉信息、触觉信息等进行交流，生命个体必将借助肢体动作、发音器官模拟大自然呈现给生命个体的行为及声音信息，使不发达的喉头，由于音调的抑扬顿挫的不断加多，缓慢而肯定地得到了改造，而口部的器官也逐渐学会了发出一个个清晰的声音。当然，这一时期的有声语言与肢体语言是相伴而生的，是音义结合的词汇和语法的体系，声音与对象、动作、表情等长期一一对应的经验关系记忆，即为人类群体对声音对象、动作、表情等给予的约定俗成的命名，但原始语言的语法简单，词汇贫乏，手势等手段在交际中起着重要的辅助作用。人类有声语言信息传递得以实现，有声语言从此就产生了。

第三因素——语言中枢系统的形成。人类的行为、语言、艺术等都是人类生命个体在构建第一结构系统要素的过程中，随着人类生命个体与第二结构系统要素关系态的建立，使人类的大脑产生了对第二结构系统要素的注意，伴随着人类这些经验的形成，进一步促进了思维能力的发展，构建了语言中枢物质基础（人类特有的DNA 等），在人类迫切需要生存与经验交流的前提下，促进了人类有声语言的形成。

不同的人类共同体由于其社会化的存在，势必产生自己的语言——部落语言、民族语言、国家语言等。因此，世界上就不止一种语言。语言随着社会的分化而分化，又随着社会的统一而统一。

下面，重点讨论人类书面语言的形成。

人类的口头语言在萌芽阶段是纷繁复杂的，具有模糊、不稳定、随意性等特点。同一种语言也会因部落的迁徙融合、图腾崇拜的变化、时间地理的变迁而产生变种——方言。但是人类口头语言，只能是口口相传，难以留存。因此，从人类命名标记表达和类抽象表达的两个阶段，可以推定：人类通过象形绘画的方式，结合有声语言的约定俗成，标记了象形绘画的有声名称，即文字的读音。长期的积累，书面文字由此产生了。字母文字的产生经历了两个阶段：一是西奈半岛的闪米特商人借助埃及象形文字字符标示辅音，"又用许多别的符号来标示单词和音节"[①]，但是没有发展成严格字母表达的音标文字；二是腓尼基人在"公元前 13 世纪将原有文字发展成由 23 个辅音音符组成的字母系统。这一字母系统后经希腊人增补元音字母而进一步完备。"各地区由于语言存在差别，字母

---

①　［美］斯塔夫里阿诺斯. 全球通史·从史前史到 21 世纪. 吴象婴，梁赤民，董书慧，王昶译. 北京：北京大学出版社，2006：91.

文字也作了相应变动，形成了各自的语言系统。因此，人类书面语言，一是以中国为代表的表音和象形结合的文字系统；二是以欧亚许多地区为代表使用的字母文字系统。

当然，首先随着人类现实经验关系记忆及历史经验关系记忆的累积，人类逻辑抽象思维能力也得到历史性的发展，象形文字必将得到简化或演化，以适应人类生产、生活的需要。其次，书面语言——文字，也像有声语言一样，在部落、民族、国家的分化与统和中，发生演变。文字记录着民族与国家的文化。

第二节 需要教育关注的要素及考量

（要点）从教育的完整过程看，实践、问题、方法、工具、技术、表述这六项要素都是不可或缺的，贯穿在整个教育过程中。在教育的不同阶段，或在同一阶段，依据确定的教育内容，教师在教学设计上要有所侧重、有所取舍。

寻找教育关注的要素

（观点）实践、问题、方法、工具、技术、表述应为教育的关注要素。

人类通过历史与现实经验关系记忆的累积，一方面将现实经验关系记忆累积，固化为人类生命个体历史经验关系记忆累积之中，譬如，人类直立行走，发音器官的形成，人类大脑语言功能等的相对分区等。另一方面，将现实经验关系记忆累积，通过人类生命个体动作模仿、有声语言、书面语言等的传承得以延续。

两个方面也不是截然分开的，而是相互联系、相互影响的。第一方面是第二方面的历史积淀，但是又不同于第二方面，更不是第二方面的简单积累。从时间上看，第一方面是现实经验关系记忆历史的作用，是现实经验关系在生命个体结构系统要素的有效积累，体现在生命个体结构及其物质构成上。第二方面以第一方面为基础，没有第一方面，不可能实现第二方面的传承。因此人类生命个体第一方面的差异，必将影响第二方面传承与累积。如果，考量两方面的转化与传承途径，从对人类生命个体实施当前教育可能的角度，我们注定选择第二方面。但是，随着人类历史的延长，我们对人类社会和自然界的认识越来越深刻，积累的现实经验关系越来越丰富，而传承这些现实经验关系，对人类生命个体来讲无疑也增加了难度，况且传承现实经验关系的目的，是减少人类探索的时间，更有利于追求人类生命最优化。因此，传承现实经验关系本身不是目的，何况现实经验关系本身也存在人类个体历史认识的局限性。那么，人类教育面临着现实经验关系的不断增加，是简单地以传承现实经验关系为主，还是在传承现实经验关系的同时，更加关注用以提高生命个体产生现实经验关系的关键要素？当然，肯定选择后者。但是，哪些要素是提高人类获取经验关系传承的关键？这些关键要素与人类经验关系又有怎样的联系？为了回答这些问题，有必要回顾审视人类现实经验关系建立的历史。

由本章第一节的讨论可知，人类从古猿开始，甚至可追溯到更早时期，人类生命群体及其个体为了生存，始终与第二结构系统要素建立关系态，并且这样的关系态从没有间断过，人类生命个体在关系态建构过程中，始终扮演着主导者、积极推进者。或者说，人类生命个体从没有离开过与第二结构系统要素关系态的建构，并在建构过程中，不断形成现实经验关系记忆。

从上一节认识到，人类从产生语言之前，到语言形成、完善的过程中，始终围绕着第二结构系统要素作用经验关系的描述：肢体动作、行为描述，绘画形象描述，标记替代描述，有声语言及文字描述，数字的量化描述等；进而发展成对生命个体第二结构系统要素的物质构成及其相互关系的描述，从而形成定理、定律、公式、原理等规律的理论描述。因此，总体看现实经验关系，一方面用来转化人类生命个体历史经验关系记忆，贮存到生命个体结构系统及其物质构成中，以期更好地与第二结构系统要素建立关系态，用以提高生命个体生存的本领及其生存空间，进而在追求以较小的付出获取生命最优。另一方面，人类生命个体为了更好的传承，必须学会对人类现实经验关系的表达与描述。由此看来，表述贯穿于人类现实经验关系形成之中。没有表述，就没有经验关系的形成，哪怕是历史经验关系的记忆也需要表述；现实经验关系记忆的累积，其形式也是依靠经验关系的表述。不同方式的关系表述，是人类不同的经验关系；或者说，不同的经验关系，需要不同方式的表述。

值得进一步探索的是，人类现实经验关系的获取来源于什么？

众所周知，人类生命个体在与第二结构系统要素相互作用的过程中，总会遇到没有解决的问题，或者说没有形成现实经验关系，只有解决了一个个这样的问题，人类现实经验关系才能实现累计，人类生命个体才有可能趋近于生命最优。发现问题如何解决？这在人类发展的历史进程中，已经有了清晰的答案：寻找问题的解决方法；在方法的探索中，势必要以工具为载体，以技术为支撑。也就是说，在实践中发现问题、寻找方法，以工具为载体，以技术为手段，最终完成现实经验关系的表述。由此我们得出结论：实践、问题、方法、工具、技术、表述应为教育的关注要素。六个要素的划分，只是便于研究和讨论，是想告诉读者现实经验关系形成的过程，不是我们在现实经验关系传承过程中必须遵循的顺序。

考量教育关注的要素

(观点)实践、问题、方法、工具、技术、表述，笔者之所以确定这六项为教育关注要素，是因为这六项要素在人类生命个体与第二结构系统要素建立关系态的实践过程中，是最基本、最有效的传承、建立、积累现实经验关系所必需。

如果人类个体经历了这六项关注要素的教育训练，将有助于提升生存能力，有利于追求生命最优。

1. 表述

表述能力是人类生命个体建立现实经验关系的基本能力。人类生命个体，从出生开始便与第二结构系统要素建立关系态，开始了主动的人生实践活动。出生的第一声啼哭，就是表达陈述生命个体与第二结构系统要素建立关系态的整体感受——不是我原来的生存环境，环境变化了！从此生命个体，从最亲近、最熟悉的母亲、父亲开始，积极主动对第二结构系统要素建立关系态，进行实践活动。整个身体要适应有空气的环境，眼睛要适应明亮的光线，耳朵要接受美妙大自然的各种音乐，鼻子要学会在空气中呼吸，依靠小小的嘴巴与舌的相互作用，获取母亲的乳汁，尝试从外界获得食物，供给自身所需营养物质。身体之外的每一物质要素，都发生了改变，每一事物都是陌生的——不知道它的名字，不知道它的组成，不知道它的性质，更不知道它们之间的关系、存在着的规律。具备现实经验关系的成年个体，通过有声语言、肢体动作、面部表情等，主动解答幼小生命个体实践活动中遇到的各种问题，如标记各种事物、命名各种感觉、表述各种关系、使用各种工具等。因此，生命个体在与第二结构系统要素建立关系的实践过程中，通过具有现实经验关系的成年个体的经验传承，在生命个体具有的人类历史经验关系记忆的基础上，大大缩短了幼小生命个体在与第二结构系统要素建立关系态的实践过程中，获取现实经验关系的时间。

但是，人类在漫长的与第二结构系统要素建立关系态的实践过程中，积累并传承了众多的现实经验关系，而众多经验关系表述，均按照人类从简单到复杂获取的方式，建立了相应经验关系表述的逻辑结构。因此，人类生命个体首先要认识并学会简单的现实经验关系表述，在此基础之上，学会认识、表述复杂的现实经验关系；其次，要学会发现新的现实经验关系并能够给予表述，以便能在人类个体中得以传承。表述能力，是逐渐发展起来的，表述能力与发现新经验关系的能力是相互影响、密不可分的。就人类个体而言，表述能力的潜质存在数学上的正态分布规律。

（1）语言文字表述。人类生命个体在建立对事物进行标记、命名的同时，模仿成年人进行口头语言实践表达，如幼儿对爸爸、妈妈等的标记、命名，并进行有声语言的实践；幼儿随着对事物标记、命名的增多，也在积极进行有声语言的表述实践，由此逐步形成相应的语言表达习惯。因此，孩子语言表述的第一位老师是父母。父母的语言表述习惯、语法的运用、词语的丰富程度、语速快慢、逻辑关系、语意完整及清晰度等直接影响幼儿的语言表述。

①幼儿园阶段。幼儿园对幼儿语言表述主要教育任务是在相对的空间与时间内，实现幼儿与第二结构系统要素建立关系态，进而进行广泛的标记、命名、形成初步现实经验关系的记忆。与此同时，促进幼儿在其群体中进行语言表述实践活动。这一阶段人类个体的成长特点，更多类似于人类标记、命名及类抽象表达阶段，因此幼儿园教育应更多进行以幼儿游戏为主的、进行广泛标记、命

名，尽可能的与第二结构系统要素建立关系态，以此实现现实经验关系记忆，为形成自身的语言表述，提供丰富的词汇基础，进而为准确、完整、清晰的语言表述提供条件。

②小学阶段。类似于人类类抽象表达阶段，并逐步向抽象逻辑表述阶段过渡。这一阶段除继续关注生命个体与第二结构系统要素建立关系态，继续增加新事物的标记与命名，较广泛实现现实经验关系记忆，进一步强化、发展有声语言准确、完整、清晰表述外，逐步增加文字认识，建立有声语言表述与文字书面表述的关系，开拓生命个体单一的以实践为主体的标记、命名及现实经验关系建立的途径，实现除生命个体之间以师徒方式传承现实经验关系外，逐步实现以文字为载体，辅之以实践为佐证，获取间接现实经验关系的记忆，与此同时，逐步习得简单的修辞，符合语法规律的准确、完整、清晰的书面表述，促进有声语言与文字书面语言的共同发展。

③初中阶段。此阶段初步进入抽象逻辑表达阶段，并逐步得到进一步的完善提高。这一阶段，人类生命个体依然积极与第二结构系统要素建立关系态，以增加现实经验关系记忆。当然，这一阶段与小学、幼儿园有明显的区别，以间接方式获取现实经验关系逐步成为主流，有声口头语言、书面语言完整、准确、清晰表述基本完成。但是，语言表述的丰富性、生动性、复杂性、逻辑性还有待进一步提高。因此，此阶段在书面语言表述的技巧，如语法、修辞、逻辑、文体及段落、篇章结构的设计等，需要进一步获取表述经验。

④高中阶段。人类生命个体从青少年逐步成长为青年——成年时期。这一阶段生命个体各种表述已初步成熟，依然是进一步积极与第二结构系统要素建立关系态，进一步增加现实经验关系记忆，

获取或强化更多的书面表述技巧，提高书面表述的逻辑性、思想性、深刻性。因此，师徒似的传授现实经验关系的方式逐步减少，代之以更多的从书面文字记录的现实经验关系中获得。在此基础上，进行口头语言和书面语言表述的实践。以此，为实现生命个体进入社会追求美好生活奠定基础。

⑤大学阶段。依据人类生命个体的潜质，进行专门化的发展，以此实现人类生命个体的职业追求。

(2)数量符号表述。除传承以语言文字记录的人类现实经验关系外，人类生命个体在与第二结构系统要素建立关系态的实践中，发现语言文字难以准确、简洁表述人类发现的现实经验关系。诸如，数、量及其数、量之间的关系问题、图形及图形之间的关系问题，数、量与形之间的关系问题，静态与动态数、量关系问题等。因此，人类生命个体在应用语言文字表述之外，构建了数、量、符号等表示法，如数学学科体系的构建等。

(3)科学范畴表述。人类生命个体随着与第二结构系统要素关系态建构的逐步加深，现实经验关系中的部分关系——即我们通常称之为知识部分的内容，逐步得到系统化、规范化，形成了自身的科学范畴，界定了概念，抽象出模型，量化了构建现实经验关系的量，形成了现实经验关系的表述方式——定理、定律、公式、方程式等规律性关系，譬如，物理学、化学、地理学、生物学等学科。

(4)艺术形象表述。纵观人类历史的发展进程，人类的艺术形象表述贯穿始终。从原始的舞蹈、岩石壁画、有节律呼喊、打击石块木棍，直至宗教产生祭祀的各种仪式，无不以艺术形象的方式，表达人们的情感、愿望与企盼。而这些形象的表达方式，单纯由语言文字、数量符号难以完成，而艺术之美在人类生命个体中产生的共鸣，也是语言文字、数量符号、科学中的定理、定律、公式等难以替代的。因此，人类的艺术形象表述也得到了系统、规范地发展，形成了不同的艺术分类，如舞蹈、音乐、体育、绘画、雕刻、戏剧等。

2. 实践

人类生命个体，本身就是在实实在在的生活中追求生命最优。因此，人类生命个体在与第二结构系统要素建立关系态的实践中，总结提炼形成的现实经验关系记忆，其目的本身就是缩短人类生命个体在追求生命最优的实实在在的生活中进行的实践探索，以便更好地、及时地趋近于生命最优。由此我们得出结论：人类生命个体传承现实经验关系本身不是目的，探索发现新的现实经验关系本身也不是目的，而是人类生命个体追求生命最优的载体。但是，我们知道所有现实经验关系的建立，要么直接来源于人类生命个体生产、生活的实践，要么间接来源于生产生活实践。即使是通过严密逻辑推理得来的间接经验关系，其本源也不可能脱离最初的生产生活实践。总之，实践是现实经验关系产生的基础。

因此，重视人类生命个体实践活动，让生命个体广泛地与第二结构系统要素建立关系态，以此获取生命个体更多的、初步的现实经验关系——感性认识。在此基础上，积极启发生命个体，引导其对初步现实经验关系的更深层次认识，或形成问题，激发生命个体对其关系的再认识、再探讨，以便发现新的方法、新的工具或新的技术，总结提炼成新的现实经验关系。

其实，人类生命个体的实践活动，绝不是单纯的实践感受，而是生命个体置身于实践环境之中，在具体操作、参与、研究中发挥生命个体的主观能动性。生命个体在具体实践中的学习，能够切身感受人类现实经验关系的作用，看到其在实际生产生活中产生的效果，使其在生命个体灵魂深处对其现实经验关系产生共鸣，贮存于生命个体之中。这样的结果，是生命个体学习间接经验关系不可能得到的体验；或者说，从书本上学到的理论知识的感觉，绝不如实践中获得现实经验关系那样深刻、可信。

但是，人类生命个体不可能一一重复人类获得现实经验关系的那些过程，其实，更没有必要。我们上面讲实践的重要，更主要是强调两件事情：一是感受、验证人类生命个体已经获得的现实经验关系，使其切实全方位地内化为生命个体自身的认知体系；二是在感受、验证过程中，了解存在的问题与不足，激发生命个体发现新的现实经验关系体系，哪怕是发现存在的新问题等。

因此，作为学校以传承人类现实经验关系为主要功能的场所，不可能搬到工厂、社区、农田、森林中去办学，我们的意思是强调：学校所有场所、所有人员，都要有意识从为学生开设的课程着眼，设置、构建实践场所，或与工厂、农村等建立基地，让学生尽可能参与其中或感受现实经验关系在实践中的应用；特别是教师，在组织教学中着眼于实践设计，将小课堂变成小工厂、小社会、小自然界等，让学生在实实在在的实践参与中获得现实经验关系的理论知识。

3. 问题

人类现实经验关系的获得，都是缘于人类对第二结构系统要素构建关系态过程中对一个个问题的解决。因此，现实经验关系源于问题。既然我们的学校是传授现实经验关系的场所，那么必然要传授人类生命个体在追求生命最优过程中，遇到的一个个问题。在弄清问题基础上，启发、寻求问题的解决，从思维方式上训练生命个体，但没有必要重复人类解决问题的全部过程。而问题的解决，必须经过实践检验与证明，最终以某种方式表述为共同认可的现实经验关系——理论知识。只有这样，才能讲清楚"知识"的来龙去脉，有利于生命个体对现实经验关系的深刻理解与把握，而不是只简单的记忆现实经验关系——理论知识的结果。理论知识本身，虽然有利于指导人类生命个体与第二结构系统要素建立进一步的关系态，但往往也存在其局限性，理论知识本身只是人类进一步与第二结构系统要素建立关系态的载体与相对简捷的途径，但是在获取其现实经验关系——理论知识的过程中，对生命个体思维方法及意志品质的影响是更深刻的。因此，"问题"要素本身，就应该成为我们学校教学的重要内容。

什么是问题？其实就是人类生命个体与第二结构系统要素建立关系态的过程中，对要素本身、要素与要素之间的关系或要素系统不清楚而想弄清楚，对应用现实经验关系解决遇到的困难时，又难以完成，或出现与事实不相符现象的困惑等。因此，"问题"本身，是人类生命个体具有的主观色彩，或者说人类生命个体可以不把这类困惑的事情列为研究解决的对象，更没必要解决它，因此也不可能产生新的现实经验关系。当然，由于"问题"本身具有人类生命个体的主观色彩，所以只要有人类生命个体弄清楚并解答了这些困惑，并在实践中得到了证实，虽然对人类生命其他个体依然构成困惑，但对人类整体而言已不构成问题。因此，我们所指的"问题"是针对人类整体而言，而不是人类个别生命个体。从这个意义上说，学校教育是人类传承现实经验关系、培养生命个体发现、解决人类遇到新问题的能力教育。由此可见，学校教育的"问题"要素，是专门指定人类生命个体已解决了的问题，即已经建立现实经验关系，但对学校教育对象的生命个体而言是"问题"。人类整体而言的"问题"如何解决，应留给研究机构及其爱好者。

因此，学校教育就应该围绕着人类生命个体与第二结构系统要素建立关系态的实践过程中已经解决了的问题，再通过问题揭示、问题研究、问题探索、问题解决，呈现已经形成的人类生命个体共同认可的现实经验关系——理论知识。应当清晰地告诉学生：这是人类与第二结构系统要素建立关系态的又一现实经验关系，是人类认识史上的又一阶梯。所以，教师在进行教学设计时，应该紧紧围绕问题的产生、问题的解决，进而给出人类共同认可的现实经验关系记忆。与此同时，如果切实存在问题解决不够完善，或存在问题、或存在困惑，要积极呈现给学生，不管是哪一年龄段的学生，但不希望他们马上给予解决。这一呈现，必给学生留下深刻记忆，引起有志者的学习兴趣。这在人类发展史上有许多事例，如著名的"费马大定理""哥德巴赫猜想"等，激励众多数学家为之奋斗，在其过程中发现了很多新的数学概念、定理和方法。

4. 方法

在人类生命个体累积现实经验关系的过程中，面对"问题"，重要的是选择解决问题的方法。方法伴随人类进化的整个过程，这里来考察人类进化的几个重要阶段。远古人类，为了能够有效地、灵便地获取果实，就是把人类生命个体的双手解放出来，最好的方法就是直立行走，把双手由行走器官，转化为获取食物的工具。人类直立行走后，为视觉的应用提供了广阔的空间，由视觉获得的信息，急需与同类生命个体实现共享，产生了生命个体的肢体语言、有声语言，生命个体又面临着有声语言的局限性，于是产生了文字、绘画等；当人类生命个体获取的物质相对丰富的时候，怎样分配物质更合理？于是发明了数与量的计量办法。同样，为了解决土地分配问题，古埃及产生了"拉绳者"。人类为了记录时间，借助天文现象，制定了天文历法；人类为了解决单独依靠大自然恩赐食物维持生存办法，逐步发展畜牧业养殖和农业生产；中国古代"大禹治水"的故事，讲述了禹的父亲——鲧和禹治水的不同方法，鲧失败了而禹成功了；中国古代产生的"阴阳"学说，和西方以德谟赫利特为代表的原子论学说，都是对自然界物质认识的一种方法，形成了不同的理论体系，对人类生命个体与第二结构系统要素建立关系态产生了不同的影响；直到近现代，方法对人类生命个体积累现实经验关系发挥的作用更不胜枚举。

法国数学家韦达，引进系统代数符号，使代数成为更带有普遍性的学问，由此他被西方称为"代数学之父"；英国数学家耐普尔发明了对数，为数学提供了使运算得到极大改进的快速方法；法国数学家笛卡儿创造出用代数方法解决几何问题的崭新方法——解析几何学，从而推动了数学的巨大进步；意大利物理学家伽利略开创了近代实验科学，极大地推动了科学实验的发展；瑞典自然科学家林耐，提出了"林氏二十四纲"分类法，并创立了双名法，推进了动植物学的研究；英国科学家牛顿和德国科学家莱布尼茨发明了微积分，极大地推动了科学的发展；俄国化学家门捷列夫建立了元素周期分类法，揭示了元素的化学性质之间的内在联系；从电子管到集成电路的发展过程，贯穿了思维方法的改进：替代，晶体管替代电子管；微型化，减小体积组成微型电子原件；高密度装配，将小型晶体管和其他小型电子元件采用"微模组建"；半导体集成电路，美国科学家达默，突破了人们在传统的分立状态、单独元件基础上缩小尺寸的思想，提出了把电子线路所需要的各个功能元件，统统制作到一块半导体晶片上，实现电子线路体积大大缩小，可靠性明显提高，是电子学观念的一次重大革命，等等。因此，方法对人类生命个体建立现实经验关系，推进人类生命个体追求生命最优起到积极重要作用。

那么，学校教育怎样把"方法"教育有机地纳入教学之中呢？教师应依据教学内容，了解教学内容的背景材料，提炼出问题的形成，围绕着问题的解决，突出思想方法在问题解决中的作用，培养学生解决问题选择方法在先的思维习惯，由此组织设计课堂结构。当然，教师强调方法意识，绝不能离开问题意识，方法是围绕着问题解决而设计的，有了寻求解决问题思想，才会主动制定方法。但是，值得进一步强调，解决问题的方法往往不仅一种，我们可以探索多种方法，筛选尝试。当然，选择的方法也未必能够解决问题，需要反复应用，比较优劣，在实践中给予检验并不断完善。

5. 工具

在人类的进化史上，工具是人类文明的重要标志，是人类生命个体与第二结构系统要素建立关系态的重要载体。人类生命个体借助工具的发明与使用，极大地推进人类生命个体现实经验关系不断累积，促进人类生命个体追求生命最优。

下面，依然从回顾人类进化的过程看工具的作用。由于工具繁多，只能选择不同阶段具有代表性的工具。人类直立行走，将双手从行走工具，转变为获取食物、间接使用工具的工具，极大地扩展了双手工具的功能。在人类的旧石器时代，不言而喻，石器是人类的普遍工具。显然，人类有了石器工具，比没有石器时仅仅依靠人类双手获取食物、猎物容易得多。火的使用极大地改善了人类的生活，获得了美味的熟食，改善了人类的饮食结构，丰富了营养，提高了御寒能力。火，极大地促进了人类进化与进步。人类陶器、青铜器、铁器时代，改进了人类生活，促进了生产，直到现在，铁依然是重要工业原材料。指南针的发明，极大地扩展了人类活动空间，促进了航海、测绘、天文观测等方面的发展；雕版印刷和活字印刷的应用，促进了世界科学和文明的发展；火药的发明，标志着人类从冷兵器时代进入火器时代；望远镜和显微镜的发明，极大地拓展了人类的认识空间，极大地推进了天文学和微生物学发展；蒸

汽机的发明制造，对人类工业革命的发端起了重大作用，使人类进入了"蒸汽时代"；电话、电灯的发明，影响了人类的生存状态，改变了人类的生活、工作方式；无线电的发明，使人类进入了又一个新时代；飞机的发明，实现了人类飞天梦想，促进了人类航空事业的发展；互联网的发明，缩短了人类交往的时空关系，建构了新的信息、情感沟通交流的载体。

其实，工具不仅仅指能改变人类生活与工作的重大发明，还包括我们人类生活与工作经常使用的具体物品，哪怕是一枝笔、一只水杯等。除此之外，还包括在促进人类生命个体获得更多现实经验关系中也发挥着重大作用的装置或设备等。譬如，法国物理学家库仑发明测量电力的精密仪器——扭秤，导致了"库仑定律"的诞生，为人类揭开电的奥秘奠定了基础；英国物理学家威尔逊发明"云雾室"，真实地看到了微观粒子运动轨迹，开拓了研究微观世界的新方法；爱因斯坦以数学为工具，经过复杂的推导和运算，创立了狭义相对论和广义相对论等。因此，在此讲的工具具有相对广泛性，即一切为人类生活、生产、学习、研究、工作等提供载体或有帮助作用的实际物质或理论。

由以上讨论可知：工具伴随人类进化的全过程，过去如此，将来还是如此。学校切不可不重视工具的使用与发明的教育。教师在设计教学过程中，应当将工具的设计、制作、选择与教学过程中的"问题""方法"进行有机整合——解决问题——选择方法——确定工具。当然，教学设计时教师心中已有较为成功的工具选择，但是依然要让学生开动智慧设计工具，以此培养设计工具的思维习惯，欣赏成功解决问题的工具使用。

教学空间的选择与设计，要突出工具设计、制作、选择的重要性，让学生感受到自己是解决问题的主人，自己要选择工具、使用工具，切实感受工具选择的重要性——选择好工具，事半功倍，问题易于解决；选择不好工具，事倍功半，问题难以解决。

6. 技术

人类生命个体伴随着工具的使用，始终离不开工具制作、改进、使用技术，或者说相同的工具，不同的生命个体使用工具的技术不同，其效果也不同。我们依然考察技术在人类进化中的作用。

人类远古祖先，没有制作工具的技术，只能偶尔使用"天然工具"；在旧石器时代，人类生命个体只能制造粗劣的多用途的砍砸器；新石器时代，人类生命个体的技术得到了进一步提高，掌握了制作弓箭及制陶技术，极大地提高了获取猎物的本领，改善了人类生活；冶炼铜铁的技术极大地推进了人类工具的进步；建筑技术的掌握，除改善人类居住条件外，还为人类留下了众多的艺术精品，如古埃及金字塔、故宫建筑群等；造纸技术、印刷技术的发明，促进了文化的传播；蒸汽机的改进，如果没有瓦特格拉斯哥大学机械师技术的功底，没有瓦特朋友、镗床的发明者——威尔金森技师的支持，"蒸汽机时代"还不知道会推迟多少年；电话的发明人——贝尔，遇到了电子技师沃森，使电话成为了现实；通过民间艺人的启发，得到了电光源技术、电影机械技术、摄影技术的支持，经过法国发明家——卢米埃尔兄弟的技术设计与改进，使电影诞生；美国发明家爱迪生，扎实的技术思维与执着的技术实践探索，影响了人类社会的生存状态，改变了人们的生活、工作方式；美国飞机发明家——莱特兄弟，由于技术兴趣加之狄拉尔机械师的支持，使飞机研制成为可能；光纤传输与新一代移动通信技术、物联网技术、从集成电路到云计算技术、新能源汽车技术等正极大地促进我们生活、工作、学习方式的转变。

其实，在人类社会中，大到航空航天技术、汽车制造技术、计算机技术、激光技术、生物医药技术等，小到我们日常生活、工作的各个领域，技术应用无所不在。学校教育应切实把技术教育列为重要内容。技术教育有别于其他类型的教育，要突出技术、技能的训练，在实践中强化理论知识的理解与应用。由此，技术课的学习，要有足够的设备、工具，让学生人人动手，围绕着实际生活、工作、学习中的某些问题，确定工作目标，制订解决方案，完成成品制作。当然，在制作过程中，要突出基本的技术、技能训练，而不是突出完成成品制作。因此，学生确定的工作目标，制订的工作方案，教师必须给予把关审核。

以上简略地考量了六项教育关注要素。其实，这六项教育关注要素是人为的划分，其目的是方便考察。从教育的完整过程看，这六项要素都是不可或缺的，贯穿在整个教育过程中，但是，在教育的不同阶段，或在同一阶段，依据确定的教育内容，教师在教学设计上要有所侧重、有所取舍，切不可面面俱到。

之所以确定这六项为教育关注要素，是因为这六项要素在人类生命个体与第二结构系统要素建立关系态的实践过程中，是最基本、最有效的传承、建立、积累现实经验关系所必需。如果人类个体经历了这六项关注要素的教育训练，将有助于提升生存能力，有利于追求生命最优。

第三节 人类生命最优与教育追求

（要点）人类每个生命个体追求生命最优，必须建立在人类生命群体追求生命最优的基础上才能够长久；而人类生命群体要实现追求生命最优，必须通过人类生命个体追求生命最优得以实现。

追求按教育本质办教育，是每位教育工作者，抑或是每位公民对教育最基本的态度。不要超越教育本质或教育目的去赋予教育某些短平快的功利价值。

人类个体最优与群体最优的关系

（观点）社会化大分工无疑促进了人类教育的发生与发展，同时，进一步彰显了人类生命个体或群体本质属性赋予教育价值的追求。教育的本质（目标或目的）是让人类生命个体或群体追求生命最优或实现幸福生活。

大家知道，人类生命群体是由一个个人类生命个体组成，而人类生命个体的本质属性是在追求生命最优（已经讨论）。那么，人类生命群体是否也在追求生命最优？人类生命群体追求生命最优与人类生命个体追求生命最优是不是完全一样呢？呈现着怎样的关系？下面作简要的讨论。

没有人类生命个体，就不可能有人类生命群体。如果逆向思维：没有人类生命群体，也就不可能有人类生命个体的存在。或者说，人类生命个体的存在，必须建立在人类生命群体存在的基础之上。从这两种表述来看，我们可以得出结论：在组成人类生命群体的众多个体中，如果某个或极少数（相对种群个体）个体不存在，不会对人类生命群体是否存在构成威胁（否则这个种群将灭绝）。对此，要确保人类生命个体的存在，必须确保人类生命群体的存在。因此，每一个人类生命个体，都要成为人类生命群体的正向关系，至少不能成为人类生命群体的负向关系，否则，必将被人类生命群体所淘汰。

如果假定：人类每个生命个体对人类生命群体都不成为正向关系而只在于追求自身的生命存在和生命最优，那么，势必存在生命

个体之间不择手段的、不顾其他生命个体的存在而进行残忍竞争。竞争的最终结果，理论上只能剩下人类一个生命个体的存在，这一个生命个体也必将走向灭亡，人类生命群体结束。然而事实证明，人类生命群体不仅没有结束，而且人类生命群体整体上趋向于生命最优化，即人类生命群体追求生命最优。为什么有这样的结果呢？

其实，构建人类生命群体内部正向关系的每一个人类生命个体，在与其第二结构系统要素，即生命群体建立关系态的过程中，建立了追求人类生命个体系统最优的现实经验关系记忆和历史经验关系记忆。这一点，依然可以从人类进化的历史进程中找到痕迹。人类从古猿开始，或从古猿生命产生开始，不同的生命个体与生命群体建立了关键关系、重要关系、优化关系、一般关系、抑制关系、免疫关系、正向关系、负向关系等。

这里仅以重要关系或优化关系为例进行讨论。一个人类生命个体，从诞生时刻起就构成了人类生命群体的一员，与生命群体建立关系态，从此生命群体的每一个生命个体对其生命生长构成关键关系、重要关系、优化关系等，此生命个体享受着生命群体结构各要素提供的物质、精神、信息等的输入，这就在生命个体结构系统要素中贮存起现实经验关系记忆或历史经验关系记忆。

历史经验关系记忆，使得生命个体形成对人类生命群体的历史认同；现实经验关系记忆，使得生命个体将经验得以传承、改进、发明或创造，进一步实现人类现实经验关系的记忆累积。当然，极优秀或极差的生命个体是极其少数的，极优秀的生命个体（指即时优秀、持续优秀、延迟优秀的生命个体。即时优秀的生命个体，对应的生命群体为即时优秀生命个体所在的群体；持续优秀的生命个体，对应的生命群体为持续感受到优秀生命个体的群体；延迟优秀的生命个体，对应的生命群体为延迟感受到优秀生命个体的群体）

在与其第二结构系统要素建立关系态的实践过程中，其追求自身生命个体生命最优的过程，也是为人类生命群体追求生命最优的过程，其旨在传承现实经验关系的基础上，实现其完善、改进、发明或创造人类现实经验关系。所以，极其优秀的人类生命个体，对人类生命群体从构建关系而言，是重要关系或优化关系。与此同时，优秀的人类生命个体，也得到了人类生命群体众多成员的奖励、支持、拥护、敬仰等物质与精神上的肯定（延迟优秀的生命个体，得到相应延迟感受优秀生命个体的群体的肯定）。这些肯定，建构了优秀人类生命个体结构系统要素现实经验关系——愉悦的现实经验关系记忆或固化成为历史经验关系记忆。其实，每个人类生命个体在认同、支持、拥护、奖励、敬仰优秀生命个体的同时，也在建立自己愉悦的现实关系的现实经验关系记忆或历史经验关系记忆，只是程度不同而已。因此，这些人类生命个体现实经验关系的记忆或固化的历史经验关系记忆，和人类生命个体与第二结构系统要素建立关系态形成的企盼、恐惧、愿景等关系态的记忆，共同组成人类生命个体追求精神层面的最优化。

人类生命个体追求生命最优化可分为两个层面：一是追求物质层面的生命最优化；二是追求精神或宗教信仰方面的最优化。生命个体追求物质层面的最优化，从生命个体本性的角度就可以得到很好的理解，也是大多数生命个体一生基本而朴素的追求，因此，也往往导致生命个体低层次的竞争或生命个体抵御不住物质的诱惑而违反法规法纪、走向犯罪。而生命个体在精神或宗教信仰上追求生命最优，往往是着眼于两个系统：一是生命个体自身的内部结构要素获取生命个体现实经验关系记忆结果构成的结构系统。譬如，生命个体对宗教信仰、来世希望等的追求，可以以牺牲自身生命来维护自身内部结构要素某种信仰——现实经验关系记忆，而追求生命最优。另一个是生命个体与对外结构系统各要素构成的生命个体现实经验关系记忆和历史经验关系记忆。譬如，生命个体在关键时刻，义不容辞地牺牲自己生命，实现人类群体或部分群体追求生命存在或生命最优。

其实，除人类生命个体之外，其他生命个体也存在类似现象，如蜜蜂在群体受到威胁时，蜜蜂生命个体依据自身判断力，决定是否"蜇人"并为此献出生命，保卫蜜蜂群体的存在。蜜蜂"蜇人"现象，我们可以从蜜蜂群体贮存的历史经验关系记忆来解释。但是，人类生命个体不管怎样追求生命最优化，其前提都是——生命存在。而要生命个体存在，必须确保人类生命群体的存在。所以，人类生命个体在追求生命最优化的同时，必须将人类生命群体最优化放在第一位，才能实现生命个体长久的生命最优化；或者说人类生命个体纯粹的追求自身生命最优化，是短暂的、不可持续的，或被人类生命群体所淘汰。

综上讨论，人类每个生命个体追求生命最优，必须建立在人类生命群体追求生命最优的基础上才能够长久；而人类生命群体要实现追求生命最优，必须通过人类生命个体追求生命最优得以实现。由于人类生命个体灵性的差异，在传承、发明、发现、创造等人类现实经验关系的累积不同，共同围绕着人类生命群体追求生命最优化，实现着人类生命个体追求生命最优化，即产生人类生命群体的社会化大分工，建立人类社会的法律、法规、规章、制度，用以约束每个人类生命个体的行为，减少生命个体之间低层次的竞争，实现有秩序的生命个体追求生命最优，确保人类生命群体追求生命最优。

因此，社会化大分工无疑促进了人类教育的发生与发展，同时，进一步彰显了人类生命个体或群体本质属性赋予教育价值的追求。教育的本质（目标或目的）是让人类生命个体或群体追求生命最优或实现幸福生活！由此，追求按教育本质办教育，是每位教育工作者，抑或是每位公民对教育最基本的态度。不要超越教育本质或教育目的去赋予教育某些短平快的功利价值。

当前的教育问题与解决对策

（观点）人类社会的每一次重大发明创造，都来自人类优秀生命个体批判与创新思维的结果。除此之外，即便是人类生命个体的生活实践，批判与创新思维也尤为重要。教育界呼唤批判与创新思维，特别是我国的教育！

教育的核心问题之一：以理论知识为核心的教育。

当今社会，从人类生命个体诞生时刻起，就开始了胎教、早期教育，而后开始幼儿园教育、小学教育、中学教育、大学教育乃至研究生教育，这些教育除胎教外，基本上都在围绕着理论知识的理解与记忆开展教育，即人类生命个体现实经验关系记忆累积的部分结论性成果——理论知识的教育。从学科教材编写、课堂教学的设计与组织、教学仪器及设备的应用、学生课中课后作业的设计与布置、学习效果的检测反馈与强化等，都围绕着学科理论知识体系——理论与知识部分组织安排的。

笔者之所以认为围绕理论知识进行的教学存在问题，是因为如下原因。

一是理论知识本身是人类在现实生活、工作中，对发现的问题解决、对某种事实给予解释、对事物本质的认识或寻找其事物之间的内部规律等人为构建的一种理论或实践认识。这些认识在人类认识史上具有相对局限性，使得相应的理论或认识随人类现实经验关系进一步探索、创建，对原有认识存在彻底否定或给予改进、完善的可能，如人类对物理学理论认识就是在探索、建立、否定、改进、完善等循环基础上发展起来。简言之，如果把理论知识作为教学的核心，势必将有些不正确或错误的理论传授给学生。这样，既浪费学生的精力与时间，又将极大地阻碍、误导人类对事物及其规律的认识，如"物体在空中下落，越重的物体运动越快""以太"假设理论等，这样的例子在科学史上不胜枚举。何况随着人类现实经验关系的记忆累积，理论知识的体系逐渐庞大，那么人类生命的有限性与人类现实经验关系记忆累积的无限性存在矛盾。也就是说，不可能人类生命个体用有限的时间去记忆、理解人类积累起来的无限的现实经验关系。进一步说，人类生命个体追求生命最优，并不是追求生命个体记忆、理解现有的现实经验关系——理论知识，而是通过学习、理解现有的人类现实经验关系获得方法上的启发，或以此为载体、工具提高生命个体科学地解决实际问题的能力，实现人类生命个体追求美好的幸福生活。

二是以理论知识为核心的教学，违背了人类生命个体的灵性差异。由于人类生命个体灵性的差异，人类的每个生命个体不可能都成为科学家、发明家、艺术家、企业家、政治家或军事家等，但是人类每个生命个体都是生产、生活的实践家，在生产、生活的实践过程中，实现着生命个体美好的幸福生活。纵观人类发展进步的历史，对理论创建、发展、完善做出突出贡献的人类生命个体是极少数，大多数或绝大多数人类生命个体享受着部分人类生命个体将极少数生命个体的理论成果转化为生产、生活的实践需要。譬如，生命个体虽然不懂计算机、手机的原理，但是人类生命个体都能够使用计算机和手机，享受着现代化的生活。

仅以发明家为例，看其与理论知识的关系。譬如，中国古代造纸革新家蔡伦，创造出了"蔡侯纸"；中国宋朝毕昇在雕版印刷的基础上，创造了活字印刷，促进了文化技术的传播；意大利航海家哥伦布发现美洲新大陆，成为世界航海史上的壮举；荷兰著名的显微镜专家——列文虎克，制造了世界上第一台金属结构的"显微镜"；英国发明家瓦特、斯蒂芬孙对蒸汽机车的贡献，推进了人类工业化进程；美国发明家莱特兄弟制造了第一架飞机——"飞行者号"；美国发明家贝尔、爱迪生、乔布斯等改变了人类的生活方式，等等。这些技术上的发明，虽然理论上没有重大建树，但是在技术创新，实际生产生活中为人类生命个体追求生命最优做出了突出贡献，绝不亚于理论的建构。因此，学校教学以理论知识为核心有明显的缺陷。

三是以理论知识为核心的教学，将人类生命个体引导到专注于对人类已有的现实经验关系累积的理解与记忆，将大量的时间、精力浪费在重复、烦琐、无休止的运算解答人们结合现有理论知识编造的题目中，使生命个体沦为传承人类现实经验关系的工具。

学校本是生命个体充满生命活力的乐园，是追求生命个体梦想的世界，是追求生命最优的场所，然而，以理论知识为核心的教育，追求标准化的教育模式，不允许生命个体展现其灵性优异的一面，束缚或扼杀了生命个体的生命活力。其实，扼杀的是杰出的科学家、发明家、艺术家、政治家、军事家、企业家、作家、诗人等。学校变成了名副其实的禁锢生命活力的场所。一群本应该是充满活力的生命个体，没有了笑声、没有了兴趣、没有生命个体本身左右得了的爱好与追求，只得按照统一的现代化人才加工厂，通过标准化的生产线加工而成，以分数高低评判人才优劣：低于一定分数为不合格人才、劣等人才或不是人才。从此，以狭隘而不全面的对某些内容进行考核的"分数"作为标准裁判出的各类"人才"，又进入了各类相同的人才加工厂，除"机缘巧合"的"人才"得到较好的发展之外，那些运气不佳的"人才"个体优异灵性的一角不再突显，甚至视作"另类"加以限制或扼杀，使其平庸化，至此人类生命个体才适应了社会，才是社会认可的"成熟"。

学校成了传承人类现实经验关系的加工厂之后，完全遏制住人类生命个体优异灵性的一角，使生命个体按照理论知识生成的规律对其进行重复强化。这样大量的重复运算、解答最大的好处在于记忆理解固有的理论知识，能够在以记忆理解该理论知识的考试中，获得优异的成绩。总体上看，我国基础教育理论知识的掌握相对西方国家基础教育，较为扎实和系统，但是，整体的理论创新、技术创新、特别是引领时代的重大发明创造我国明显不足；简言之，我国缺乏世界级的科技领军人物，即使有极优秀世界领军人物，也往往有西方教育的背景。因此，笔者认为"钱学森之问"的根源，就在于我国当前的教育文化背景。我国的教育文化不能不说有其明显的不足。因为，如果将理论知识为教学的核心，无异于将生命个体的思维狭隘地限制于人类已有的理论认识体系内，极其不利于人类优秀的生命个体探索、发现、完善、改进人类现实经验关系的记忆，促进人类生命个体追求生命最优。

综合上述讨论，如果学校不以理论知识为核心组织教学，那么，怎样组织教学才能让人类生命个体更好地实现追求生命最优呢？那就请关注需要教育关注的要素吧！（上节已经讨论）

教育的核心问题之二：追求生命个体所谓"成功教育"文化。

当前，在我国现有的教育文化背景下的"成功教育"，更多是指人类的生命个体在学校有扎实的理论知识功底，能在考试中胜出，进入理想的大学，少有个性，顺应社会的个体。简言之，中国俗语：出人头地，光宗耀祖！因此，当前教育文化背景下的"成功教育"，其成功的参照系是其他同龄的生命个体！近期位置坐标：成绩（或名次）；中期坐标：大学；远期坐标：就业（行业、机关或待遇）。

这里考察"成功教育"文化的弊端。

其一，从"成功教育"文化的内涵，可以清楚地知道它关注的是生命个体与其他生命个体的比较，是在比较中评价生命个体的成功与否。但是，教育本身是由于人类社会化的分工，使得人类部分生命个体专门从事传承人类现实经验关系及其方法，减少人类重复探索的时间，开发人类智慧，推进人类生命个体追求生命最优化。因此，教育是掌握人类现实经验关系的生命个体与没有获得人类现实经验关系的生命个体建立关系态，一般地说，此关系态为重要关系或关键关系等。进一步说，学校教育扩大了没有获得人类现实经验关系的生命个体之间的关系态，但这些关系态在当前构建的系统之内充其量是优化关系，况且该关系态始终处在与该生命个体构建的重要关系态、关键关系态的要素调控之中。也就是说，教育的成功与否，本质上不在于没有获得人类现实经验关系的生命个体之间比较关系，而在于受教育的生命个体本身所建立的重要关系或关键关系。因此，教育成功与否，其参照系是受教育的生命个体本身，而不是其他受教育的生命个体。

其二，受教育的生命个体之间，不具备比较的基础。这一观点已在前面讨论过，如若进一步考察，就更加清晰。因为，虽然生命个体灵性本质属性相同，但是不同种群生命个体之间，同一种群生命个体之间其生命灵性及其灵动能力也不相同。因此，比较人类生命个体经过即使完全相同的教育，何况不可能有完全相同的教育（不同生命个体与第二结构系统要素建立关系态不同——泛教育概念），评判其教育成功与否，其大前提就是错的。就像比较两个生命个体，一个是篮球明星，一个是足球明星，如果我们对两位明星比较其中任意一类球的教育成绩，两个明星总有一个是教育失败者。然而，从教育过程中考察构建关系态对应的关系看教育目标，两位明星的教育可能都是成功的。

其三，所谓的"成功教育"文化，本质上违背了生命个体受教育的目标追求。大家知道，人类生命个体本质属性——追求生命最优。而教育目标也是实现人类生命个体追求美好的幸福生活，因此，教育恰好顺应人类生命个体追求生命最优的需求，理应成为促进生命个体目标达成的积极因素，然而所谓的"成功教育"只关注生命个体表象的单一"成绩"，关注生命个体之间单一"成绩"的不科学比较，而没有关注生命个体生长过程核心要素的需要，没有关注生命个体灵性优秀的需要。对此，真正的教育，是适应生命个体追求生命最优的需要，搭建、供给生命生长之所需，是与生命个体灵性相匹配的教育。生命个体受教育的过程，是愉快的过程、幸福的过程，健康成长的过程。因此，真正"成功教育"，是以生命个体自身历史为起点，使生命个体逐步实现生命最优化。由此可以看出，真正"成功教育"的参照系是生命个体自身的历史，是在生命个体每一个历史起点上，对其实施适合的教育。当然，真正"失败教育"，是对生命个体实施了不适合其灵性的教育，违背了生命个体生长需要的教育，生命个体受教育的过程不是幸福的过程。事实上，社会上不乏"失败的教育"或"教育的失败"，但他们都是对生命个体之间比较得出的结论，是不符合教育本质追求，因而是错误的（前面已做了讨论）。

但是，生命个体之间的比较，也是生命个体追求生命最优化，不可缺少的必然。前面讨论了，人类生命个体追求长久生命最优，必须建立在人类生命群体追求最优的基础之上。当然，在大前提保证人类（或群体）生命个体最优的基础上，人类不同的生命群体之间以及同一个生命群体的不同生命个体之间，为了追求生命最优，往往充斥着激烈的竞争或爆发国家（群体）之间的战争。生命个体之间的比较，虽然能够比较出生命个体的优劣，但是不能够比较出生命个体受教育的优劣。假如生命个体自身主动与其他生命个体比较，以反省自身为目的，激发自身动力，应另当别论。然而，比较教育的优劣，不应该是生命个体之间的横向比较，而是生命个体自身历史发展的比较。否则，评价教育的优劣就是不科学的。

通过上述讨论，自然提出这样的问题：真正"成功教育"需要关注生命个体追求生命最优的哪些要素呢？除去前面讨论过的教学关注生命个体有形的能力要素外，还需要关注生命个体无形的灵性与承载生命个体精神最优化的精神要素。

1. 灵动能力

人类生命个体的灵动能力是有区别的，因此对生命个体实施更有效教育，尽可能建立在生命个体现有的灵动能力基础上。那么，怎样考察生命个体的灵动能力呢？

人类的生命个体从诞生开始，就传承人类生命个体的历史经验关系记忆，当然，生命个体在建构生命个体本身内在系统要素的过程中，由于内在关系态微小变化，将导致生命个体内在系统结构及其要素的变化。这些变化，对生命个体与对第二结构系统要素建立关系态产生不同程度的影响。但是，从人类生命个体产生变化的概率统计——正态分布看，绝大多数生命个体更多传承父母生命个体的历史经验关系记忆关系。因此，考察生命个体灵动能力，首先观察其父母的灵动能力。其次，将生命个体置于教育工作者预置的教育环境中，观察生命个体与第二结构系统要素建立关系态的能力，考察其对现实经验关系的理解能力、记忆能力、表述能力、实践能力等。但是，这些考察一定要在生命个体的常态下进行，简言之，不要人为干预。当然，不要以一两次考察结果为依据，需要长期观察，在观察中修正对生命个体灵动能力的优势倾向判断。值得说明的是，生命个体越小，对生命个体灵动能力倾向越不易察觉，或者说，虽然生命个体年龄较小，但是，生命个体已表现出突出的灵动能力倾向，那么这一灵动倾向要引起高度重视。再次，生命个体的灵动能力，除以上几方面表现之外，还可能表现在其他方面，如执着的兴趣、顽强的意志力、组织领导能力、经营策划能力、艺术表演等。

2. 生命修为

生命个体的本质属性——追求生命最优。但是每个生命个体在追求自身生命最优过程中，如果不顾其他生命群体或个体的整体存在与感受，那么该生命个体与第二结构系统要素构建的关系态将会较少优化关系、正向关系，甚至更多是抑制关系、负向关系等。因此，生命个体在追求生命最优的过程中，其自身生命修为必不可少。

人类生命个体的灵性，决定生命个体对内和对第二结构系统要素的实现修为的可能。生命个体对内的修为，着眼于生命个体自身内在要素的统合。这些要素的统合，是构成生命个体历史经验关系记忆及建立在历史经验关系记忆基础上的现实经验关系的有机整体统合，其统合结果实现生命个体内在关系的缜密性与逻辑性，表现在生命个体对外建立关系的机敏、深刻、智慧与逻辑，体现在"格物致知"的思维能力上。这样，生命个体内在要素的统合，使得生命个体简单追求物质最优——生命个体低级的物质享受，升华为生命个体追求精神最优——信仰。对此，生命个体自身建构生命个体内在要素关系的定向性，即意向性——生命个体意识的形成。进而，生命个体在执着追求由"意识"确定追求对象的不懈过程中形成生命个体的"意志"。生命个体在有意识的和顽强意志的追求信仰的过程中，铸就了生命个体的责任担当。基于人类生命个体对内的生命修为而铸就的责任担当，使得人类群体逐步推进社会管理的系统化、规范化，构建人类社会生命个体道德体系——中国古代"家天下"的管理模式和西方的——"契约论"管理模式。即我们通常讲的以德治国和依法治国。

生命个体对外修为，是指生命个体在对内修为的同时，确定生命个体自身在人类生命个体中的位置——"我是谁?"与此同时，人类生命个体为了追求生命最优，必须与第二结构系统要素建立关系态，当然包括与生命个体建立关系态和非生命个体建立关系态。只有人类生命个体按照生命系统存在的规律建立与其他生命个体关系态，人类生命个体或群体追求生命最优才是长远与可持续的，否则，人类生命个体及其群体追求生命最优是暂时的、不可持续的。

其实，由于人类生命个体的灵动能力，它将主动与非生命个体建立关系态。如果人类生命个体不加以生命修为，那么非生命个体更加容易遭到破坏，当生命和非生命个体遭到人类生命个体破坏的量达到一定程度时，人类生命个体与其建立的关系态将发生转化，人类生命个体追求生命最优或生存状态将受到威胁。因此，人类生命个体或生命群体的生命修为，追求其在第二结构系统要素构建关系态过程中，趋近最优位置并维持其稳定。但是，人类生命个体或生命群体在其构建的关系态中的稳定位置是动态的，因此生命个体或群体的生命修为是一个过程而不是某个状态，或者说，稳定的某个状态是这个过程的某个时刻。所以，当生命个体或群体离开了生命修为，无以维持其自身位置的稳定，生命个体或群体追求生命最优或维持其生命存在将受到威胁。

具体到人类生命个体自身，人类生命个体或群体之间，当生命个体或群体其生命修为难以巩固其自身稳定位置时，也面临着生命能否追求最优或是否存在的威胁。譬如，弱国无外交等。但是，弱国的存在或稳定是强国生命群体修为、维护其自身稳定的需要，而不是弱国自身的稳定。因此，生命修为是生命个体或群体重要因素。

下面四个要素是从生命个体追求生命最优过程中，非常值得关注的构成生命最优的单项要素。

3. 情志追求

人类生命个体的情志追求更多关注于生命个体精神、性情、艺术层面的追求。在此，我们借用梁漱溟先生《东西文化及其哲学》中孔子之宗教部分使用的"情志"概念："情志所表现的两种生活就是宗教与艺术，而宗教力量又常大于艺术"①。但我们所说的情志与梁先生讲的孔子的情志有所不同，既不是纯粹"孝悌"，也不是纯粹"礼乐"，而是人类生命个体对内外结构系统要素建立关系态——现实经验关系历史与现实经验统合后的性情修炼、审美情趣、精神追求与精神归宿。当然，包含人类的宗教信仰和我国儒家文化、道家文化、法家文化的追求。

因此，生命个体情志追求，如果用最简洁的话说就是，生命个体坚定的、持久的、稳定的，或性情的、艺术的、精神的追求方向。情志追求与生命个体现实经验关系累积是相互促进的，是现实经验关系之上的精神抽象。如果生命个体不加强情志追求，即使有丰富的知识，当生命个体构建关系使其处于逆境，或紧急事态之中，或不利于生命个体生存之时，生命个体将会迷失方向、缺乏动力、找不到方法，鲁莽行事，陷入精神痛苦之中，或缺乏自我，或选择结束生命等消极的表现；如果生命个体有较高的情志追求，生

① 梁漱溟. 东西文化及其哲学. 北京：中华书局，2013：150.

命个体本身不管处在自身构建什么关系态之中，都不会迷失其追求的方向，不会放弃其精神追求，表现出生命个体追求的坚定性与方向的清晰性，临危不惧，沉着应对，泰然处之，方法恰到好处。两者对比，情志追求有利于提高生命个体追求生命最优。

4. 合作要件

从本质上讲，人类生命个体是在追求生命最优，而生命个体追求生命最优的通路是其与第二结构系统要素建立关系态。因此，生命个体追求生命最优有两个基本条件：一是生命个体具备与第二结构系统要素建立关系态的要件，或者说第二结构系统要素愿意接纳或接纳生命个体呈现出的要素灵性并与其建立关系态；二是第二结构系统要素能够提供生命个体追求生命最优之所需，即第二结构系统愿意提供或提供生命个体所需要的要素。

第一个基本条件，是建立在生命个体具有相对完备或有一定储存现实经验关系记忆、历史经验关系记忆基础上，实现其与其他生命个体的现实经验关系记忆或历史经验关系记忆的互补。这样，人类生命个体之间所追求的关系建构，其目标是实现生命个体双方追求其生命最优。否则，生命个体之间难以实现合作式的关系态，即其中一个生命个体难以独立存在。

第二个基本条件，是生命个体追求生命最优所选择的方向性对象。这方向性对象，蕴含该生命个体追求生命最优所需要素，而且方向性对象生命个体不管从现实经验关系记忆，还是历史经验关系记忆，都与该生命个体具备互补性；或者说，方向性对象生命个体追求生命最优也需要该生命个体所能提供的要素。也就是说，生命个体合作的前提是每个生命个体都要具备自身的独立性和对方所需要要件的构成。如果生命个体不具备合作的要件，但还需要生命个体第二结构系统要素提供生命个体要素之所需，那纯属于生命个体第二结构系统要素"怜悯与恩赐"。所以，作为生命个体本身就要有意识地存储"合作要件"，哪怕这个要件是生命个体只能提供简单的劳动服务！"这简单的劳动服务要件"也是高尚的！

5. 意志品性

生命个体的灵性决定生命个体具有意向性。而生命个体的意向性——意识，是生命个体与第一、第二结构系统要素建立关系态之所需。生命个体在意识的引导下，与对第一、第二结构系统要素构建关系态的过程，即为生命个体的意志体现。然而，不同生命修为的生命个体，与第一、第二结构系统要素建立不同的关系态。这些关系态，直接受制于生命个体具有的现实经验关系记忆和历史经验关系记忆的影响，其关系的缜密性、逻辑性、持久性等，对生命个体在意识的引导下，所建立的关系态的稳固性及持续时间的长短，发挥着不同的作用，或者说，生命个体呈现着不同的意志品性。由于生命个体的本性决定生命个体追求生命最优，然而在追求生命最优过程中，生命个体与第一、第二结构系统要素所建立的关系态错综复杂——既有正向关系态也有负向关系态；既有优化关系态也有抑制关系态等，生命个体呈现出对自身意识控制力及其不同的执着程度，譬如，生命个体信仰与追求以及自身情绪控制能力等，即呈现出不同的意志品性。因此，评价意志品性的重要标准有两条：一是坚定性；二是执着性。成就大事者，均具有优秀的意志品性。

6. 批判与创新思维

前面讨论过，人类生命个体传承着人类现实经验关系记忆与历史经验关系记忆。但是，人类生命个体在传承其关系记忆的同时，也在发现新的经验关系或完善、改进已有的经验关系。由此可见，人类生命个体在接受人类现实经验关系的同时，也要有批判的精神，即在批判中接受，以期完善已有的经验关系。批判性思维或质疑性思维是人类生命个体灵性的又一表现，即人类生命个体不是简单地按照一定的逻辑程序运行的一架机器。

　　但同时，人类生命个体面临着建立诸多第二结构系统要素关系态规律的认识，即形成新的现实经验关系。这就要求生命个体具有创新思维能力，探索发现与生命个体构建关系态的内在规律，促进人类生命个体追求生命最优——美好的幸福生活。譬如，人类在科学技术、生产实践、生活实践中，发现的数学关系规律的四大转变——由算数数学到代数数学的转变；由常量数学到变量数学的转变；由必然数学到或然数学的转变；由明晰数学到模糊数学的转变，均体现了批判与创新思维能力。

　　其实，人类社会的每一次重大发明创造，都来自人类优秀生命个体批判与创新思维的结果。除此之外，即便是人类生命个体的生活实践，批判与创新思维也尤为重要。

第 二 篇
教育文化观

第四章 教育文化的形成

第一节 教育文化及其形成

（要点）我国教育强化生命个体、组织群体及社会对教育单一价值——培养人才的追求，而偏离了人类教育固有的根本属性。直至 21 世纪的现在，学校教育本质上没有脱离历史上"学校教育成为科举制附庸"的现象——追求分数教育——追求升学率。结合西方近现代小学、中学、大学、研究生教育，其学校的教育形式、教育内容、教育方法、教育目的等，尽管经过长期历史的筛选、演变，但我们依然能够从西方教育历史上涌现的教育家所倡导的教育中，感受到生命个体、组织群体及社会对教育领域文化价值的追求——教育文化。

教育文化概念的界定

（观点）教育领域也充斥着不同文化追求的教育，我们称之为教育文化。教育文化是政府组织、非政府正式或非正式组织群体、人类生命个体构成的人类社会对教育赋予某种价值的追求，进而形成的思维习惯和行为习惯。

大家习惯把教育和文化作为独立概念使用。联合国教科文组织就是把教育与文化作为独立概念使用的典范。许多学者把"文化"与"教育"看成是包含与被包含的关系，"教育是文化的一部分"①。

现在，尝试将教育与文化放到一起形成一个新的概念——教育文化。显然，教育文化概念，是广义文化概念的子概念，是在教育领域中形成的文化现象。之所以将教育与文化放在一起，是因为：文化不仅塑造人类生命个体在社会众多领域的习惯，引领人类生命个体的精神追求，而且文化对人类社会众多领域的影响，体现在人类生命个体中更是牢固的、持久的，如饮食文化，宗教信仰、风俗习惯等精神方面的文化。文化一旦形成，其文化的柔润性及其强度有时就像空气一样弥漫在人们的生活中，人们自觉或不自觉地受其影响，受其浸染，受其熏陶；但文化有时又像一条无形的枷锁，将人类生命个体从精神上牢固地加以控制，不管生命个体的地位高低、有无知识、是贫穷还是富有，很难寻找打开枷锁的钥匙。因此，探讨教育问题，即"我们回答为什么教育、谁来教育、教育什么、怎样教育、教育谁等一系列的问题"②，其核心都要探讨教育文化问题，因为教育问题的产生，更多缘于人类生命个体在教育领

---

① 顾明远. 中国教育的文化基础. 太原：山西教育出版社，2004：29.
② 石中英. 教育学的文化性格. 太原：山西教育出版社，2005：15.

域形成的文化现象①。

其实，当前我国教育领域存在的众多问题，归结起来许多是教育文化的问题。多少年来，教育领域进行着不懈的改革探索，从课程改革、教材改革、招生制度改革、评价改革到具体的课堂结构、课堂组织、教学方法、教学设备等改革，以至 20 世纪末，从国家层面决定实施素质教育的改革，应该说取得了一定效果，但是没有从本质上解决问题，因此，也就不能回答"钱学森之问"。这些改革，可概括为"工匠式的改革"；也就是说，是在工艺、技术层面的改革，没有动摇我国两千多年来在教育领域形成的根深蒂固的教育文化。其原因是，在我国没有形成适应新时期教育需要的教育哲学；或者说，缺少新时期教育哲学的指导，难以动摇我国现有对教育的认识，更谈不上构建新的教育文化。

那么，什么是教育文化呢？在广义的文化范畴内，可以给出多领域的文化概念——饮食文化、服装文化、管理文化、建筑文化、园林文化、农村文化、城市文化、家庭文化、单位文化、民族文化、社会文化、儒家文化、道家文化、佛教文化、伊斯兰文化，等等。其实，在广义的文化范畴内，文化无处不在，人类生命个体的衣、食、住、行、用、思维习惯、与人交往等无不触及或表现为一种文化现象。潜在的文化及表象的文化时刻都在影响人类生命个体的思维判断和行为习惯。人类的教育也不例外，教育领域也充斥着不同文化追求的教育，我们称之为教育文化。教育文化是政府组织、非政府正式或非正式组织群体、人类生命个体构成的人类社会对教育赋予某种价值的追求，进而形成的思维习惯和行为习惯。

为更好地让读者理解什么是教育文化，教育文化是怎样形成

---

① "教育问题"，不是"教育学问题"，有关"教育学问题"可参见：石中英. 教育学的文化性格. 太原：山西教育出版社，2005.

的，在此，列举不同的教育文化内涵供读者体会并加以比较：家庭教育文化，不同家庭有不同家庭的教育价值追求；社会教育文化，不同社会有不同社会教育文化；民族教育文化，不同民族有不同民族教育文化；国家教育文化，不同国家有不同国家的教育文化；地区教育文化，不同地区有不同地区教育文化，等等。当然，不同的家庭、社会、民族、国家、地区等，由于文化的相似或相近，教育文化也呈现其相似或相近。教育文化的不同是绝对的，相似或相近是相对的。按照季羡林先生就人类文化划分的两大体系：东方文化体系和西方文化体系，其对应的教育文化，界定为东方教育文化和西方教育文化。为讨论方便，我们设定：以我国为代表的教育文化为东方教育文化；以欧美为代表的教育文化为西方教育文化。

地域文化的形成

（观点）不同地区、国家、民族形成文化的差异。有自然隔离形成的地域文化、战争隔离形成的地域文化、宗教隔离形成的地域文化。从文化根基上讲，宗教文化体系最牢固。

人类文明的演进，体现在人类文化的选择上。因此，人类文化具有选择性。

"教育有如一条大河，而文化就是河的源头和不断注入河中的活水，研究教育，不研究文化，就知道这条河的表面形态，摸不着它的本质特征"[①]。因此，要从根本上讨论教育问题，就要研究不同地区、国家、民族对教育的文化认同的历史。但是，不同地区、国家、民族又是怎样形成文化的差异，从而导致教育文化差异呢？

---

① 顾明远. 中国教育的文化基础. 太原：山西教育出版社，2004：前言.

我们将逐一讨论。首先讨论地区及其文化差异的形成。

　　自然隔离形成的地域文化。原始人类早期主要依靠采摘、狩猎维持生存，因此，人类经常受到采摘区域果实、猎群的丰富程度的影响，为了生存不得不进行自然迁徙或借助工具迁徙，努力寻找人类适宜生存的区域，这样势必导致人类分散到地球的不同地方。随着时间的推移，地球环境也发生变化，诸如温度的变化、海洋的变化、地球造山运动、气候等的变化，也必将导致人类生存环境的变化，形成自然的地区隔离，特别是高大山峰、森林、沙漠的形成，海平面的变化等，导致人类居住区域空间距离的巨大变化，最终形成不同地域的人群。此种隔离我们称为自然隔离。

　　那么，人类群体为什么不可以继续借助工具进行沟通流动而不形成自然隔离呢？我们知道，虽然人类在地球上的分布，很可能借助人类当时已有的工具，但是也正是由于人类工具进步的滞后，才使人类到达地球不同区域之后形成自然隔离。或者说，人类的迁徙源于工具，人类的自然隔离也源于工具。当然，随着人类工具改进与创新，工具已经不是形成自然隔离的决定因素。事实证明，随着人类技术的进步、工具的改进，自然孤岛也将被打破，诸如意大利航海家哥伦布发现美洲新大陆等，封闭的地域也被迫打开，譬如美洲地区、澳洲地区等。虽然人类随着工具的进步，足以实现人类跨地域沟通。但是，工具改进的速度同人类自然隔离的时间相比，是极其微不足道的。我们引以为豪的哥伦布发现新大陆也只在1492年完成，而人类生存、迁移的历史已有几百万年。由地质学和考古学可知：自然形成人群孤岛存在的时间，一般发生在人类早期。因此，生存在自然孤岛的人类，在与第一结构系统要素、第二结构系统要素建立关系，形成人类个体现实经验关系记忆或历史经验关系记忆，经过该地域人类个体精英的梳理提炼，形成具有自身地域特点的文化，诸如，语言、文字、艺术、信仰、管理等。因此，不同地域人群、不同地域人群的精英个体，抑或是相同地域人群的不同个体，由于思维视角不同，也将形成不同的文化派别和类别。

但是，同一地域人群不同精英个体尽管文化派别和类别不同，也在辩论、碰撞中实现相互影响共同发展，譬如在中国古代，儒、墨两大学派在春秋战国时期相互对立、是非相攻，从此走向完善；稷下学宫记载了"兼容并蓄、学术自由"的先河；始于唐朝的书院，宋朝盛行"讲会"制度，允许不同学派在书院进行会讲，如我国南宋时期的"鹅湖之会"等，有利于不同派别理论观点的构建，促进其派别理论观点的完整与独立。一般说来，随着人类社会管理环境的变化，社会主流文化也将发生变化，或被其他文化流派替代，或改进形成新的文化流派。从我国历史来看，道家、儒家、法家长期并存，不同历史时期呈现不同的主流文化。

战争隔离形成的地域文化。人类群体由于战争可导致人为群体隔离，进而形成不同的地域文化。人类从原始部落时期开始，为了生存部落之间长期进行战争，其结果实现部落整合，形成较完整的具有地区性质的组织结构——国家。这一地区性组织结构，与类似于其他地区人类群体组织结构是处于相对隔离状态的。那么，这一地区的文化除已经形成历史性的根深蒂固地域性文化之外，还决定于这个国家强力推行的文化建设，如语言、文字、信仰等。当然，这国家存在时间的长短，决定了这个国家文化建设的根基。然而，国家更替或者朝代更替，只存在两种情形。一种是这一地区被统治的群体阶层推翻统治阶层，获得执政地位。此情形的更替变化，一般说文化不会产生本质变化，但是文化有可能得到进一步完善、改进，如语言、文字等。另一种是被其他国家或部落占领。其统治者一是沿用原有文化体系；二是限制原有文化体系，植入统治国家或部落文化体系；三是实现植入文化体系与原有文化体系共存。

宗教隔离形成的地域文化。宗教隔离不同于战争硬性的造成人群隔离，而是通过人的信仰，构建具有共同信仰的群体，实现与不同信仰人群的隔离。自从人类能够区分"自我"与"非我"，便产生了"自我"的意识。然而，人类在自我意识作用下，又对自然现象难以认识，于是人类便对自然现象产生某种恐惧，加之人类初始时期生产力极其低下，为获取生存所需要的物质，人类从精神上便产生了最初的自然崇拜。可以说，这是以后人类社会产生宗教的基础。自从人类生产力得到了提高，物质有了剩余，加之战争频发，原始部落组织结构必然分化出领导者与管理者，出现了不同阶层。从部落组织发展到有严格组织结构的国家组织，必然导致组织中的领导者、管理者在缺乏有效制约机制的情况下，对物质具有占有权及分配权的绝对权利。被统治的底层人群，物质生活、精神生活极度疲乏。至此，长期生活在痛苦环境中的底层人群，通过各种途径的探索，仍然不能得到改善，于是便产生某种类似于人类初期自然崇拜一样，将精神寄托在非自然物质的——"神"或者"上帝"上，通过某种形式实现精神寄托；或者正视自身境况从精神上给予接纳，通过修为自身，将现实需求寄托在"来世"上。宗教本身构成了特有的文化体系。

以上三种情形形成的群体隔离，从文化根基上讲，宗教文化体系最牢固，它的隔离不是依靠地域使人隔离，而是通过信仰从精神追求上与不同信仰的人群隔离，它可以存在不同地域；自然隔离和通过战争实现国家隔离，突出体现在依靠地域的硬性隔离。历史证明，通过战争完成的人类群体隔离组织，一般存在时间相对较短，存在的国家地域文化经常受到冲击，要么被改造，要么被消亡。只有中国文化较好地传承下来。自然隔离，一般发生在人类早期，对初始群体文化影响较大，但随着时间推移，时间越长，文化根置于群体精神世界越甚，文化越先进，越有利于统治者管理统治，文化就越容易传承而不被动摇。总的来看，人类文明的演进，体现在人类文化的选择上。因此，人类文化具有选择性。

教育的形成

（观点）教育是指发生在人类生命个体之间的现实经验关系的传承。

人类语言工具的引入，是人类教育的第一次革命。我们称之为人类第一类教育方式。

文字出现是教育的第二次革命。我们称之为人类第二类教育方式。第二类教育方式，存在教育垄断，即存在权力对教育垄断，经济对教育垄断，宗教对教育垄断。

最初的教育。人类从古猿开始或更长时期，抑或是还没有形成有声语言时期，人类生命个体在与第二结构系统要素建立关系的过程中，始终围绕生存，累积了众多的现实经验关系记忆和历史经验关系记忆（前面已讨论过）。现实经验关系记忆在生命个体中的传承，其实质是有经验的生命个体对没有经验的生命个体启发、影响、模仿或不清晰的指令传授，使其较快速的掌握此经验关系，缩短了没有经验关系的生命个体对此经验关系的探索过程，从广义的角度，称其为人类生命个体已经实施了教育。

为避免混淆，进一步界定教育概念：教育是指发生在人类生命个体之间的现实经验关系的传承，而非人类生命个体与客观世界建立关系态而直接获得的现实经验关系，即客观世界给予人类生命个体直接的经验关系不是教育。但是，这种广义的教育可能发生在实施教育的主体与教育的客体无意识之间，即使是有目的的陪带，也是学徒式的动作指令教育。这种学徒式的动作指令教育，一般发生在生活经验或技术的传承，还不可能进行专门理论或规律的系统化教育。因此，师徒陪带式的动作指令教育突出人类社会生活、生产实践的实际经验、动作或技术应用。我们称之为人类初始教育。

人类形成口头语言之后的教育。随着人类社会生命个体口头语言的出现，优秀的生命个体将现实经验关系记忆的累积，运用语言和动作相结合的方式实现现实经验关系的传承，这一方式相对于单一的动作指令教育，效率高得多，可以说是人类教育的第一次革命。

口头语言的出现，不仅提高了教育的效率，还扩大了人类实施教育的场所；这一结果不仅促进了人类思维的发展，还是第一次将人类现实经验关系记忆通过无形的声音，以人类大脑为载体记录跨越时空的信息。诸如人类古老的许多传说，都是依靠口头语言一代一代传递下来。从此，人类语言第一次成了人们记录信息的工具，也成了人们实施教育的工具。因此，可以说人类语言工具的引入，是人类教育的第一次革命。我们称为人类第一类教育方式。

其实，第一类教育方式，不必做更多论述。发生在人们身边的许多事情，都体现了第一种教育方式，诸如成年人与成年人之间，成年人与孩子之间，经常用语言及动作传递事情应该怎样做等，西方人具有典型的这种教育方式，当然所有这种交流方式从本质上讲不都是教育，有许多是平等的信息交流与沟通，而不具有经验、技能或知识传授的作用。这种教育方式有利于人类在生活、生产实践中解决遇到的各种困难与问题，具有一对一的特点，偏于经验与技术的传承，较少有理论知识的教育，是零散的及不系统的，较少回答为什么，但对个体独立生活或生产来说是必需的。除此之外，人类初始教育的方式在我们现实生活中也经常用到，诸如发生在人与人之间没有通过语言交流，就完成了动作的模仿等。

文字出现后的教育。在人类生产、生活和社会活动中，口头语言有其局限性，人类优秀的生命群体发明了文字，从此克服了口头语言受人类生命个体储存与表达时空的局限性。有了文字，人类个体可以记录发生的事件、对人类社会及自然界的思考、表达人的情感；有了文字，人类优秀的生命个体把人类与第二结构系统要素建立关系态过程中的现实经验关系，譬如，数量关系、图形关系、天文现象等，以及对种种困惑与不解的假设、假想，诸如对自然现象的解释等，记录下来。因此，文字的出现为人类现实经验关系记忆累积提供了可能，为实施专门化教育提供了载体。从此，人类以文字认知为基础，实施语言表达、思想及学说传承、数量形关系、艺术、军事、技术、天文、地理等通过口头语言进行专门化教育。这一教育形式，相比口头语言及动作指令教育形式，内容更加丰富，经验传承的表述更加规范准确，时空跨度更加久远，信息记录载体由单一的人类个体扩大到实物，如泥板、龟甲、骨骼、竹片等，因此，文字出现是教育的第二次革命。我们称之为人类第二类教育方式。

第二类教育方式，存在教育垄断，即存在权力对教育垄断，经济对教育垄断，宗教对教育垄断。

首先，讨论权力对教育垄断。权力可分为领导权和管理权。原始人类早期，不管是人类以采摘、狩猎为手段的生存时期，还是人类通过农业革命后的农耕时期，人类一般以氏族部落而居，人与人之间的关系平等，没有相应的管理组织，劳动是自愿的。部落之间由于生存的需要，经常通过扩大领域获取物质来源，为此部落之间的战争是必不可少。由此，不管是发动战争的一方还是应战的一方，都需要有相应的组织管理系统；组织系统的产生，一般都是通过部落成人的推选，把有体力、有能力、有智慧的优秀个体推选为头领，这样由于战争的需要部落的组织体系得以建立。战争的最终结果总有一方获胜，一方失败，失败的一方，被获胜方占有，部落组织及其领地得到扩充，物质需求得到进一步保障，因此战争是人类部落群体获取物质来源最简捷、最有效的办法。由此带来人类部落群体之间频繁爆发战争。这样，由于频繁的战争爆发，部落的组织管理体系得以长期存在。从此，部落战争的指挥者逐步转为既是战争时期的指挥者，又是和平时期的领导者。

除战争需要外，优秀的人类生命个体在生产、生活的实践中，要么掌握着经验技术，要么在人类群体中脱颖而出，被生命个体拥戴为群体管理者。管理者随着人类群体物质的逐步丰富，管理任务必将加大，人类个体的分工也将逐步细化，进而专门化，原始人类群体中个体的平等地位被打破。从此，专门从事管理的生命个体从人类群体中分化出来。其实，人类群体中领导者和管理者也经常结合在一起，形成完整的组织体系，从某种程度说，形成了一个阶层。由于这一阶层深知教育在获取知识、军事、技能、管理等方面的作用，为此举办专门教育机构，培养国家或该组织的领导者和管理者，譬如，我国夏朝出现的"庠、序、校"即为政府所办的官学。当然，这样的教育权利自然被当时的领导者和管理者所垄断，以实现其领导权和管理权在其家族中延续。

其次，讨论经济对教育垄断。由于生存是人类的第一需要，所以经济对教育垄断，不难理解。当生命个体还不能满足生存所需要的物质时，首先选择物质需求。只有当物质需求相对富裕，而人类生命个体又能充分认识教育的重要性，才能将一部分物质投入到教育中去。当然，这一部分人群，不仅有一定的物质基础，还要有较充足的时间，即有闲阶层。这一阶层，一般是较富裕家庭的子女才可能接受教育，然而，在重男轻女的年代，一般是男孩子接受教育。在生产力较落后的年代，多数人在为生存而奔波。

最后，讨论宗教对教育垄断。宗教从形成时起，以扩大信徒实施宗教信仰传播。传教士以传播宗教信仰为使命，进行广泛的传播信仰教育，使生命个体成为忠实的宗教信徒。宗教有完整的教义，也是一个认知体系，是伴随人类社会及认识的发展而发展。教会创办学校，不仅传播宗教理论，而且还开设诗歌、数学、天文学、艺术等课程，是人类历史上较早的教育机构。但是，宗教教育的根本目的之一就是培养众多的宗教信徒。通过宗教教育，将非宗教生命个体转化为宗教信徒。将非信宗教的生命个体拒在教育门外。宗教教育在人类教育史上，除进行宗教信仰传播外，对自然科学的发展也有重要作用，如著名天文学家哥白尼是宗教法博士、费劳恩译格大教堂的一名教士；著名物理学家伽利略是一位虔诚的天主教徒。因此，应当说宗教教育在教育史上具有重要位置。

东西方教育文化本质的形成

（观点）讨论我国及西方教育文化，关键在于把握我国和西方国家或地区的文化特质，以此窥视我国和西方教育文化的本质。

通过以上讨论，可以知道不同地区、国家、信仰群体对应不同思想文化体系，形成了不同语言文字。然而，教育又建立在文化基础之上，所以地区、国家、信仰群体的文化决定了其教育文化。因此，我们讨论我国及西方第二种教育方式形成的教育文化，关键在于把握我国和西方国家或地区的文化特质，以此窥视我国和西方教育文化的本质。

我国的文化特质可以简单地概括为以下四个方面。

1. 创建了"纲常伦理"及"名教"社会管理模式

在我国古代，以孔子为代表的儒家学说，历经先秦儒学、汉唐经学、宋明理学、明清实学四个阶段的发展变化，构建了较为完备的儒家文化哲学体系，并深深地根植于我国人民社会生活的各个方面。特别是在人类社会管理方面，汉朝大儒董仲舒吸收了我国早期的阴阳五行理论及道家有关学说，结合宇宙运行规律及自然现象，天才地构建了一套"天人合一"的理论体系，将人类社会管理参照宇宙的运行规律，创建了封建社会等级制理论——"三纲五常"理论。"三纲"即"君为臣纲、父为子纲、夫为妻纲"，其实质是要求为臣、为子、为妻的人必须绝对服从于为君、为父、为夫，当然，要求为君、为父、为夫也要做出表率；"五常"即为仁、义、礼、智、信，其实质是用来规范君臣、父子、兄弟、夫妇、朋友等人伦关系的行为准则。"名教"，即通过确定"名分"实施"教化"，用以维护人类社会"纲常伦理"的等级制度。由于儒家"纲常伦理"社会管理结构的严谨性，契合了我国每个历史时期封建社会统治者的需要，所以从汉武帝"罢黜百家，独尊儒术"开始，儒家思想借助历代皇权和官方力量得到了强力推行。在我国历史上，虽然道家学说、法家学说、佛学等直至当前依然对中国社会有较大影响，但是，从根本上说，还是儒家学说确立了我国民族文化的根基，直到现在，甚至更长时间儒家文化也依然是中国主流的文化背景。尽管自 1840 年鸦片战争之后，经过以五四运动为代表的反对我国封建文化，直至新民主主义革命的胜利，切实动摇了我国封建文化的基础及体系，"但旧文化的某些观念还会残存下来"，即便是在当代我国确定了依法治国的理念，以此强化公民的法治意识，但是，"中华文化的特质"在相对历史较短的文化改造中，也没有发生本质的变化①。

正因为如此，历史地形成了以我国为代表的东方文化特有的以家庭为本位、以人伦为中心的社会管理结构。当然，也就自然造就了我国封建社会的"忠君意识""人治意识""等级观念""均平意识"，形成了"尊老鄙少，厚古薄今，注重继承权力，忽略改革创新"等一些典型文化特征以及我国特有的"官场心态"。客观地讲，从历史角度看，"三纲五常"德道标准，极大地巩固了我国封建社会管理及社会建设，使我国每一历史阶段都处在相对较长时期的稳定状态。当然，它既是好事，又是坏事。说它是好事，是由于我国人民过着少战争而稳定的生活；说它是坏事，这样的社会管理体制限制了人们的创造动力，致使科学技术、经济建设、社会管理、社会文化等缺乏活力。如在儒家伦理"身体发肤，受之父母，不敢毁伤"观念束缚下，我国人体解剖学在封建社会时期没有得到应有的发展。总之，儒家文化契合了我国封建社会管理的模式。

2. 创立了以解决实际问题为导向的整体直观类比思辨方法

在面对自然界和人类社会遇到的各种问题，我国人民在长期的生产生活实践中，形成了以解决问题为目标的经验积累以及应用整体直观的思维方式，并通过类比思辨的方法，获取对事物的理解。譬如，我国传统的数学奠基之作《九章算术》，就是从解决生产生活中提炼出的具体问题；以四大发明为代表的科学技术也是源自于生活生产的实践活动。因此，造成了我国古代数学注重解决实际问题，忽视整体理论体系的建构；科学技术注重经验积累及技术改良与创新，忽视理论总结和升华。再譬如，受自然现象直观感性的影

---

① 顾明远. 中国教育的文化基础. 太原：山西教育出版社，2004：51—53.

响、启发，我国在夏商时期就提出了"阴阳理论"，形成了"元气论"的自然观。"气"一物两体，分为阴阳，阴阳是气本身所具有的对立统一属性，"阴阳者，一分为二也"（《类经·阴阳类》）。阴阳的对立统一是宇宙的总规律。老子提出的"道生一，一生二，二生三，三生万物，万物负阴而抱阳，冲气以为和"，勾画出自然界的生成图示；春秋战国时期以"阴阳五行"解释社会现象和自然现象，"五行"即金、木、水、火、土，是构成世间万物的基本要素，孔子将五行看作化育万物之本，并以五行相生解释朝代更替、历史演进、社会变化。由此可以看出我国古代整体思辨性思维特点。

从我国中医理论、天文学等众多的文化中，还能真切地感受到我国类比思维的特点。将人体类比于自然界，人体则是小宇宙，由此建构了我国博大的中医理论体系；观天象秩序结构，除"观象授时"之外，用以推测社会重要人事变化，由此导致传统天文学十分重视天体位置及其移动的记录；古代贤哲大量的类比自然界现象，深入浅出地阐发对人类社会的种种思考，给人以深刻的启迪，比如众多思想家对人性的讨论等。然而，单纯的以直观和经验去认识、理解、描述事物，即"观物取象、直观类比"，必然是粗放型的、笼统的、模糊的，缺少西方思维特点的理性与严密的逻辑论证、精确分析和实验证明，发展到一定阶段后将受到局限。

3. 创立了"科举考试"的人才筛选模式，数学及科学技术没有得到应有的重视

在我国早期，夏朝"以射造士"；商朝"制礼作乐"，"以乐造士"；周朝建立了较为完整的礼乐制度，实施"以礼造士"，经过两汉的察举制，魏晋南北朝时期的九品中正制，至 609 年，隋炀帝开创了科举选士之举。至此，从唐朝至清朝科举制成为朝廷选拔人才的主要模式，也是世界上首创的文官考试制度。但是，从考生来源

看，三类人不能报考：一是曾经触犯法令的人；二是工商子弟；三是州县小吏。从考试内容来看，虽然各朝代都有秀才、明经、明算、明法、明字、进士等几十种基本科目，但是，只有明经、进士等科目是主要科目，受到社会和考生重视，其余科目不为人重视，到明清两朝考试内容基本以"四书五经"为准，主要以八股文取士，文章立意只能"代圣立言"，不能有个人见解，阐发自己的观点。

因此，由于科举考试重视书本知识和圣贤说教，弱化了实用知识和自我体验，加之儒家文化追求言义不言利、重农抑商的文化心态和价值取向，视科学技术为"奇技淫巧"，导致我国《九章算术》、祖冲之的《缀术》等数学专著，以及《天工开物》等科学著作的不传或失传。明朝皇帝朱翊钧(1563—1620)在著名巨著《本草纲目》上批："书留览，礼部知道"，从此束之高阁。在我国，没有科技产品的市场机制，许多商品均由政府垄断，只供朝廷和行政机构使用。一切豪华消费品都按官阶高下通过政府计划调节，即便是基本的商品——盐和铁等，也由政府生产和分配。因此，商品市场的不繁荣、不发达，使我国古代商业人员及科技人员社会地位低下，待遇低微，直接后果是导致我国缺乏科学技术人才及技术创新机制。四大发明，虽然源自我国，但在我国没有得到充分利用，而在西方知识传播、技术革命中产生了爆炸性的影响。

4. 突显教育世俗性，促进了全社会尊师重教

从我国历史来看，由夏朝开始，不包括秦朝，历朝历代均办教育。教育的使命在于改善现实的人生、现实的社会，促进社会的生存与发展；是在尘世办教育，办尘世的教育。从办教育的主体上看，分为官学和私学。古代官学，是指古代中国由中央政府和地方政府举办的非公共服务机构，主要目的是为国家培养统治人才，而不是培养国家公民。因此，接受教育本身是一种特权。所以能够享受这一特权的只能是官僚、贵族阶层及其子弟，而不可能是一般的老百姓。而一般老百姓的教育，即对老百姓的教化，一般采取我们划分的第一种教育方式完成其知晓法令，训练人伦道德以成为合格臣民，而没有从根本上提高其素质。中央官学学生从一入学开始，就成为国家的预备官员，并享有丰厚的待遇。地方官学学生有机会进入中央官学，亦可得官。《明史》记载："学校有二：曰国学，曰府、州、县学。府、州、县学诸生入国学者，乃可得官，不入者不得也。"因此，只要进入官学就等于进入了上层社会。

关于私学。私学是"文化下移"现象，是官学衰落的表现。正如《论语》所说，"天子失官，学在四夷"。由于私学的出现，扩大了教育对象，使经济条件相对较好的普通百姓能够享受到教育，并通过教育实现改变其底层的社会生活。由此，促进了我国民间办私学的热潮。其原因，从中国的吏治来看：一是我国最初古代的官学体制，没有基础教育，人们要想通过考试进入官学，必须经过基础的启蒙教育，才有可能进入官学。二是具有较高文化素养，精通"修、齐、治、平"之道的士阶层，容易通过王朝的"察举制"和"九品中正制"进入官僚政府中。三是通过相对公平的"科举制"疏通了普通百姓进入上层社会的途径。特别是从唐朝至清朝千年之久的科举制，强化了"以成绩论英雄"的社会教育文化意识。加之儒家文化"改换门庭，光宗耀祖"的传统价值追求，使家长及受教育者本身肩负着改变家庭及家族未来命运的责任，孩子成了家长实现其自身及其家族追求目标的工具。随着科举选士与学校育士关系的演化，学校教育与科举选士完全合流，明清时期形成了"科举必由学校"的现象。科举制成为学校教育的指挥棒，教育内容、方法、目标、方向均由科举制而定，学校教育成为科举制的附庸。

我国改革开放之后，急需早出人才，快出人才，创办重点学校，实施考试升学的办法，选择国家需要的人才，进而由国家专门培养。这种方式，在当时社会文化背景下，确实推动了我国教育事业的发展，但也进一步强化了生命个体、组织群体及社会对教育单一价值——培养人才的追求，而偏离了人类教育固有的根本属性。这种选拔方式与学校教育的关系，直至 21 世纪的现在，学校教育本质上没有脱离历史上"学校教育成为科举制附庸"的现象——追求分数教育——追求升学率。这种文化现象千年不辍直至现代社会依然是我国主流的教育文化，即我国从家庭到社会特有的教育文化现象。显然，随着社会经济的发展，特别是 21 世纪"互联网＋"及大数据的到来，单纯追求分数教育的文化，显得与未来越来越不适应。应该说，"科举"是历史证明了的一种好方法，但是"科举"的形式与内容要与时俱进，要有利于社会需要、名副其实的人才脱颖而出。

下面，简略考察西方教育文化本质的形成。

关于东西方教育文化概念，严格说是相对概念，是大类划分；通常人们讲的西方教育文化是指欧美教育文化现象。其实，美国教育文化也渊源于欧洲，所以仅以欧洲为例加以考察。

为看清欧洲教育文化脉络，有必要梳理其文化维度的历史。欧洲的文化根基：人类古典三大文明之一——古希腊文明和古罗马文明，它们是姊妹文明，也是欧洲文化的根基。之所以这样认为，是因为尽管从古典时期古希腊文明不断因战争从形式上发生改变或湮灭，但是其文化主干没有发生根本改变。罗马帝国的希腊化时代，不必再阐述。即使到中世纪阿拔斯王朝，以"智慧之城"自誉的巴格达，那里的学者还翻译和研究希腊科学家和哲学家的著作；在天文学方面，穆斯林沿用前希腊人的原则，理论上没有重大突破。美国加州大学斯塔夫里阿诺斯教授认为："罗马人对文明的主要贡献就在于将希腊文化据为己有，适度改变，然后传播给从未直接接触过希腊文化的不同民族——高卢人、日耳曼人、不列颠人和伊比利亚人。"①西方教育文化的真正形成，开始于西方的文艺复兴时期，但复兴文化的根脉在古希腊的文化时代。因此，考察西方教育文化形成的根基，可追溯到古希腊文化奠基及古罗马希腊化的文化时代。

下面我们简单的、粗略的从较为鲜明的文化特质上，考察西方教育文化形成的核心。

1. 创建西方民主制度

公元前 6 世纪末，希腊部落组织让位于城邦。公元前 594 年，雅典首席执政官梭伦建立允许贫民参加的公民大会，富裕商人可以担任执政官，设立陪审法庭，在组织上为以后建立著名的雅典民主奠定了基础。之后，雅典历史上的克利斯蒂尼建立五百人会议，30 岁以上男性公民都有资格当代表；五百人会议有最高的执政权和行政权。雅典的民主政治在伯利克里时期（公元前 461—前 429 年）达到最高峰；由男性组成的公民大会是最高权力机构；一年，除固定召开 40 次例会外，还召开临时性会议；不仅解决一般政策性问题，而且还为政府在外交、军事和财政等一切领域的活动做详细决定；贫民可担任公职，享受薪金，通过抽签可担任陪审员，陪审团是最后决定的法庭。

2. 创立了理性批判思维方法

古希腊的民主制度，奠定了希腊人自由思想的基础，而民主制度的社会实践实现了希腊人理性主义与现实主义的结合，从而促进了希腊人思维方式及个性的形成。公元前 5 世纪中叶，智者派代表

---

① ［美］斯塔夫里阿诺斯. 全球通史·从史前史到 21 世纪. 吴象婴，梁赤民，董书慧，王昶译. 北京：北京大学出版社，2006：93.

普罗塔哥拉名言："人是万物的尺度"，即提出了世界上没有绝对真理可言。为此，苏格拉底无休止地和朋友们以一问一答的方式谈话，考察一切已有的见解，以此寻求具有普遍公认的真理，并因此建立一套辩证科学体系。

苏格拉底的学生柏拉图"在《申辩》一文中写道，苏格拉底主张，凡是为一个人自己的理智所宣判为错误的东西，就不应该去想、不应该去做，哪怕受到当权者或任何法庭的强迫，也要不惜任何代价予以抵制——'未经考察的生活是不值得过的'"。① 苏格拉底："雅典人啊，不要以为我现在是在为我自己而申辩，我是在为你们而辩……因为你们要杀死我的话，就很难找到一个像我这样的人；打一个可笑的比喻，我就像一只牛虻，整天到处叮住你们不放，唤醒你们、说服你们、指责你们……我要让你们知道，要是杀死我这样的人，那么对你们自己造成的损害将会超过对我的残害。"②

在著名思想家苏格拉底、柏拉图、亚里士多德等为代表的古希腊人能够自由地、富有想象力地思考人类社会和自然界诸多问题，以怀疑、批判和积极进取的精神吸收人类文明，形成了自己民族独有的智慧特征。"希腊人时常以商人、士兵、殖民者和旅行者的身份到外国旅行；在旅行时，他们总是保持着怀疑的精神、批判的眼光"③，虚心并富有常识的渴求学习。

3. 创立了科学发展体系，数学及科学技术得到应有重视

基于古希腊人的思维特点，在著名思想家、哲学家、学者的推动下，希腊及希腊化时代，科学发展体系初步确立，自然科学得到

---

① ［美］斯塔夫里阿诺斯. 全球通史. 从史前史到21世纪. 吴象婴，梁赤民，董书慧，王昶译. 北京：北京大学出版社，2006：108.

② 同上书，109.

③ 同上书，108.

了应有重视。柏拉图(公元前 427—前 347 年)创办柏拉图学院,以理念论和回忆说的认识论哲学思想作为教学理论的哲学基础,坚持四十年推广其学术思想及理论,并为后人留下了大量的经典著作;在教育史上建立了完整的教育体系,第一次提出算数、几何、天文、音乐等课程教学。柏拉图学生亚里士多德(公元前 384—前 322 年)创办莱森学院推广其逻辑学、物理学、生物学及人文学科诸领域,是一位百科全书式的大学者。公元前 3 世纪,叙拉古国王希伦恳求阿基米德"要他将自己的学问从抽象运动转向实际事物,并要他通过将自己的推理应用于日常生活,使它们更易为大多数人所理解。"①公元前 4 世纪希腊化国家的马其顿统治者非常重视科学研究,慷慨支持、鼓励人们改进技术,如广泛使用空吸式活塞泵、水车、螺丝钻子和水压机等技术。

在埃及建立历史上最早的亚历山大图书博物馆;建立天文台、实验室、解剖室、植物园、动物园等研究场所;藏书量达 50 万~70 万册。在数学方面,欧几里得完成了《几何原本》;天文学方面,希帕恰斯发明了许多仪器,编制了最早的星座图表,托勒密编辑了最有名的天文学著作教科书,阿利斯塔克认为居于宇宙中心的是太阳而不是地球;盖伦百科全书式的医生编辑著作,传播了心脏在血液循环中的作用、脉搏的重要性、感觉神经和运动神经的功能及大脑的脑回;阿基米德发现浮力定律,制造了螺旋、滑轮,发现了杠杆原理——"给我一个支点,我能撬动地球。"总之,数学及科学技术的发展也是希腊及希腊化时代的特点。文艺复兴之后,在西方社会也得到了传承。1662 年,英王查理二世支持自然科学研究,颁发特许状,成立"伦敦促进自然知识皇家学会"。

---

① [美]斯塔夫里阿诺斯. 全球通史·从史前史到 21 世纪. 吴象婴,梁赤民,董书慧,王昶译. 北京:北京大学出版社,2006:135.

4. 基督教促进了西方教育发展

首先践行有教无类。基督教同其他宗教一样，一方面适应人精神慰藉的需要，使人的情志有所安放、救赎与寄托；另一方面基督教面对所有人都提供安慰、保护与指导，只要教徒虔诚上帝就让耶稣为他赎罪，使他的灵魂得到拯救，来世获得幸福。因此，不论男人女人、富人穷人、地位高低、有无知识等均可加入基督教。基督教有完整的教义，教会组织在对教徒实施第一类教育的基础上，修道院对修道士还开展读写教育，以及教会事务、仪式所必需的艺术与科学等的教育。因此，对教徒来说，尽管教授的内容更多是传播基督教义或与基督教义有关的内容，但是从文化传播、智慧启蒙与开发的角度，修道院已经在实施教育，而且是有教无类。

其次创办专门教育场所。教会在修道院对修士教育的基础上，创办教会教育机构——修道院学校、大教堂学校或基督教神学院等，如在 782—796 年，法兰克王查理大帝任命阿尔琴为教育大臣，在全国创办教堂学校、修道院学校等。到 11 世纪，教会的主教们为了教育所辖教区内的教士，创办独立的教会学校。进而在此基础上，教会、教主积极支持并审批以原有教会学校为基础创办早期大学，并由著名神学家、修道士、传教士等一批优秀学者在学校任教，极大地促进了文化传播，为日后成为著名学府奠定了基础。如修道士君士坦丁·阿弗利坎那斯对著名的萨莱诺大学的贡献；萨维塔的雷蒙德教主对西班牙著名大学托莱多的贡献；修道僧格拉蒂安对波隆大学的贡献，等等。所以，基督教在中世纪大学的诞生上发挥了不可替代的作用。

教会提供了文化载体，加快了教育传播。修道院的图书馆储存了古典作家著述。由于没有先进的印刷技术，教会设立了誊抄室，修士们靠手工誊抄、手工制作，教主收罗典籍、编纂书籍，不仅解决修士研习的需要，而且向社会提供了传经布道所需要的书籍，为艺术、天文、算数、几何、文法、修辞等文化传播，提供了教育可能。

通过以上四个方面考察，结合西方近现代不管是小学、中学还是大学、研究生教育，其学校的教育形式、教育内容、教育方法、教育目的等，尽管经过长期历史的筛选、演变，但人们依然能够从西方教育历史上涌现的教育家所倡导的教育中，感受到生命个体、组织群体及社会对教育领域上述文化价值的追求——教育文化。比如：苏格拉底倡导追求确定定义的教育；柏拉图倡导的城邦教育；亚里士多德倡导的自由教育；耶稣的平民化教育；昆体良倡导的雄辩家的教育；奥古斯丁倡导的精神世界的教育；夸美纽斯倡导的人权教育；卢梭倡导的自然主义教育；福禄贝尔倡导的学前教育；杜威倡导的面向未来的教育；蒙台梭利倡导的个人能力教育；尼尔倡导的心灵自由教育；纽曼倡导的大学教育……简言之，西方教育，不管是社会、政府、家庭还是学校，对教育的要求上呈现上述一个或几个文化特点，即西方的教育文化现象。

第二节　形成东西方教育文化要素的概要性陈述与比较(一)

(要点)尽管教育文化的形成因素比较复杂，涉及地理环境、自然环境、社会环境、部落群体及经济、政治、人文、战争、科技、信仰等诸多因素，但是我们可以宏观切分出不同的历史阶段，从中寻找影响教育文化形成的重要因素，以便把握东西方教育文化的异同。

从地理位置上看，中国与西欧处在中东地区陆路的两侧，在人类早期，甚至在中世纪以前，中国与西欧也相对地具备自然隔离或战争隔离的条件；人类历史也给予了证明。因此，由于人类群体在地理位置上较长时间的隔离，必然带来群体文化上的差异。当然，教育文化也不例外。尽管教育文化的形成因素比较复杂，涉及地理环境、自然环境、社会环境、部落群体，以及经济、政治、人文、战争、科技、信仰等诸多因素，但是还是可以宏观地切分出不同的历史阶段，从该阶段中寻找影响教育文化形成的重要因素，对此加以陈述对比，以便把握东西方教育文化的异同。下面，我们就尝试以"切段"的方式，陈述对比东西方教育文化的关键要素，期望能找到不同教育文化形成的原因，看到并把握两种教育文化的优劣。

公元 500 年之前，形成中国教育文化
基础要素概要性陈述

（观点）经济基础要素、政治基础要素、文化基础要素、宗教基础要素、科技基础要素以及战争规模频度及破坏性要素，对公元 500 年之前我国教育文化的形成都产生了重要影响。

经济基础要素。就中国早期而言，早在公元前 21 世纪中国就建立了夏朝，而后经过商、周两朝代大约 13 个世纪的发展，奠定了古代中国以农业为基础的社会——农村占绝大多数，是自给自足的农耕自然经济社会。这样的经济结构，决定了"土地"是古代中国人最重要的生活要素，即古代中国人与土地建立了关键关系；这一关系，决定了古代中国人依附于土地，即只要拥有土地或拥有土地耕种就有了财富、就有了生存的保障。一般情况下，拥有土地便能过上稳定的自给自足的家庭生活。

政治基础要素。从社会政治看，中国夏朝废弃了传统部落"禅让"制，实现了从"公天下"到"家天下"的转变。通过商朝的进一步

发展，周朝在父权家长制的基础上，完善了"宗法制度"的组织形式，实行了"分封制"。从此，中国层层的相属宗法关系，使族权和政权牢固地结合在一起。"天子建国，诸侯立家，卿置侧室，大夫有贰宗，士有隶子弟，庶人工商各有分亲，皆有等衰"(《左传》)。如周天子拥有全国土地和人民，由他分封给各诸侯、卿大夫、士，再由这些贵族们层层分封土地给平民或奴隶耕种；再如我国古代周朝的"井田制"等。这样，实现"天子"是普天之下的最高统治者，将政权通过族权建立起来，通过宗庙祭祖的仪式，确立族长权威，反过来强化政权统治。因此，中国从古代就奠定了"家国同构"的基础，即中国从奴隶社会到封建社会始终是"家天下"的管理模式。从公元前 221 年开始，秦、汉两朝建立了统一的中央集权封建制国家。220—589 年，中国处在魏晋南北朝时期，是一个动荡不安、分崩离析的社会，但是中国主流政治，并没有发生本质的变化。

　　文化基础要素。从文化形成看，以商代甲骨文为代表的中国汉字，是独具特色的方块表意文字。经过秦朝的"书同文"，统一了文字，促进文化交流，以此形成并强化了中华民族文化认同感。另外，由于周朝宗法制度的建立，奠定了周代礼制的基础，形成了"道德仁义，非礼不成；教训正俗，非礼不备；分争辩讼，非礼不决；君臣上下，父子兄弟，非礼威严不行；祷词祭礼，供祭鬼神，非礼不诚不庄"(《礼记·曲礼》)的礼制文化。然而，从春秋战国开始，出现了"诸子百家"林立的文化现象。诸如，老子(约公元前580—前 500 年)主张"无为而治"，创立了道家学派，著述《老子》一书。战国时期，庄子(公元前 369—前 286 年)继承并发展了老子"道法自然"的观点，著述《庄子》一书；孔子(公元前 551—前 479 年)以"仁"为核心，以"礼"为准则，创立了儒家学派；战国末期，以韩非(约公元前 280—前 233 年)为代表的法家学派，代表作有《韩非子》；

除此以外，较有影响的学派有——墨子（公元前468—前376年）反对世卿世禄制度，提出"兼爱"理论；战国时期，以邹衍（约公元前305—前240年）为代表的阴阳家，以阴和阳来概括宇宙间的基本法则，以金、木、水、火、土五种物质，即五行的变化来说明宇宙万物的起源和变化，代表作有《周易》等。以上各文化学派，对古代中国社会都产生了相应的影响。

秦朝践行了法家理论，统一了全国，建立了中国历史上第一个中央集权的封建国家。秦朝二世而亡，被汉朝取代。汉初统治者采用"无为而治"的黄老思想，使社会生产力得到恢复和发展。到汉武帝时期，董仲舒提出"天人合一""三纲五常"等理论，丰富了孔子的儒家思想，神话了"皇权"，奠定了儒家社会秩序管理的基础，最终儒家文化成为汉代文化的主流——"罢黜百家，独尊儒术"。从此，儒家经典和儒家文化，几乎一统天下。

宗教基础要素。古代中国不是宗教国家。虽然夏朝、商朝都有尊神敬鬼的习俗，但是从汉代开始具有现世文化、世俗性特点的儒家文化已成为社会的官方文化，然而它是人生哲学，更侧重于人与社会、人与人以及人与自身的关系。虽然它经过汉代董仲舒吸收古代中国各家之学，提出"天人合一""天人感应"说，赋予了"君权神授""三纲五常"的理论构建，解释了人类现世境况的原因——"天意"，为中国人的精神归宿找到了安放地——命运使然；尽管在古代中国的世俗社会中，祭天、祭祖以及求得神灵保佑等也较为盛行，但是，除我国道教外，它们不具备严格意义上的宗教色彩。因此，我国民族文化的基础——儒家文化，是敬鬼神而远之的超宗教文化。

科技基础要素。公元500年以前中国古代以数学和天文学为代表的科学。我国商代甲骨文记载，自然数已采用十进位制；先秦的八卦中也孕育了古老的二进制思想；战国时期成书的《墨经》，论述了各种几何问题；西汉成书的《九章算术》对分数运算做了系统的叙述，提出了明确的负数概念及其加减法则，方程及方程组解法等问题；4世纪的《孙子算经》运用了数论中"关于一次同余式"问题；《数书九章》用"大衍求一术"进行计算，即世界公认的"中国剩余定理"；魏晋时代刘徽计算时已用小数，南北朝时期祖冲之（429—500年）计算圆周率精确到小数点后六位，比外国早1000多年。

我国古代在上古时期就设立了"天官"——管时间、观天象，这对于古代科技进步产生了一定影响。"约公元前24世纪，帝尧时代已经知道一年有366天，懂得用天空中不同的恒星来划分四季"[1]。公元前1200年左右，出现用"圭表"计算历法，周代时用其观测日影确定季节；公元前140年左右成书的《淮南子》记载："日中有踆"，即太阳黑子的记载；公元前613年，鲁文公十四年秋"有星索入北斗"，公元前467年，"秦厉共公十年彗星见"；公元前4世纪，魏国人石申编著《石氏星经》，公元1世纪汉代，星图已有118组，783颗星；对宇宙结构，汉代形成了"盖天说""浑天说""宣夜说"等假说并曾经展开激烈辩论。

在技术领域，商周时期已在冶金中广泛使用木炭；春秋战国时期发现了硝石和硫黄的药物性能；公元前3世纪初即战国时期，发明了指南针，时称司南；公元前2世纪，发明了造纸术；晋朝时期，晋人发明了墨拓技术；公元前1世纪《周髀算经》和3世纪《海岛算经》均使用了"重差数"测量技术；《墨子》叙述了杠杆的应用，光学现象、物体运动、随意平衡、轮轴及斜面受力分析；汉代时期戽斗、"过山龙"等在灌溉中的应用。

① 孙方民、陈凌霞、孙绣华. 科学发展史. 郑州：郑州大学出版社，2006：19.

战争规模、频度及破坏性要素。公元 500 年前，我国古代规模比较大的战争，一般发生在朝代更迭时期，如夏朝（约公元前2070—前 1600 年）与商朝（公元前 1600—前 1046 年）换代时期；商朝与西周朝（公元前 1046—前 771 年）的换代时期；秦朝（公元前221—前 206 年）与汉朝（公元前 206—公元 220 年）换代时期。内部局部战争，如发生在春秋战国（公元前 770—前 221 年）时期和魏晋南北朝（220—589 年）时期的战争；此期间局部战争的频次较高。总体上看，一般的古代战争其破坏性相对较小，而改朝换代的战争一般来说破坏性较大。

公元 500 年之前，形成西欧教育文化
基础要素概要性陈述

（观点）从经济基础要素、政治基础要素、文化基础要素、宗教基础要素、科技基础要素以及战争规模、频度及破坏性要素等方面来比较，公元 500 年之前中国和西欧教育文化有着明显不同。

经济基础要素。从地理位置上看，西欧位于两河流域的西部，处在地中海及大西洋沿岸，拥有丰富的海洋资源。但陆地雨水量，更多集中在冬季的几个月里，因此，农业革命后，西欧的农业发展，远不及东方的中国。西欧的经济单位是庄园经济，也是自己自足的农业经济，但是，由于地理位置特点，更是人类生存的需要，西欧人必须充分利用海洋资源，除通过捕捞从海洋中获取生存物质外，必须充分利用海洋运输的交通条件，发展海洋贸易，换取人们生产生活所需物品。商品交换，必然促进市场的繁荣，由此将形成商品交换的场所，分划出专门从事商品交换的群体。到公元前 6 世纪末，古希腊的部落组织就让位于城邦；到公元前 5 世纪时，整个

地中海地区环布繁盛的与古希腊城邦一模一样的海外殖民城邦，而不是一个中央集权的大一统帝国。城邦的发展，进一步促进了商品贸易的发展。因此，西欧的庄园经济和商品贸易经济并存，是其公元500年前发展的特点。

政治基础要素。以雅典城邦社会政治为例。雅典城邦同古希腊其他城邦一样，最初实行君主政体，以后让位于由集体执政官主持的寡头政治。尔后，增设由全体男性公民组成的公民大会，公民大会是城邦最高权力机关，不仅处理一般问题，而且为政府在外交、军事、财政等领域的活动作出决定；所有贫民可担任公职，公职实行薪酬制；增设陪审团作为最高民众法庭，来限制最高法院权力，所有公民可作为陪审团成员，陪审员实施抽签产生。公元前4世纪，在亚历山大统治下，"典型的城市基本上都希腊化了，都有选举产生的地方行政官、议会和市民大会。"①罗马帝国时代，城邦社会的政治基础，组织形式没有发生根本变化。

文化基础要素。先来考察西欧文化的产生。西欧文字是字母文字系统，是古希腊人在腓尼基人(互人)于公元前13世纪将西奈半岛上闪米特商人的字母文字系统发展成23个辅音字母组成的字母系统的基础上，增加元音字母后创立的语言系统，经过改进后，由罗马人传到西欧。虽然都是字母文字，但不同的隔离地区，由于语言不同，字母形式及其组合也有不同。在公元前的5世纪中叶，古希腊也产生了一批思想家，如智者派的代言人普罗塔哥拉(公元前481—约前411年)从他的一句"人是万物的尺度"名言中可感受到他的思想；苏格拉底(公元前469—前399年)，坚信依靠永无休止的谈话，可以发现有关"绝对真理、绝对善、绝对美"的观念，由此发展起一套辩证科学；

---

① ［美］斯塔夫里阿诺斯. 全球通史·从史前史到21世纪. 吴象婴，梁赤民，董书慧，王昶译. 北京：北京大学出版社，2006：92.

柏拉图（公元前 427—前 347 年），以"高尚的谎言"作为其理论根据，将其政治理想，体现在他的代表作《理想国》中并从教 40 年；亚里士多德（公元前 384—前 322 年），他执着寻求自然界和人类生活各个方面的秩序，开创了逻辑学、物理学、生物学和人文学科诸领域。从这些古希腊思想家的不同思想中，我们能够依稀感受到古希腊文化的本质。下面，让我们再以两位古典希腊历史学家的记录，进一步体会其文化本质的真谛。

希罗多德记载了雅典人与波斯人战争取得胜利后，古希腊人对波斯国王谈及自己同胞时说："虽然他们是自由人，但并非在各个方面都是自由的；法律是他们的主人，他们畏惧这位主人甚至你的臣民畏惧你。法律规定他们做什么，他们就做什么；法律的条文始终如一。法律禁止他们临战逃脱，不管遇到的敌人有多少；要求他们作战时坚如磐石，或者战胜敌人，或者死于敌手。"①

修昔底德记录了伯罗奔尼撒战争，雅典经过 27 年苦战最后屈辱投降的历史。他写道："关于战争事件的叙述，我确定了一个原则，不要偶然听到一个故事就写下来，甚至也不单凭我自己的一般印象作为根据；我所描述的事件，或是我亲自看见的，或是我从亲自看见这些事情的人那里听到后，经过我仔细考核过了的。就是这样，真理还是不容易发现的：不同的目击者对于同一事件有不同的说法，因为他们或者偏袒这一边，或者偏袒那一边，或者由于记忆的不完全。我这部历史著作很可能读起来不引人入胜，因为书中缺少虚构的故事。但是如果那些想要清楚地了解过去所发生的事件和将来也会发生的类似事件（因为人性总归是人性）的人，认为我的著作还有一点益处的话，那么，我就心满意足了。我的著作不是只想

---

① ［美］斯塔夫里阿诺斯. 全球通史·从史前史到 21 世纪. 吴象婴，梁赤民，董书慧，王昶译. 北京：北京大学出版社，2006：114.

迎合群众一时的嗜好，而是想垂诸永远的。"①

古希腊文化对古罗马文化产生了怎样的影响呢？又是怎样影响西欧的呢？公元 3 世纪，古罗马人征服古希腊文化中心地带后，有各种专长的古希腊人——伦理学家、诗人、杂技演员、主厨等被带到古罗马，使上层阶级的古罗马人感受到古希腊人非凡的雄辩艺术和高水平的演讲，一个新的知识世界被古罗马人接受；古罗马上层家庭请古希腊人做家庭教师，讲授希腊语言、修辞学、哲学与文学等。"公元前 1 世纪，送年青的罗马人到雅典或罗得岛的哲学学校去受教育，已是很普遍的事情。"②古希腊文化对古罗马产生了重大影响，并经过古罗马的适度改变，"然后传播给从未直接接触过希腊文化的不同民族——高卢人、日耳曼人、不列颠人和伊比利亚人"③。

宗教基础要素。西欧是信仰基督教的国家。基督教是在犹太教的基础上，经过希腊化犹太教徒——圣保罗的发展，使其成为不论种族、不分男女、不论老少的全体人类的宗教。尽管这一宗教，开始时也受到官方的迫害，但到 399 年，就成为了罗马帝国的国教。早期教父们的工作，主要是将希腊哲学与基督教教义结合起来；与柏拉图哲学的结合，完成了基督教第一次知识的大综合。耶稣是人类的救世主，是仁爱的上帝唯一的儿子，是上帝派耶稣来到人世间替人类赎罪的；上帝是完美的，无所不能，只要人类顺从上帝的意志，就可以升入天堂，获得永恒的幸福，否则将坠入地狱，遭到永恒的惩罚。因此，敬畏宗教是西欧人主流的宗教精神文化，为拯救

---

① ［美］斯塔夫里阿诺斯. 全球通史·从史前史到 21 世纪. 吴象婴，梁赤民，董书慧，王昶译. 北京：北京大学出版社，2006：114.

② 同上书，93.

③ 同上书，93.

人类精神痛苦提供了安慰、保护和指导。基督教是影响人类最广的宗教之一。

科技基础要素。公元500年前，西欧的科学与技术。关于科学，为了比较方便，依然考察数学和天文学。泰勒斯(约公元前624—前547年)在埃及解决实际问题的几何学基础上，提出了系列几何定理，如"三角形中相等的两边，所对的角相等"；"直径平分圆周"；"半圆的内接三角形，必为直角三角形"；"两条直线相交，对顶角相等"；德谟赫利特率先证明了："圆锥、棱锥的体积是其同低等高圆柱、棱柱体积的三分之一"命题；毕达哥拉斯(公元前580至前570之间—约前500年)将"数"提高到宇宙本原的高度，创立了毕达哥拉斯学派；欧几里得(公元前330—前275年)编辑了系统化、理论化的几何著作——《几何原本》；阿基米德(公元前287—前212年)著述《方法论》；阿波罗尼乌斯(约公元前262—前190年)研究圆锥曲线著述《圆锥曲线论》；丢番图(246—330年)著述《算术》。

天文学方面：阿里斯塔克斯(约公元前310—前230年)第一个尝试测量地球和太阳之间的距离，提出地球面积小于太阳面积，地球和行星绕太阳旋转并自传；埃拉托色尼(公元前275—约前195年)第一个用数学方法测量出地球周长和直径；喜帕恰斯(约公元前195—前125年)利用自制的观测工具，创立三角学和球面三角学，测量出一年的时间为 $365\frac{1}{4}$ 减 $\frac{1}{300}$ 日；托勒密(约90—168年)著述《大综合论》在近两千年内被奉为天文学的"圣经"。科学技术方面，以阿基米德为代表。阿基米德(公元前287—前212年)发现了"浮力原理""杠杆原理"、制造机械，"阿基米德螺旋提水器""举重滑轮"等，著述《论杠杆》《论浮体》《数沙者》《平面图形的平衡或其重心》等多部著作。

战争规模、频度及破坏性要素。公元500年以前，古代西欧国家的战争及破坏性，主要发生在地中海沿岸的周边地区。公元前2000—前1500年，北方地区赫梯人建立了赫梯帝国；南方埃及人建立了埃及帝国；东方建立了亚述帝国。到约公元前1200年前后，腓尼基人、阿拉米人、希伯来人入侵上述三大帝国。公元前1100年前后第二亚述帝国扩张，但到公元前612年，第二亚述帝国结束。公元前550年波斯人，建立波斯帝国，统一了中东。总体上看，与近现代战争相比，当时的战争的破坏性是比较小的。

关于希腊地区的战争及破坏性。公元前2000年，亚该亚人入侵希腊，到公元前1600年，建立了许多小国；迈锡尼人，公元前1500年，占领克里特岛；公元前1200年前后，多里安人攻占了迈锡尼，从此希腊进入黑暗时代。公元前800年，希腊诸城邦崛起。从公元前6世纪开始，迦太基与希腊人发生系列战争。公元前499—前449年希腊与波斯帝国发生战争。到公元前4世纪初，迦太基与罗马发生战争，即布匿战争，到公元前146年，迦太基灭亡。公元前336年，亚历山大统治希腊城邦，公元前3世纪初，亚历山大帝国形成三个王国。公元前1世纪，结束了希腊划时代，开始了罗马时代。从232年开始，罗马帝国与波斯帝国，发生了系列战争，364年，签和平协议；395年，罗马帝国为便于管辖，分为东西罗马帝国；406年开始西罗马无力阻止入侵，到476年，西罗马灭亡；东罗马帝国与波斯帝国的战争持续到631年；651年，萨珊波斯帝国灭亡。

值得强调的是，地中海区域，除以上较大规模战争外，城邦之间经常发生战争，如公元前404年雅典与斯巴达发生战争等。但总体上看，与近现代战争相比，当时战争的破坏性都是比较小的。

下面，以表格的形式对形成东西方教育文化典型的基础要素做一对比（见表4-1）。

表 4-1　形成东西方教育文化典型的基础因素

要素 对象	经济基础	政治基础	文化基础	宗教基础	科技基础	战争规模、频度及破坏性
东方 文化	自给自足为主导的农耕自然经济	家国同构的封建国家	象形文字表述的以儒家文化为主流基础的人生哲学	无主流的宗教，在魏晋南北朝时期，在民间存在道教、佛教	以解决具体实际问题为特征的科学、技术知识	规模较大、频度较低（统一大国换代时的战争及酝酿统一前期内部的局部战争）、破坏性较小
西方 文化	奴隶制度下自给自足的庄园经济及商品贸易经济	公民大会的民主政治	字母文字表述的以个人为本，以法治为中心，追求自然规律的哲学基础	信仰上帝的基督教等	以较为系统、完整的科学理论体系为支撑的科学、技术知识	规模较小、频度较高（持续不断的对外扩张战争及对内城邦之间的战争）、破坏性较小

第三节　形成东西方教育文化要素的概要性陈述与比较（二）

　　（要点）从不同的历史阶段，寻找影响教育文化形成的重要因素，会发现 500—1500 年之间，东西方教育文化的异同之处是比较明显的。

500—1500 年之间，形成中国教育文化
基础要素概要性陈述

（观点）从整体上看，近千年的中国处于相对稳定时期，这对于这个时期的教育文化特点的形成，必然会产生深刻的影响。

经济基础要素。在这一千年的发展过程中，中国虽然经过隋、唐、宋、元、明等朝代的更替，但是除去中国历史上唐朝之后的五代十国期间的社会动荡之外，从历史的视角看，中国更多处在和平稳定的发展期。由于中国的地理环境，早期的农耕经济基础，完备而严格的行政组织、户籍管理制度，将中国农民牢牢地束缚在土地之上，相对人口总数有职业转换的人较少，即便是农民的迁徙流动，也是依靠有相对富有土地资源的流动。或者说，农民较少流动到城市。因此，就全国范围来讲，中国始终是自给自足的自然经济占主导地位。

由于中国是较早地完成了中央集权制的封建帝国，而后又经过各朝代进行土地改革、兴修水利等措施，农业经济得到了较快的发展，为手工业及商品经济的发展奠定了基础；加之唐、宋、元、明等朝代部分时期的开放与包容及帝国疆域的优势，又较好地促进了手工业及商品经济的发展，因此，唐、宋、元、明等朝代曾一度出现了繁荣的商品经济形势，但是中国历朝奉行"重农抑商"政策，所以商品经济在全国范围始终处于次要地位、从属地位，而自然经济始终处于主要地位和主导地位。

政治基础要素。自秦朝建立统一的中央集权封建国家开始，从历史的角度看，中国近千年绝大多数时间都处在中央君主专制制度之下，即便是处在分裂时期，各分裂的集团小国，依然是浓厚的

"中央君主专制制度"。自秦朝开始的行政制度，近千年来，在称谓上虽然有过一些改变，但是行政制度在本质上没有根本变化。然而，在官员的选拔上，却发生了实质性变化——隋朝创立了"科举考试制度"；这一制度，在各朝代科举形式与内容虽然有变化，但是"科举选拔官员"这一制度始终没有太大变化。

文化基础要素。自汉朝董仲舒，"罢黜百家，独尊儒术"开始，儒家文化在中国历史上虽然受到过怀疑，但是经过诸多儒家学者的丰富、发展与完善，始终成为中国大一统封建帝国的主流文化，哪怕是游牧民族——元朝的统治时期也依然如此。新儒学派，以朱熹为代表的"理学"，构造了一个庞大的以人的伦常秩序为本体轴心的儒学体系。朱熹评注的儒家经典成为其以后科举考试的主要内容；从11世纪起到17世纪中叶，"理学"对中国思想的影响至深至巨。因此，500—1500年之间，中国近千年的主流文化没有发生根本的变化。

宗教基础要素。从汉朝开始佛教传入中国，隋唐时期达到鼎盛，宋、元、明、清时期走向衰微；道教从东汉末年至魏晋南北朝时期，发端于中国本土，隋唐五代十国时期，是道教的繁荣时期，宋金元时期是道教繁衍、创新、变革、发展的阶段，明朝中叶之后，道教进入衰落期。由此，纵观中世纪中国千年的宗教历史，不管是佛教文化还是道教文化，在千年的历史长河中，对比儒家文化的影响来说，还是不可比拟的，我们应该承认二者对儒家文化的发展起到了重要作用，但它没能像基督教改造欧洲社会那样，从总体上改造中国社会。

科技基础要素。关于中国中世纪近千年的科学与技术，我们依然以数学和天文学两方面加以考察。近千年的中国数学发展，北宋时期数学家贾宪（11世纪前半叶），创建了增乘开方法；元朝数学家李治(1192—1279 年)对半符号代数——天元术进行了叙述，宋代沈括(1031—1095 年)提出了"会圆术"和"隙积术"；元朝数学家朱世杰(1249—1314 年)创立四元术，解高次方程组的方法；宋元时代，出现珠算。天文学方面，唐朝张遂(683—727 年)编制《大衍历》，主持了世界上第一次实测子午线的长度；南宋天文学家杨福忠确定了历史上回归年长度最精密的数值。科技方面，隋代发明了雕版印刷，北宋毕昇(? —约 1051 年)发明了活字印刷，唐代发明了火药，宋代发展指南针，元代郭守敬(1231—1316 年)发明了滚珠轴承。这一时期，中国的火药技术更加成熟，造船技术、冶金技术、制瓷技术、建筑与桥梁技术、纺织技术等都达到了相当高的水平。

战争规模、频度及破坏性要素。500—1500 年之间，近千年的中国，从历史的角度看，隋、唐、宋、元、明等朝代，除在边境战争之外，国内在较长时间均属于相对稳定。可以说，唐朝末期，五代十国时期，中国处在内乱，战争不断，但时间相对来说也是较短的。即使在朝代更替期间，其发生战争的时间，相对朝代更替后的稳定时间也是短暂的。总体上看，内乱期间战争的破坏性相对较小，而大范围的改朝换代的战争一般来说破坏性较大。因此，从整体上看，近千年的中国处于相对稳定时期，这对于这个时期的教育文化特点的形成，必然会产生深刻的影响。

500—1500 年之间，形成西欧教育文化基础要素概要性陈述

(观点)经济基础要素、政治基础要素、文化基础要素、宗教基础要素、科技基础要素及战争规模频度及破坏性要素，对 500—1500 年之间欧洲教育文化的形成都产生了重要影响。

经济基础要素。庄园，依然是中世纪西欧基本的经济单位，但在历史发展进程中，西欧经济可分为两个阶段：一是自然经济（自给自足经济）、封建庄园阶段。日耳曼人推翻罗马帝国后，国王为了维持统治，将抢到的财产、土地实行赏赐，人为形成某个人的大地产，在此基础上，可实行级级赏赐，即"采邑制度"——靠农奴经营的自给自足的农庄经济，但其技术比罗马帝国时期并不落后。二是商品经济、城市复兴阶段。随着技术进步，封建制度下庄园经济进一步发展。11 世纪庄园出现了商品化，进而出现了商品化的城市。12 世纪以后，欧洲中部、北部地区的矿产资源得到开发；沿海地区丰富的林业资源开采范围扩大；海洋捕捞经济大幅度提高；农业耕地面积进一步扩大，新殖民地进一步得到扩张。此时，由于经济发展，人口得到增长，相应地又促进了商业和城市的发展。然而，当市民们获得权利和财政资源时，一般能够说服国王并得到皇家许可，"准许他们在一个单独的市镇内联合起来。这种市镇有权充当社团，有权用自己的社团印章签订协议，拥有自己的市政厅、法院以及市外属地"。"城市逐渐被公认为新的社会成分，市民们不再受封建法律的制约"①。到中世纪末期，由于商业的巨大发展，极大地推动了城市建设，同时对整个西欧社会产生了重要影响。

政治基础要素。中世纪西欧政治，随着西罗马帝国的灭亡，罗马帝国时期的隶农制和日耳曼人的氏族制的相互结合，催生了西欧封建制度的建设，"采邑改革"促进了西欧封建制度的发展，11 世纪前后确立了西欧封建制度；12 世纪以后，随着城市的复兴和商品经济的活跃，以国王为代表的中央集权势力和新兴的市民阶层携手打破封建割据局面，以英法为代表的等级代表会议出现，确立了等级君主

---

① ［美］斯塔夫里阿诺斯. 全球通史·从史前史到 21 世纪. 吴象婴，梁赤民，董书慧，王昶译. 北京：北京大学出版社，2006：281.

制；随着英法民族国家的形成和资本主义生产关系的发展，推动了英法两国政治制度的转变，社会各阶层大多支持加强王权，15世纪下半叶开始，英法等国的等级君主制逐渐演变为君主专制。

文化基础要素。中世纪西欧文化分为两个时期：一是基督教文化主流时期。随着西罗马帝国灭亡，希腊、罗马的古典文化被大量毁灭，日耳曼人本身在文化上又处在原始状态，然而，日耳曼人在建立统治过程中接受并依靠了基督教文化，从而形成基督教会在中世纪的文化垄断地位。基督教文化一定程度上保存了古典文化与艺术，其经院哲学的形式逻辑思维方式、理性精神、文化艺术等得以传承；学校教育的兴起，促进了世俗教育的普及，在教学内容上，除宗教信仰部分外，还开设了拉丁文法、逻辑、修辞、法规、音乐、数学和天文学等诸多学科。二是文艺复兴时期，大学蓬勃兴起，大批古典著作得到翻译，罗马法开始复兴，神学与经院哲学进入繁荣阶段，文学艺术与教堂建筑艺术发生了变革并得到了繁荣发展，自然科学也取得了一些新成就。"文艺复兴时期成立的新寄宿学校，并不培训牧师，而是培养商人的子弟。学校课程注重的是古典作品研究和体育运动，其宗旨是要教育学生们快乐、健康地生活，成为有责任感的公民。"①

宗教基础要素。中世纪西欧的宗教，自西罗马帝国灭亡后，基督教的一个分支——天主教，教皇变得更为强大，他们首先与崛起的法兰克人结成联盟，其次，派出传教团传播宗教信仰，最后成功地组织了新教会。从理论上，基督教哲学得到了丰富发展，经历了两个阶段：一是11世纪以前的早期教父哲学，主要探讨上帝论、基督论和人性论的哲学；二是经院哲学或烦琐哲学，主要以古希腊

---

① ［美］斯塔夫里阿诺斯. 全球通史·从史前史到21世纪. 吴象婴，梁赤民，董书慧，王昶译. 北京：北京大学出版社，2006：286.

的哲学概念和逻辑原理来解释和阐明基督教教义，以烦琐的辩证方法、理性的形式论证基督教的信仰。罗伯特·格罗塞特(1170—1253年)推动了亚里士多德的知识体系与基督教教义的调和，丰富完善了基督教世界观；著名的哲学家托马斯·阿奎那创立了完整的天主教神学体系，著述《神学大全》。

科技基础要素。为讨论中世纪西欧的科学与技术，我们将中世纪分成两个阶段：一是从西罗马帝国灭亡到11世纪；二是文艺复兴时期。第一阶段，西欧战争频繁，强盗横行，社会毫无秩序，教会通过宗教信仰加强了自己在西欧的统治地位，这几个世纪，几乎不具备文化创造力。因此，包括数学在内的科学，在这一时期没有较大发展；科学被限制在宗教信仰的桎梏之下。这一时期的技术，更多体现在原始农业的基本发明，如"三田"轮作制、重型轮式犁的发明、水车和风车的较普遍应用等。

第二阶段，文艺复兴时期，突出体现在：一是欧洲学术的复兴——大翻译运动，形成了西班牙托莱多和意大利西西里两个较为著名的翻译中心，如托勒密的《至大论》、亚里士多德、希波克拉底、盖伦等著作；二是托马斯·阿奎那(约1225—1274年)对亚里士多德主义的改造，著有《箴俗哲学大全》等。罗吉尔·培根(约1214—约1292年)倡导的自然科学思想和科学方法，注重数学教育，主张以实验代替书本和权威，加速了经院哲学的没落，著有《大著作》《小著作》《第三著作》等，最终在柏拉图自然观的基础上，确立了亚里士多德自然观的统治地位，从而刺激了自然科学的发展。在技术领域，此时的西欧，充分利用、借鉴中国的四大发明等技术，实现文化传播和海外扩张，如通过印刷技术，加快了图书的发行和思想的交流；通过对指南针、星盘、新地图的使用，发展了航海技术；结合火药技术，冶金学家发展了铸炮技术以及商业经营方面的新技术等。我们不妨来读一读文艺复兴时期的天才——昂纳多·达·芬奇(1452—1519 年),三十岁时给米兰公爵的信。①

1. 我为建桥制订了计划。桥要建的轻巧、稳固,以便于运输,这样就可以追逐敌人,时常打败他们;而有些桥则要设计得非常坚固,无法被烈火和进攻所破坏,同时还要便于我们撤退和部署兵力。我也制订了焚毁和破坏敌人桥梁的计划。

2. 当一个地方被围困时,我知道如何切断引自沟渠的水源;我还懂得如何建造大量的桥,如何制造盾牌、云梯和其他与军事相关的器械。

……

4. 我还打算制造大炮。这些大炮应该便于运输,能够发射冰雹般的小石子,它们落地产生的烟尘能给敌人造成极大的恐惧、损失和混乱。

5. 为到达某一个固定地点,尽管也许有必要在沟渠底下或河底下行进,但我还有办法通过洞穴和蜿蜒的秘道悄无声息地到达那里。

6. 我还能制造安全的、攻不破的装甲车。这些装甲车可以驶入备有大炮的敌人的密集行列中,而且,敌军的阵营再庞大,也抵挡不了这些装甲车。步兵可以安然无恙、不受抵抗地跟在装甲车后面前进。

……

9. 如果战斗发生在海上,我打算建造许多既适合进攻又适合防守的引擎,还打算建造一些能抵挡最猛烈炮火和烟雾的船只。

10. 在和平时期,我相信在建筑方面,在建造公私用房方面,在将水从一地输送到另一地方面,我可以像其他任何人一样令您完

---

① [美]斯塔夫里阿诺斯. 全球通史·从史前史到 21 世纪. 吴象婴,梁赤民,董书慧,王昶译. 北京:北京大学出版社,2006:285.

全满意。

……

如果有谁认为上述事物中有哪一样是不可能实现或不能实行的，我很乐意在您的公园里或阁下喜欢的任何地方进行试验。再次对阁下表示最真诚的敬意。

……

从这封信可以看出，当时科技的进步对达·芬奇的人生追求所产生的巨大影响。

战争规模、频度与破坏性要素。中世纪西欧发生的战争，也划分两个阶段：一是 4—10 世纪期间，发生在欧洲范围内的日耳曼人、匈奴人、维京人、马扎尔人以及与穆斯林之间的战争；二是从 10—14 世纪欧洲对外扩张的战争。第一阶段，罗马帝国灭亡，取而代之则是小政治体之间的不断纷争，如英国史称的"七国时代"。各国之间更多源于王位继承权的战争，而较少赤裸裸的侵夺，结果以神的旨意，通过法律、条约固定下来，如 843 年，路易三个儿子签订了历史上著名的"凡尔登条约"，奠定了近代法、德、意三国的基础。9 世纪初，维京人入侵英格兰海岸，到 10 世纪初，在法国北部、英国、西西里、意大利南部定居下来，皈依基督教，逐渐融入西欧社会。1066 年，诺曼底公爵威廉(1027—1087 年)渡过英吉利海峡，建立诺曼王朝。第二阶段对外扩张，如十字军击退穆斯林，占领西班牙、意大利南部、西西里、荷兰直至占领拜占庭帝国。条顿骑士团在 12—13 世纪，通过战争将基督教传播到普鲁士及波罗的海诸国家。15 世纪末，德意志各阶层占领了波罗的海等广大地区。总体上看，其战争破坏性都是相对较小的。

下面，以表格的形式对中世纪形成东西方教育文化典型的基础要素做一对比(见表 4-2)。

表 4-2 中世纪形成东西方教育文化典型的基础要素

要素 对象	经济基础	政治基础	文化基础	宗教基础	科技基础	战争规模、 频度及破坏性
东方 文化	自给自足为主导的自然经济和商品经济	中央君主专制的封建国家；实施郡县制度；科举取士	吸收了佛、道思想的新儒家文化为主流基础的人生哲学；官学、私学的出现	佛教、道教得到较快发展；部分人信仰	以"四大发明"为代表的解决具体实际问题为特征的科学、技术知识	规模较大、频度较低（统一大国换代时的战争及酝酿统一前期内部的局部战争）、破坏性较小
西方 文化	隶农制度下的自给自足的庄园经济和向专业化发展的商品贸易经济	封建制度；等级君主制；君主专制	基督教文化；文艺复兴追求的人文关怀及追求自然规律的哲学基础；创办大学	基督教改革，教义得到丰富、发展；西欧人普遍信仰	亚里士多德自然观占统治地位；培根提出了科学研究方法	规模较小、频度较高（持续不断的内战及对外扩张的战争）、破坏性较小

第四节 关于要素对形成东西方教育文化作用的分析及东西方教育文化的佐证与差异性对比

（要点）教育文化现象本身是人类生命群体在追求生命最优的过程中，对教育呈现出某种需求的现象。

教育文化既是人类历史的，也是人类现实的；既是人类生命群体的，也是人类生命个体的；既是人类生命群体某个区域的，也是人类生命群体某个阶层的；既是国家的，也是民族的。

形成东西方教育文化的差异，是历史的必然。

在本章第二节、第三节人为地把东西方人类历史的发展切成了两大段（我们姑且称之为第一阶段历史和第二阶段历史），从中选择六个方面的要素，作了陈述与对比，然而从系统论的角度，缺少了1500年到现代这段历史六方面要素的陈述对比，从系统理论上讲，得出结论似乎不够严谨科学。然而，之所以不再专题陈述对比1500年之后的这段历史（姑且称之为第三段历史），一是前两段历史的发展已经构建了东西方教育文化的基本框架；二是第三段历史可以认为是在已经形成的教育文化框架内的教育践行、丰富与充实。因此，有理由坚信前两段历史铸就的教育文化总体构架的清晰性与可信性，加之以第三段历史的教育文化实践为佐证，我们能够从本质上把握东西方教育文化及其特点。

为了清晰地把握结构，突出要素对形成教育文化本质所发挥的作用，我们将六要素分为四个作用，即经济类型作用；政治文化类型作用；宗教与科学技术作用；战争规模与频度作用。以这些作用，探讨其与人类生命个体建立的"关系"，进而在人类生命本质属性的基础上发挥对人类生命个体现实经验关系记忆累积的作用及其方向性的形成，即教育文化的形成。

经济类型对形成东西方教育文化
作用：分析、佐证与对比

（观点）西欧的经济类型，虽然也是在农业革命之后建立起来的自给自足庄园经济，然而，庄园经济类型同我国小农经济类型有着明显不同。

人类生命个体同其他生命个体一样，首先立足于生存。因此，经济基础决定了人类生存追求方式。从我国前两段历史中可以看出，农业革命之后，就奠定了我国坚实的自给自足的农业经济基础。即使在我国商品经济随着农业相对较快发展的第二历史阶段，由于政府的"重农抑商"政策和户籍管理制度，使得我国农民依然牢牢束缚在"土地"之上，与"土地"建立了重要关系或优化关系。尽管商品经济在我国第二历史阶段有强劲的历史需求，但没能得到政府强有力的支持，甚至是限制、压制、鄙视，使得商品经济没有像农业经济那样得到人们的重视，商品经济一直处于被边缘化的状态，而自给自足的农业经济一直占主导地位。自给自足的小农生产，让农民生命个体与第二结构系统要素建立的关系态长期受到局限，致使他们在生活生产的社会实践中，进行长期的、年年岁岁的重复，他们的现实经验关系的累积，充其量是有关农业和畜牧业的低层次的经验技术及人与人之间社会关系的经验。农业革命之后，虽然农业和畜牧业等得到较好的发展，但是由于自给自足的农业经济，没能够有效促进人类生命个体的有效供给与需求，不可能带来革命性的技术进步。因此，自给自足的小农生产，缺乏优化农民生命个体关系态建立的要素，所以自给自足的经济极大地限制了生命个体追求生命最优，也限制了科学技术的进步。

由此可以看到，我国长期固有的经济类型，极大地限制了占我国人口绝大多数的农民与第二结构系统要素建立丰富关系的可能性，必将导致其建立现实经验关系的陈旧性、简单性与封闭性。与此同时，由农民建构起来的生命系统，其内生追求生命最优的动力机制明显不足，只满足于追求低层次的生存与物质上的相对最优，而文化上略显低俗化。农民更多关注饲养牲畜和栽培植物的实践知识，关注乡里乡亲、友好邻居的交流来往，如传统节日、婚丧等事项。低俗化，一般说来由第一类教育即可完成，而不需要第二类教育。这样，以农业经济为基础的社会，对第二类教育的需求度明显降低。更由于经济对教育的垄断作用，自给自足的农耕经济社会，也无力支撑第二类教育及其发展。即便是极少数相对富裕的家族投资第二类教育，也多以"土地"为支持方式，如义塾田、膏火庄田、书灯田等。又由于当时以农耕为主的土地生产财富的局限性，也较少投入到科技教育或支持科技发明，更多开展迎合社会对儒家经典文化的教育。

然而，我国在第三历史阶段，特别是明清两代统治者"却小心地避免向贵族对农村的控制提出任何挑战。"依然坚定地维护农业经济地位，然而，"发人深省、颇有意义的是，明朝政府率先控制和约束商人阶层。"①清朝乾隆皇帝面对西方的通商使者"天朝物产丰盈，无所不有，原不借外夷货物以通有无"（《粤海关志》卷二十三）。除此以外，国内即使发展商业，也给予强大的约束，"中国的商人和实业家通常加入以行会头领为首的地方行会。但是，这些行会头领需要得到政府的许可证明，并奉命负责每个行会成员的经营。……更重要的是，政府垄断了供朝廷和行政机构消费的许多商品的生产和分配，……政府还完全控制了全体人民所必需的基本商品的生产和分配……这些限制剥夺了中国商人创建自由企业的机会，束缚了经济的发展；同时也助长了官员的腐化和堕落……"②因此，我国自给自足的小农经济，始终是我国主导的经济类型，一直没有进行根本的改变，直到新中国成立特别是我国的改革开放，才真正探索农村经济改革的方向与道路，加速开启工业化革命进程。

西欧的经济类型，虽然也是在农业革命之后建立起来的自给自足的庄园经济，然而，庄园经济类型同我国小农经济类型有着明显

---

① ［美］斯塔夫里阿诺斯. 全球通史·从史前史到21世纪. 吴象婴，梁赤民，董书慧，王昶译. 北京：北京大学出版社，2006：264.

② 同上书，266.

不同。

一是庄园经济随着第一、第二历史阶段的发展，农民没有长期稳定地被束缚在庄园的土地上，即可以流动起来。一方面，使得农民生命个体与第二结构系统要素建立关系态更加丰富，在生活生产的实践中获取的现实经验关系的累积更加丰富多元，有利于生命个体追求生命最优；另一方面，庄园主与其对外开放的结构系统要素建立关系态也更加多元，庄园主在管理的实践中，为了追求其生命最优，必将对庄园生活、生产及人与人之间的关系进行优化，即将积极主动探索新技术及积累更多的现实经验关系。因此，庄园经济内生发展的动力要高于我国自给自足的小农经济，这一经济结构体系相对我国经济类型具有开放性。

二是随着庄园经济发展，商品贸易经济得到了较快发展，由此带来城市的崛起，城市逐渐被公认为新的社会成分，市民不再受封建法律的制约。商品贸易经济类型给生命个体对外开放的结构系统将注入更多的多元要素，即生命个体与第二结构系统要素建立丰富的关系态，以此带来生命个体丰富的现实经验关系记忆的累积。当然，新关系态的建立也不可能立即产生经验关系，甚至虽然能够建立关系，但是短时间内很难转化为经验，或永远产生不了经验。然而，一旦产生了经验，建立的关系一般是长久的、牢固的。因此，丰富的关系态，是丰富经验关系建立的基础，而丰富的经验关系——知识，为形成教育文化奠定了基础、创造了条件。

商品贸易经济，极大地推动了城市的崛起，城市文化快速形成。城市文化与乡村文化相比，城市更容易聚集各类优秀人才，不仅物质条件优越，如住宅、商场、交通等，而且精神文化也更加丰富，如剧场、广场等。由此带来市民生命个体与第二结构系统要素建立丰富多元的关系态，更易累积生命个体高雅的现实经验关系——通过哲学家、科学家、艺术家、文人学士等的传播，即高雅文化。高雅文化，一般说来由第二类教育完成。因此，需要有一定的经济实力支撑。然而，商品贸易经济的发展也为第二类教育的持续与发展提供了可能。又由于商品贸易经济追求利润最大化，必须寻求提高生产效率，或降低劳动成本。至此，社会各基层更加重视第二类教育的实用性——科学技术与应用管理。以美国、英国、德国、法国等发达的资本主义国家为代表，即是有力佐证。

从西欧第三阶段历史来看，或者说从文艺复兴之时，商品贸易经济类型已经是西欧经济发展的主流方向，商人从中获取大量利润；与此同时，商人为获取更多利润，一方面实现经济扩张，建立国内外市场，"欧洲经济适应国际贸易的程度开始远远超过东方诸较为自给自足的帝国的经济。……最终使欧洲人航行于各大洋，使欧洲商人遍布每一个港口。"①另一方面促进工业发展——工厂通过改进、发展、创新技术降低成本，获取利润；再一方面，促进海洋知识(如海风气流系统)、航海技术、军事装备等发展，为海外扩张提供了保障。经过一系列与商品贸易相关的建设、发展、创新，西欧最终建立了较为成熟的资本主义市场经济。从人类本性角度，看资本主义的经济类型，有助于人类生命个体建构丰富多元的关系态，寻求以生存为基本保障的物质利益方向的追求构建关系态，进而追求较高的生命最优化。诸如，经济实力雄厚的商人群体对文化、艺术、技术等的兴趣、需求与支持，极大地推动各类文化的发展。如达·芬奇等人是意大利商品贸易经济发展到一定程度之后文艺复兴的产物。

---

① [美]斯塔夫里阿诺斯. 全球通史·从史前史到21世纪. 吴象婴，梁赤民，董书慧，王昶译. 北京：北京大学出版社，2006：390.

政治文化类型对形成东西方教育文化的
作用：分析、佐证与对比

（观点）我国封建君主专制的政治制度与儒家文化的高度契合，使得我国虽然有历朝历代的更迭，但是两千多年封建君主专制和主流的儒家文化没有发生本质的变化。

西欧思想文化的根基是以苏格拉底、柏拉图、亚里士多德等为代表的思想文化体系。西欧政治与思想文化体系非常契合，形成了以个人为本位、以法治为中心的西方人文主义，奠定了西欧民主制度和法律体系的重要思想基础。

政治文化作用，主要从国家政治与文化两大方面来讨论对教育文化的影响。从我国前两个阶段的政治来看，我国是长期稳固的封建君主专制制度国家，其核心是皇帝制度，皇上有至高无上的权力，对国家的管理实行郡县制，通过户籍管理制度，实现其对人口的管控；从国家的主流文化看，我国主要是儒家文化占主导地位。历史证明，我国封建君主专制的政治制度与儒家文化的高度契合，使得我国虽然有历朝历代的更迭，但是两千多年封建君主专制和主流的儒家文化没有发生本质的变化，即使有些变化，也是完善、发展与补充。

其实，从儒家文化的产生、发展过程，可窥视到儒家文化（包含道家文化）的起源——类比自然界运行规律，提出"天人合一"的思想，儒家文化从人类本质属性积极的一面论证人类社会有序管理的合理结构——"纲常伦理"结构。"纲常伦理"社会结构系统，在"天人合一"思想建构下，追求社会管理的宗法结构，类比自然界的有序包容，更加关注社会现实，以期实现人类社会的和谐建设，进而提出——"极高明而道中庸"的理论。君君、臣臣、父父、子子，以及长幼有序、尊卑有别等以人伦为中心，实施其"纲常伦理"教化，以道德修养为旨趣的道德人本主义，实现人类社会的有序运转。简言之：个人服从家庭，家庭服从皇帝。通过科举选士，一方面通过考试内容维护儒家文化的正统地位；另一方面将人类精英个体——社会管理人才，选拔到社会管理层，实现其长期统治。

我国这一政治结构和文化现象，使每个人类生命个体从出生开始就进入形式化、制度化的"纲常伦理"结构体系中，在儒家固有的"纲常伦理"精神文化世界，其生命个体与其第二结构系统要素建立的关系态，特别是处于结构系统中十分重要的成年人要素的关系态，始终处于弱势地位，得不到应有的生命灵性的尊重（迁就、溺爱不是尊重）。"纲常伦理"精神文化，伴随我国人类生命个体成长的整个过程，即从生命个体与其家庭成员要素关系态的建构、与学校教师关系态的建构、走向社会参加工作与领导或资深同事之间的关系建构，生命的灵性始终得不到应有的尊重，即生命的整个过程始终存在着固有的形式和内容上的生命个体抑制关系；只有在同伴之间、在与弱势的同事之间或自己处在强势的关系态一方，自己生命灵性才得以充分展现。如家长作风、官本位思想、理论权威、师道尊严、听不进不同意见、"一言堂"等，即为对生命个体灵性不尊重的种种表现。这一结构体系，除构建了社会运转的有序性——层级次序外，客观上造就了"崇拜过去""崇拜权威"，助长了"官本位"的思想和以"老者自居"的意识存在。因此，我国的"祖先崇拜"文化传统也就不难理解了。当然，"崇拜过去""崇拜权威"及"官本位"思想在教育领域的影响，依然难以动摇。所以，"师道尊严""师徒如父子"等不符合教育本质关系的观念，在教育领域没有发生本质的变化。

我国第三阶段（明朝、清朝）政治文化，其实质依然是第二阶段的延续，程朱理学占统治地位，文化专制空前强化，科举取士更趋僵化，1905年科举考试退出历史舞台。新中国成立之后，政治文化呈现新气象，但儒家文化依然是世俗社会主流的文化背景！因此，传统儒家文化依然渗透在社会各个领域。当前，我国出台《关于大力推进大众创业万众创新若干政策措施的意见》。对于激发亿万群众智慧和创造力，促进社会纵向流动，具有强大的推动力。但是，万众创新的基础，应尽快变革我国陈旧的教育文化，推动社会及教育领域形成新的、有利于生命个体创新动力的教育文化。

西欧政治文化。从第一阶段和第二阶段西欧政治的演变过程，不管是在城邦时期，还是在松散国家的庄园时期、等级君主或君主专制时期，人们都能感受到国家政治的两个特点：一是公民大会类组织的存在；二是法制建设及陪审团类组织的存在。而西欧文化在第一阶段历史结束之后，虽然进入基督教文化时期，但基督教文化也没有从根本上与古希腊文化完全脱离，或者说基督教在某种程度上传承了或保存了古希腊的文化，因此，才有文艺复兴发生的可能。所以，可以肯定地说，西欧思想文化的根基依然是以苏格拉底、柏拉图、亚里士多德等为代表的思想文化体系。由此，可以感受到西欧政治与思想文化体系也是非常的契合，形成了以个人为本位、以法治为中心的西方人文主义，从而强调了个体价值、强调了个人的权利与自由、强调了人与人之间的平等契约关系，奠定了西欧民主制度和法律体系的重要思想基础。

这一思想政治文化体系，在教育上有利于人类生命个体确立以自身为核心积极主动构建与第二结构系统要素建立关系态。生命个体从出生开始，就没有建立固有的抑制关系，而更多的是其第二结构系统要素为生命个体提供优化关系，至少是一般关系，人为的抑制关系较少存在或几乎不存在，当然涉及安全类等要素关系的除外。较少抑制关系的建立，对生命个体本质属性灵性的束缚自然就较少，因此在教育上有利于生命个体在学习思考、社会生活、生产实践中，打破原有的经验框框，探索建立新的关系体系，获取新的经验关系，以此有利于丰富人类新经验关系的累积，即新知识的累积——原创知识。

从西欧第三阶段的历史或者从文艺复兴开始，追踪其社会与科学的发展足迹及其成果，我们便能更清晰地感受到其原创知识的存在。譬如，西欧的"三大革命"——政治革命、科学革命、工业革命及"三主义"——民族主义、自由主义、社会主义的兴起。政治革命，以英国《权力法案》确立的国会至高无上为基本原则；美国以《独立宣言》确立了"人人生而平等"的基本原则；法国以《人权和公民权宣言》确立了"人人生而自由、平等，且始终如此。……法律是公众的意志的表达……自由存在于做任何不损害别人的事情的权利中……""三大革命"增强了哲学家、社会学家和广大知识分子对社会及自然界的理性思考，当然，也带来了对宗教文化的再思考——宗教文化改革。虽然多数哲学家、社会学家及其知识分子拒绝接受上帝支配世界并任意地决定人类的命运这种传统的信仰，但是他们理智地选择了与实验和自然规律相一致的自然宗教——自然神论者；"他们乐于赞同上帝存在并创造了世界的主张，但坚决认为，上帝创世后，允许世界按照某些自然法则运转而不加以干涉。"①所以西欧第三阶段历史，在政治上产生了以洛克的《政府论》为代表的政治契约论及以卢梭《社会契约论》为代表的理论，论述了社会管理的正当性，推进了西欧的政治革命进程。

---

① ［美］斯塔夫里阿诺斯. 全球通史·从史前史到21世纪. 吴象婴，梁赤民，董书慧，王昶译. 北京：北京大学出版社，2006：518.

宗教科技类型对形成东西方教育文化的
作用：分析、佐证与对比

（观点）总的来看，宗教在社会发展过程中，推进了我国科学发展和技术进步，并在科学的传播中起到了推动作用。

相对于我国儒家文化而言，基督教在自然科学研究中起到了促进作用。

宗教科技类型作用。前面已经讨论了我国的历史发展依然是儒家文化占主导地位，宗教的发展从历史的角度看，始终处于从属或次要地位，尽管如此，我国本土宗教——道教，在追求长生不死、得道成仙的过程中做了很多炼丹实验，由此炼丹士将硝石、硫黄和木炭混合起来，发明了火药。唐初孙思邈的"内伏硫黄法"即最早的火药发明。宋朝对道教极力提倡，促进了指南针的改进与使用，发明了"地螺"，用磁针确定地磁南北极方向，用日影确定地理南北极，到1125年，指南针用于航海。除此之外，道教对医学也产生了重大影响。外来宗教，如佛教、伊斯兰教、基督教等在我国也有不同程度的影响，在哲学和艺术上表现的较为突出。

在科技的传播上，唐朝人印制佛教经文推动了雕版印刷业的发展，宋朝人——毕昇发明了活字印刷术，大大节省了人力，缩短了出书时间。耶稣会对在我国传播欧洲的科学和数学发挥了一定的作用，当然，耶稣会会士传播宗教信仰是他们的主要任务。由此，总的来看，宗教在社会发展过程中，也推进了我国科学发展和技术进步，并在科学的传播中起到了推动作用。我国第三阶段历史明朝中叶之后，道教衰落，清朝统治者重视佛教抑制道教。辛亥革命之后，新文化思想的兴起，西欧近代科学技术及基督教会传入我国，原有宗教受到冲击，科学技术受到了应有的重视。

西欧宗教与科学技术。西欧的宗教信仰主要是基督教。然而基督教文化是崇拜上帝，不断扩大上帝的选民，因此鼓励人们从事探险活动，征服未知世界，不仅体现在西欧的探险活动、殖民扩张上，还体现在对自然界及宇宙的探索上。坚持精神世界服从上帝，世俗社会救赎人类的主张，因此认为，上帝是完美无缺的，自然界及人类社会的一切现象都受上帝支配。由于基督教特有的文化现象，所以尽管基督教在历史上对科学也产生过阻碍作用，对科学家进行迫害，但是，有许多基督徒依然成为了自然科学家。应该说，相对于我国儒家文化而言，基督教在自然科学研究中起到了促进作用。

基督教认为上帝创造了宇宙万物，当然包括人类的始祖。因此，天体运动规律等自然现象，均体现上帝的意志。如果人类弄清天体运动规律，就能洞察上帝的意志。由于上帝是完美的，所以上帝创造的宇宙自然也是完美的。在这一思想指导下，众多基督徒在探索自然界及人类社会所构建各种关系的过程中，提出众多理论假设，并在人类生命个体所能够认识的条件下，丰富了人类与第二结构系统要素之间关系的认识。或者说，由于相信"上帝"的存在，使得人类生命个体在构建与第二结构系统要素建立关系态的过程中，遵循"上帝"创造的某种简约与完美的规律，指导生命个体对其建立经验关系的预判，加之基督教徒人道主义伦理的要求——"劳动就是祈祷"，使得生命个体与第二结构系统要素建立实践经验关系，实现其对"预判经验关系"的验证。诸如托勒密的"地心说"体系；罗吉尔·培根建立了科学实验研究方法；哥白尼提出的"日心说"体系，得到了伽利略天文观测的支持。从人类历史来看，数学、物理学、生物学、社会学、人类学等诸多学科在建立、完善的过程中，

"上帝"都给予了"关键支持"！这一"关键"，都是人类在认识陷入困境时，或依据"上帝"完美的理论找到归宿或启发。

在第三阶段的历史中，随着文艺复兴运动的开始，极大地推进了科学革命、工业革命、政治革命三大革命的进行。西欧在科学及工业上实现了快速发展。科学革命，以哥白尼为代表证实了地球绕太阳旋转，太阳是地球的中心，否定了托勒密传统的地球中心论；伽利略以发明的望远镜，通过观察以经验支持了哥白尼；牛顿发现万有引力定律，对天体运行给予了革命性解释，揭开了天体运行规律面纱，"自然界好像一个巨大的机械装置，按照通过观察、实验、测量和计算可以确定的某些自然法则进行运转。人类的各门知识都可以分解为有理性的人所能发现的少数简单的、始终如一的定律"①；安东尼·拉瓦锡（1743—1794 年）发现了物质守恒定律，李比希发现了化学肥料，路易·巴斯德发现了疾病的微生物理论；达尔文发现了进化论等。从此，奠定了诸如天文学、数学、物理学、化学、生物学、医学等理论科学。

工业革命，以蒸汽机的改进为标志，极大地推动了纺织业、采矿业、冶金业、交通运输业等方面的工业化进程。工业革命与科学革命互为推动作用，如科学家对煤的研究与开发，提炼出"数百种染料、阿司匹林、冬青油、糖精、消毒剂、轻泻剂、香水、摄影用的化学制品、烈性炸药及香橙花精等"②；工业的发展、问题的解决，也极大地促进了科学技术的发展，如纺织工业的发展推动了染料的研发——珀金发现了合成染料；纺织机、铁路、汽船、炼铁。与此同时，电影、电灯、电话、汽车、火车、飞机、火箭等领域理

---

① ［美］斯塔夫里阿诺斯. 全球通史·从史前史到 21 世纪. 吴象婴，梁赤民，董书慧，王昶译. 北京：北京大学出版社，2006：483.

② 同上书，495.

论和技术也得到了突破。

其实，近代计算机、移动终端通信、3D 打印等技术在西方社会率先发明与应用，无不证明人类新的生命个体的无限潜能的存在。当然，当人类生命个体与对自然界结构系统要素建立关系态，如果无限制地向自然界索取时，自然界与人类生命个体建立的关系，也将发生转化，即优化关系、正向关系可能转化为抑制关系或负向关系，因此，科学的发展也需要兼顾自然界的承载力，否则人类在科技发展的同时，也在消灭人类自身！

战争规模与频度对形成东西方教育文化的作用：分析、佐证与对比

（观点）纵观世界人类历史进程，古代中国春秋战国时期，朝代更替时期，其新思想、新理论、新技术和新发明都要好于朝代稳定的中后期。

西欧文明的历史，也是在不间断的战争中实现其发展与进步。

纵观人类社会的进步与发展，都是基于人类生命个体本质属性的需求，当然最基本的需求就是生存，进而追求生命最优。因此，战争的本质说到底是人性使然，不管是内部战争还是对外侵略战争，不管发动战争的一方怎样掩饰，其实就是生命个体或群体追求未来的生命存在或生命最优。

"技术停滞不前，生产力受阻"，导致人类生命群体未来存在的危机，由此引发内部群体战争；或由于群体外部追求生命最优，实施侵占掠夺进而引发的外部战争。不管是内部战争还是外部战争，其作用必将唤醒昏睡状态下的生产技术，当然，外部的侵略战争，除唤醒内部的技术外，还将带来内部不曾建立或不知晓的现实经验关系，即新知识、新工具与新技术，由此推动实现人类学家们称之

为"受到阻滞的领先的法则"。

因此，讨论战争的规模与频度有利于发现人类生命个体与第二结构系统要素建立经验关系的活跃程度，以此促进人类生命个体为其确保生命存在或实现生命最优而积极与第二结构系统要素建立现实经验关系，由此必将涌现出人类优秀的生命个体发现新的现实经验关系，发现、发明新的技术，制造新的工具。

纵观世界人类历史进程，古代中国春秋战国时期，朝代更替时期，其新思想、新理论、新技术和新发明都要好于朝代稳定的中后期。

西欧文明的历史，也是在不间断的战争中实现其发展与进步。众所周知，古希腊是欧洲文明的发源地，从约公元前 20 世纪至前 12 世纪，爱琴文明伴随着战争，先后形成克特岛和迈锡尼文明中心。至古罗马时代，自 11 世纪至 13 世纪下半叶著名的十字军东征；中世纪，查理大帝逐鹿西欧；英法百年战争；文艺复兴至 20 世纪，英吉利海峡海战；三十年战争；英国内战；英法海军大战；俄罗斯北方战争；美国独立战争；第一次世界大战和第二次世界大战及 20 世纪 90 年代海湾战争等，都极大地推进了科学技术的发展和新思想、新理论的产生与传播。与此同时，不可避免地推动了教育的发展。当然，大规模、不停息或过于频繁的战争也不利于新思想、新技术的产生和发展。

那么，有没有能够替代战争促进科学技术发展的媒介？

历史证明，适度规模、频度的战争确实有利于唤醒长期稳定的、单一的、缺乏活力的现实经验关系停滞不前的重复，但是，必须承认，战争的另一面对人类现实的部分生命个体不仅在物质上，而且还在精神上都将带来巨大的伤害。因此，需要找到这样一条途径：不通过战争而又能够唤醒生产技术的发展，进而推动生产率的提高——创建一个"高度有序信息流的开放体系，实现信息流转化为实际需要的自驱动发展"。

然而，高度有序信息流的获取及其现实转化是其关键，它来源于两个方面：一是人类生命群体中的不同生命个体追求生命存在或追求生命最优的需要。如发生在 18 世纪 80 年代，经济学家所认为的生产力"'一个进入自驱动发展的起飞'……当时产生了一个机械化工厂体系，它已迅速降低的成本极大量地产生商品，以致它不再是依靠原有的需要，而是创造出其自己的需要……汽车制造业就是这种现在很普通但以往却无人知晓的现象的一个例子"①。二是保持生命群体成为与第二结构系统要素建立关键关系、重要关系、优化关系的需要。

纵观人类社会的发展，始终呈现加速状态：农业革命、工业革命、信息化时代、大数据时代等，都充分体现了一个群体组织或国家成为关键关系、重要关系、优化关系（以下简称"三关系"）一方的重要性；如果一个群体——国家或地区组织不具备保持成为与第二结构系统要素建立"三关系"的需要，这个国家或组织的信息流就难以称之为"自驱动"。早期的苏美尔文明的衰落、中世纪的中国农业文明的衰落及 20 世纪苏联突然间发生解体，可谓是"自驱动"不足。若要充分保持"自驱动"的动力，就要像前美国总统林登·B. 约翰逊告诫美国同胞时说的那样："我们必须以变应变"②。

通过经济基础要素、政治基础要素、文化基础要素、宗教基础要素、科技基础要素及战争规模、频度及破坏性六要素，对形成东西方教育文化作用的分析，我们将东西方教育文化的本质作如下

---

① ［美］斯塔夫里阿诺斯. 全球通史·从史前史到 21 世纪. 吴象婴，梁赤民，董书慧，王昶译. 北京：北京大学出版社，2006：487.

② 同上书，298.

理解。

　　我国的教育文化，以追求人类生命个体获取知识积累或某种技能为目标，以适应"科举"需要。其成功与否，取决于生命个体考试成绩，因为其考试成绩是生命个体更好的"升迁"通道或是最具有"选择"条件的要件。"通道"或"选择"是实现其人生价值的重要中转站，也是其实现"光宗耀祖"的阶梯。当前，考试内容已经从1911年前单一的儒家经典，扩展为人文科学和自然科学并存的局面，但是以追求人类生命个体获取知识积累为目标，实现为其家族"光宗耀祖"价值趋向的教育文化，却没有太大的改观。

　　西方教育文化已经从单一追求生命个体获取知识、思维或某种技能为目标，转向追求以人类生命个体为本位的"健康生长"为趋向，以实现人类生命个体未来幸福生活、生存及作为社会公民对社会履职的需要。因此，西方教育文化从学校环境、建筑等布置上更追求"人天合一"，在班级授课基础上追求"小班化"个性教育和尽可能为学生提供更多教师的课程选修，以满足学生兴趣或"灵动能力"差异的需求，即努力实现以学生生长为中心的教育文化。

　　综上讨论，可以看出，教育文化现象本身是人类生命群体在追求生命最优的过程中，对教育呈现出某种需求的现象。因此，不同的历史阶段，不同的人类生命群体对教育的某种需求既有联系也有不同，甚至有很大的不同。即使是同一生命群体在不同的历史时期，对教育的某种需求也可能不同。所以我们认为，教育文化既是人类历史的，也是人类现实的；既是人类生命群体的，也是人类生命个体的；既是人类生命群体某个区域的，也是人类生命群体某个阶层的；既是国家的，也是民族的。既然如此，形成东西方教育文化的差异，也是历史的必然。

第五节　教育文化类型及其演进

（要点）学校追求以人为本教育文化，我国学校教育做得还不够理想，但已有追求以人为本教育文化的萌芽。西方发达国家学校追求以人为本教育文化明显好于我国。

以人为本的教育文化，其核心是以学生为本。

自从人类有教育以来，生命个体或由生命个体组成的人类生命群体，对教育产生的作用形成了相对固定的认知，这相对固定的认知，即为生命个体或生命群体的教育文化。在前面，已经讨论了教育的形成及存在的三种教育形式，当然，对应这三种教育形式可以对教育形成不同的相对固定认知，从人类发展经历及实施的教育我们可简单地、人为地概括为四种教育文化（四种文化不可能得到特别清晰划分，它们是有机的联系，是教育在不同历史时期人类个体或群体对教育作用的主流认知，或者说每一时期四种教育文化不同程度地存在）：一是追求军事政治宗教教育的文化；二是追求技术教育的文化；三是追求知识、智慧教育的文化；四是以人为本，追求幸福生活的教育文化。下面讨论四种教育文化的演进。

1. 追求军事政治宗教教育的文化

从第二种教育方式产生之时起，教育的权力垄断一般体现在军事或政治上。从我国的历史来看，夏朝政府举办庠、序、校，重点教育内容为军事教育，为其培养军事统治者；商朝在夏朝的基础上，设立"瞽宗"等教育机构，在初期实施军事教育，政权稳定后教授礼乐知识和技能，实行"以乐造士"，为其培养统治人才；西周形成了较为完善的教育体系，初期教育的主要任务也是练兵习武，培养"执干戈以卫社稷"的武士，西周政权稳定后期，教育重心转向礼、乐，推行"以礼造士"，培养统治人才。

西方学校，首先也是形成以军事体育为中心的学校，而后逐步发展出自己特色。比如公元前 8 世纪下半叶，"斯巴达城邦制定了一种教育制度来培养武士人才。决定教育制度的不是个体的需求，而是整个城邦的存亡大计"①，斯巴达人"男孩从 7 岁起就住到兵营里接受训练。所有不满 60 岁的男子都得受军纪约束……早晨跳入欧罗塔斯河冰冷的河水中"②，整个国家就是一所军事学校。

教育的政治属性，在我国古代体现的也更为突出。历代封建统治者均将教育当作治国之术：西周时期周公提出"敬德保民"的主张；汉武帝"罢黜百家，独尊儒术"，旨在追求政治教化作用，扶植政治化儒学——孔子主张"君子务本"，实施道德教化，"道之以政，齐之以刑，民免而无耻；道之以德，齐之以礼，有耻且格"，以此追求一个无恶无讼的大同社会。董仲舒"敬以爱，使以忠，敬长老，亲亲而尊尊"实现其人伦道德教化；朱元璋"治国之要，教化为先；教化之道，学校为本。"康熙"治天下者，莫亟于正人心，厚风俗，其道在尚教化以先之。学校者，教化所从出，将以纳民与轨物者也……教化者为治之本，举校者为教化之原。欲敦隆教化而兴起学校者，其道安在？在务其本而不求其末，尚其实而不务其华。"《学记》"欲化民成俗，其必由学乎"，"建国君民，教学为先"。综上所述，在我国古代教育成了统治阶级的"牧民术"。在西方，宗教的修道院以及教会创办的教会学校，追求其宗教信仰，传播宗教文化，培养教

---

① ［爱尔兰］弗兰克·M. 弗拉纳根. 最伟大的教育家·从苏格拉底到杜威. 卢立涛，安传达译. 上海：华东师范大学出版社，2009：12.

② ［美］斯塔夫里阿诺斯. 全球通史·从史前史到 21 世纪. 吴象婴，梁赤民，董书慧，王昶译. 北京：北京大学出版社，2006：103.

徒。其实，柏拉图的《理想国》也是典型的治国政治教育文化。

2. 追求技术教育的文化

自人类有教育以来，人类生命个体就深刻地感受到现实经验关系记忆的重要，掌握现实经验关系记忆的生命个体，追求将现实经验关系的记忆传承给没有获得现实经验关系记忆的生命个体；抑或是没有掌握现实经验关系记忆的生命个体，由于人类生命个体灵性的存在，即使在人类语言没有形成时期，生命个体亦可通过动作行为的模仿获得动作或技能，甚至是语言的动作的模仿学习。这种动作或技能经过生命个体反复模仿训练，即可以转化为生命个体的对现实世界的认知(哪怕是感性的)——知识或成为生命个体专有的技术。如果生命个体或群体以追求获取或传承在生活生产实践中专有的技术教育，我们就把它定义为追求技术教育文化。

追求技术教育文化，可以说是伴随人类生命个体发展的全过程，不仅过去存在、现在存在，将来也存在。除非人类社会发展到人类不需要动手等机械动作，只需要发出"有意识"的需要，而"智能机器人"便能完成人类生命个体所有的需要时，人类追求技术教育文化便将结束。因此，在很长一段时间内追求技术教育文化不仅不能削弱而更应该加强，何况我们人类生命个体本身就储存着不同技术信息的历史经验关系的记忆，尤其那些有突出技术信息灵动能力的生命个体，更应该加强技术教育进而彰显其技术优势。历史和现实已经证明追求技术教育，对生命个体来说极为重要，当然不同的生命个体存在着差异性。但是，毕竟具有超强的理论原创或政治灵动能力的人，诸如我国的老子、孔子、庄子等；国外的苏格拉底、柏拉图、亚里士多德等人类精英是极其少数的。即使是这些人类精英获取技术也是其生存和创作不可缺少的技能。追求人类技术教育文化的历史是久远的，其范围涉及人类生活生产各项实践活

动：农业生产技术传承与创新；畜牧养殖业技术传承与创新；建筑
领域技术传承与创新；工业生产领域技术传承与创新；食品制作领
域技术传承与创新；文化艺术领域技术传承与创新；机械制作领域
技术传承与创新等。

追求技术教育文化并不逊色于追求知识、智慧教育文化，甚至
两者是相辅相成的。更准确地说：追求技术教育文化对改进生产生
活的实践更具有现实意义和直接的效果。考察人类发展的历史，技
术传承与创新伴随发展的全过程。诸如，制作工具技术的传承与创
新：新石器时代制作工具在旧石器时代打制法的基础上创造了磨制
法；农业生产工具——犁的发明制作；交通工具——船、轮车、蒸
汽机、汽车、火车、飞机；计算工具——珠算、对数尺、计算器、
计算机、云计算等，技术工具教育一直在改变着我们的生产与生
活。考察我国历史上的四大发明，造纸术、印刷术、指南针、火药
等更多也是技术上的创造发明。这些发明在人类发展史上的意义不
言而喻。1620 年，英国哲学家弗兰西斯·培根写道："这三大发明
首先在文学方面，其次在战争方面，再次在航海方面，改变了整个
世界许多事物的面貌和状态，并由此产生无数变化，以致似乎没有
任何帝国、任何派别、任何名人，能比这些技术发明对人类事务产
生更大的动力和影响。"[①]

在我国以农业为基础的国家，技术教育文化在社会上得到广泛
认可，如师傅带徒弟的技术传承——木工、泥瓦工等；在工业化国
家，技术教育文化得到更加重视，实现技术教育规模化——技术院
校的出现。技术教育专业分类也更加细化，如车、钳、刨、铣、
水、暖、电等各工种。从历史上看，我国民间就有"袖里吞金，不

---

① [美]斯塔夫里阿诺斯. 全球通史·从史前史到 21 世纪. 吴象婴，梁
赤民，董书慧，王昶译. 北京：北京大学出版社，2006：203.

如手艺在身""艺多不压身"等关于技术的传说和对于技术的肯定。

从西方工业发展的实践来看，技术教育文化是基础性文化，"正是哲学家的有条理的思维与工匠的实践经验及传统知识这两者的相互影响，使西方在近代完成了伟大的科学和工业革命，从而为人类的发展做出了杰出贡献。"①随着近现代工业的发展，机械化、电子化、网络化程度越来越高，手工业技术有退化趋势，但是对技术教育文化的追求，已经从单一的人类手工业技术发展到机器人等工业技术上来，然而，人类对技术改进与研发能力是机器人工业技术不可替代的。从当前来看，在我国工业领域，虽然机械技术快速发展，但许多领域还需要更多的技术人才，然而非常优秀的技术人才，依然高薪难求！由此来看，在当今时代追求技术教育文化不可弱化。

3. 追求知识、智慧教育的文化

随着人类生命个体现实经验关系记忆的累积，经过生命个体对"现实经验关系"理性思维的加工，形成相对系统化的体系；反过来，再经过实践进一步验证，再经过理性思维进一步加工与完善，进一步经过实践验证，如此反复……最终将原有的现实经验关系进行概念化、规律化、系统化，进而构建认识社会、认识自然的理论知识体系。形成理论体系的科学概念及规律的表述，即为知识。能够在获取知识的基础上，形成具有创造性地认识或解决在人类社会及自然界遇到问题的能力，人们称之为生命个体的智慧。由于人类优秀的生命个体，在生活生产实践中，不断地依靠智慧创造人类共同的知识，因此人类的知识将不断地增加。正因为人类知识总量的

---

① ［美］斯塔夫里阿诺斯. 全球通史·从史前史到21世纪. 吴象婴，梁赤民，董书慧，王昶译. 北京：北京大学出版社，2006：174.

不断增大，新的人类生命个体由于生命时间的有限性，不可能将人类历史积淀的知识再重新实践一遍。所以，人类将依靠教育，完成对新人类生命个体实现其对现实经验关系经过理性思维和实践而升华成的知识的传承。长此以往，人们就形成了对教育的固化认识——追求知识的生成。然而，在人类追求知识教育的过程中，人类生命个体的智慧也得到了开发与提升，从而使人类更加坚信追求知识教育的正确性，进而促进了全社会各阶层追求知识教育文化的形成。

对此，从事教育工作的人类生命个体本身也并不知晓教育的真正本质，而仅以为教育的唯一使命就是传播"人类现实经验关系的记忆"，当然，包括人类对人类社会及自然界现实经验关系的记忆。因此，教育界本身就涌现出以现实经验关系记忆——知识传播为核心的价值观及方法论，诸如"精讲多练""翻转课堂""同课异构"等，以追求掌握知识为核心的教学方法的改革。基于此，人类便把生命个体获取的智慧当作了副产品，以为人类生命个体只要获取了知识就一定获取智慧。殊不知，知识只不过是人类对客观世界（包括人类社会和自然界）或现象、或本质、或规律等以概念化、系统化、逻辑化的一种表述，况且未必是一种唯一的表述方式，随着人类生命个体现实经验关系建立的不断变化、不断深入，人类对客观世界的认识或表述也可能发生变化或发生根本性的变化，在人类发展的认识史上已经得到诸多验证。但是，人们也不能因此就不重视现实经验关系——知识的传播，因为人类现实经验关系的建立与累积，是人类众多生命个体跨越时空的经验关系过程的产物，或者说是不同时空的现实经验关系的记忆传承、修正与建立，然而人类任何生命个体不可能跨越时空或者用有限的时间重复实践人类历史过程累积的"现实经验关系记忆"。

由此，只需强调，人类在追求幸福生活的总目标下，以获取知识为载体追求人类生命个体的智慧。即获取知识是载体、是过程，而增加生命个体智慧，提升生命个体素养是目标。

目前，我国教育文化总体上处于追求知识、智慧教育阶段。因为我国不管是古代的科举考试，还是近代"师夷长技以制夷"学习西方自然科学技术，总体上来看，是将追求知识、智慧教育摆在了突出地位，甚至可以说直至改革开放之后的现在，教育文化的主流依然是追求知识、智慧教育。相比我国的教育文化，西方发达国家的教育文化已经走过了单一的"追求知识、智慧教育文化"阶段，进入了主流"追求以人为本的教育文化"阶段，然而这一过程除受人类生命个体教育文化的影响之外，也更受之于经济的束缚，或者说只有经济发展到足够满足人类生命个体的基本生活之后，即人类生命个体不在为生存投入更多精力的时候，追求"以人为本的教育文化"才可能真正到来。

4. 以人为本，追求幸福生活的教育文化

上面介绍了以人为本的教育文化需要具备足够经济基础，因为追求以人为本的教育文化是建立在尊重人类生命本质属性基础之上的教育追求，也就是说，在确保生命个体存在的基础上，追求生命最优——追求生命个体的幸福生活。然而，人类生命个体虽然存在共性基础，但也存在灵动能力的差异。所以，以人为本的教育文化，是在人类生命个体具有的共性基础之上，兼顾生命个体灵动能力差异的教育文化，即不是绝对对每个生命个体"整齐划一式"要求的教育文化。或者说，是在共性要求基础之上追求对生命个体"个性化"教育，以期使生命个体实现更好的发展。

学校以人为本的教育文化，突出关注三方面的事情：一是关注人类生命个体的共性基础；二是关注人类生命个体生长及解决实际问题的智慧与能力教育；三是关注人类生命个体的灵动能力差异。

在开篇第一节就讨论了"生命活力与关系的建立"，由此可认为，人类生命个体是关系的产物，或者说人类生命个体在整个生命过程中始终建立关系。当然，包括与自然界的关系和人类群体的关系。因此，学校以人为本的教育文化，从与自然界的关系考察，就要构建适合生命个体融合于自然界、有利于与自然界建立关系的学习空间。进一步说，人类生命个体本质上来源于自然界，是人类生命个体在与自然界建立关系态的过程中，进化着本身、改造着自然界、积累着现实经验关系的记忆。或者说是，人类生命个体历史经验关系记忆和现实经验关系记忆的累积，无一不与历史的或现实自然界发生着联系，所以人类生命个体结构系统每一个要素既是历史的，也是现实的。如果说人类生命个体离开了自然界或较少与自然界建立关系，那么，这个生命个体必然出现一种病态，当然包括身体的或心理的病态。

基于此，学校的硬件建设，从校园的选址、建筑布局、空间设计、规模大小、区域划分等均要考虑生命个体的天性、年龄与自然界亲近的关系，追求"人天合一"的环境布局。人类生命个体与生命群体的关系，我们已经在第一篇第三章的第三节"人类生命最优与教育追求"中进行了讨论。因此，学校追求以人为本的教育文化，就要树立并强化每个生命个体的存在是建立在生命群体基础之上的生命个体的意识。也就是说，我们在组织学校、班级、小组等活动以及教师的课堂教学活动，要着眼于人类生命个体的团队意识、责任意识、规则意识等，在此基础上鼓励每个生命个体追求为团队最优而实现生命个体最优。

关注人类生命个体生长及解决实际问题能力的学校教育文化，就是以人为本的教育文化。也就是将人类现实经验关系的理性思考——知识，作为培养生命个体解决实际问题智慧与能力的载体，或者说在传播知识的过程中将"解决实际问题的智慧与能力"作为核心，而不是作为知识传播的附属品。由于人类生命个体始终处在人类现实经验关系不断增长的人类社会群体之中，所以每个人类生命个体在创造、发现新的现实经验关系的同时，也在共享其他生命个体创造、发现新的现实经验关系，因此每个人类生命个体又都处在生长过程中。基于此，每个人类生命个体都要积极主动与第二结构系统要素建立关系态，以获取自身不断生长的智慧与能力，以延长人类生命个体解决实际问题所需要的智慧本领——终身学习的能力。

关于人类生命个体灵动能力的差异性，在学校以人为本的教育文化追求中，也得到了特别的关注，诸如人类生命个体某方面灵动能力特别优异或特别不足的，都应当给予差别化对待。

综上介绍可以看到，学校追求以人为本教育文化，我国学校教育做得还不够理想，但已有追求以人为本教育文化的萌芽。相比我国学校教育文化，西方发达国家学校追求以人为本教育文化明显好于我国，譬如美国、英国等发达国家的中小学校教育。但是，在全社会还没有真正形成以人为本的理想的教育文化（后面讨论）。

第五章　理想的教育文化范畴与概念

第一节　理想教育文化概念的建立

(要点)生命个体自身要件、所在生命群体要件、个体与所在群体关系态要件、生命个体之间关系态要件。我们称之为生命个体追求生命最优的"四要件"。

我们把形成关注生命个体生长全过程，以追求生命个体幸福生活为目的的教育文化称为"理想教育文化"。

前面讨论过，生命个体的存在必须建立在生命群体的基础之上，也就是说，生命个体之间不可避免地建立关系态，以此使生命个体形成某种组织团体。当然，众多的组织团体就构成了人类社会。

人类古代社会，由于流动性较大，以氏族、部落为人类生命个体的基本组织团体。近现代社会，"家庭"是社会最基本的组织团体。近现代社会，人类生命个体居住相对固定，以家庭为基本单位，以人类居住区域为基本要件，建立区域性组织团体——城市构建了"社区"组织，农村构建了"行政村"(多个较小的自然村构成行政村，较大的自然村就是一个行政村)组织。如果按居住区地域进行扩大，城市就构建了"街道""城区(市管县)""城市"。农村就构建了"乡(镇)""县(县级市、旗)""地区(市、州、盟)""省(直辖市、自治区)"。特别地区，设"特别行政区"。由众多农村、城市、特别行政区等组织团体构成国家组织机构。除按居住区域形成的组织团体外，还可按照工作职能，如教育系统、工商系统、法律系统等多种分类方式进行组建组织团体，因此，人类社会就存在正式的、非正式的、较大的、较小的各类组织团体。当然较大的组织团体可进一步划分为较小的组织团体。由此得出结论，人类生命个体在存在的过程中始终处在组织团体中，抑或是始终构建人类生命个体之间的关系态。

教育从产生开始就赋予了使人类生命个体实现生命最优的任务。因此，要实现人类生命个体追求生命最优，就要依靠对生命个体的教育实现其追求生命最优，进而实现群体生命最优的进步。然而，对生命个体的教育状况又不可避免地涉及人类生命个体自身、所在的生命群体、生命个体与所在群体及构成所在人类生命群体的生命个体之间关系态的建构。我们称上述四方面为生命个体追求生命最优的"四要件"，即生命个体自身要件、所在生命群体要件、个体与所在群体关系态要件、生命个体之间关系态要件。

在人类教育发展史上，关心自身要件教育的教育家很多，诸如我国古代教育家孔子，提出关于个体要件方面的"因材施教"，"启发式教学"等方面的教育理论。国外教育家，关于自身要件教育方面产生较大影响的教育家有耶稣的平民化教育、奥古斯丁关注学习者精神世界的教育、夸美纽斯的人权教育、卢梭自然主义教育、福禄贝尔的教育帮助自我展开说、蒙台梭利的个人能力教育、布伯的关系教育、尼尔的心灵自由教育、弗莱雷压迫教育，等等。关注到群体要件教育的国外教育家有柏拉图的城邦教育——培养城邦的护国者、统治者，即解决谁来治理国家，柏拉图主张"一个公正的国家是个体幸福的先决条件"。亚里士多德倡导"最佳公民"的培养，主张自由教育，崇尚公民轮流治理国家的做法，依照确定的良民标准，找到培养合格良民的方法，保证统治者和被统治者皆成"良民"，即在野期间接受管理，在位时承担治理国家的重任，主张人类"个体美德是建立一个道德国家所必需的前提条件。"美国教育家杜威，注意到了人类个体要件教育与人类社会群体要件教育的关系，提出"学校即社会"，即"一个自由个体组成的小社会"，"是唯一能够使所有学习者个体获得正常的全面发展的一种学习环境"。我国教育家陶行知在杜威关注"个体要件与群体要件关系"的基础上，提出了关注"群体要件与个体要件关系"，倡导"社会即教育""生活即教育"，即"教学做合一"。其他教育家，诸如苏格拉底的追求确定定义的教育、昆体良的雄辩家教育、洛克的绅士教育等更多关注自身要件教育的某个重要方面。

教育的发生，除具备教育要件外还需要有承载教育发生的时空。一般说来，我们现在讲的教育都是狭隘地指学校教育，这样极大地缩小了教育发生的时空。更为严峻的是，逃避了社会、家庭等群体教育要件和个体教育要件的责任，使得学校群体教育要件承担了不可能承担的全部教育责任，由此，学校教育出现了事倍功半的效果。由于群体教育要件责任的缺失，学校群体教育出现了"5＋2＝0"现象。如果我们把教育发生的时空，界定为教育要件存在的所有时空，当然包括网络时空，教育的责任将不再缺失，自然不存在"5＋2＝0"的现象了。特别是当今互联网时代，更加印证了美国教育家伊凡·伊里奇提出非学校教育的到来，社会群体教育要件对教育的影响更加不可低估。由此，完整地教育应该是包括网络时空在内的全时空的教育，不管是学校组织、家庭组织，还是社会组织及生命个体自身都肩负着教育的责任。

综上讨论，如果我们将"四个要件"的全时空教育看成是一个完整的统一体，不是简单孤立地强调对生命个体的学校教育阶段，以求得柏拉图治理国家的统治者或治理者的"哲学家"；或以求得亚里士多德的"个体美德是建立一个道德国家所必需的前提条件",为培养目标追求"最佳公民"或"良民"的培养教育;而是将生命个体存在的时空作为一个完整的系统,构建以"自身要件"为核心,以追求个体生命最优为目标,以与生命个体追求生命最优紧密联系的"四要件"为载体,形成生命个体追求幸福生活的教育文化。那么,我们把形成关注生命个体生长全过程,以追求生命个体幸福生活为目的的教育文化称为"理想教育文化"。下面,将借鉴物理学建构理想模型的研究方法,建构理想教育文化模型。

第二节　理想教育文化的范畴与概念

　　(要点)人类生命个体生存的社会范畴,对人类生命个体实施专门教育的学校范畴和人类生命个体范畴,是理想教育文化的三大范畴。三大范畴的核心虽然是个体范畴,但生命个体生活的整个时空不可能缺少现实社会范畴(包括家庭)和生命个体生长的重要时空区——学校范畴。

　　基于上节理想教育文化要件及全时空教育的讨论,整合生命个体要件、所在群体要件及其生命个体之间要件,将理想教育文化结构模型界定为三大范畴:一是人类生命个体生存的社会范畴;二是对人类生命个体实施专门教育的学校范畴;三是人类生命个体范畴。

　　以上划分,从概念上讲,人类生命个体生存的社会范畴是大范畴,是人类生命个体的起源与归宿。随着人类文明进步,人类生命个体在生长过程中,产生了具有特殊功能的社会组织——学校。学校组织既具备一般社会组织功能,也有在生命个体生长过程中具有的特殊功能。因此，社会范畴虽然包含学校范畴，但是又由于有加速催化生命个体生长的特殊功能，所以从"加速催化生命生长"的角度单列一独立的范畴是可以的。

按照人类社会一般概念，社会范畴、学校范畴是从组织功能角度划分的，而个体范畴是从受教育的主体要素考虑的。受教育主体与两个组织范畴建立关系态，实现受教育者主体的生长。为了突出讨论人类生命个体教育生长，从社会大范畴中切分出了"学校范畴"，用以强化学校教育的重要；切分个体范畴，用以突出生命个体的主体地位。生命个体生长在社会范畴——社会组织团体阶段和学校组织团体阶段。

社会范畴

（观点）不管是家庭组织还是学校组织，必须围绕着生命个体"最佳公民"需要的素质进行培养与教育。"最佳公民"的素质教育要贯穿生命个体存在的时空中。这就是我们特别关注的人类生命个体追求生命最优或追求幸福生活所需要的理想教育文化的社会范畴。

大家知道，生命个体最初的组织团体就是家庭，家庭又是构成人类社会的最基本单位。人类生命个体在生命诞生时刻起，就与构成社会最基本的组织团体——家庭建立关系态。因此，家庭组织是构成社会范畴的重要组织。然而，一般说来，最简单的家庭团体，也是由生命个体、父亲和母亲组成。那么，生命个体最初（指出生后）的追求生命最优（或幸福生活），就取决于生命个体及其所处的组织团体——家庭组织的要件建设：生命个体自身的灵动能力；群体——"家庭"；生命个体与"家庭"构建的关系态，即生命个体与群体建立的关系态——个群关系态；生命个体与父亲或母亲建立的关系态——个体间关系态。由于生命个体此时的灵动能力相对家庭组织团体中的生命个体——父亲或母亲灵动能力较弱，治理或统治家庭组织团体必然落到父亲或母亲身上，因此幼小的生命个体追求生命最优或追求幸福生活，无疑就取决于柏拉图"一个公正的国家是个体幸福的先决条件"的判断。因此，推断如果这个组织团体——家庭的统治者——父亲或母亲，是柏拉图倡导下的"哲学家"，那么，这个"家庭"将实现繁荣昌盛，每个生命个体将实现幸福生活。

当生命个体生长到可以真正离开（不是短暂的）最初的团体组织——家庭之后，以相对成熟的生命个体，抑或是拥有了较为丰富的现实经验关系的记忆累积，开始了真正独立的新社会组织生活。不管是正式的或非正式的，是较大的组织还是较小的组织（甚至是生命个体自身），是真实的还是虚拟的组织或生命个体，新成熟的独立的生命个体必然与原有人类社会组织团体的其他生命个体建立关系态。由此，双方生命个体必然受到对方追求生命最优或追求幸福生活产生影响，抑或是"最佳公民"的一方或双方对生命个体的影响与教育。

我们推论，由"最佳公民"生命个体构建的关系态，如果能得到"正向放大"，实现其"级联反应"，这样在组织团体众多生命个体之间的正向的或负向的"最佳公民"影响与教育的反馈，最终将达到或超过现有的"最佳公民"素养的标准，以此实现组织团体内的众多生命个体成为"最佳公民"。反过来思考，由"最佳公民"生命个体构建的组织团体即为亚里士多德倡导的"一个道德国家所必需的前提条件"。假设，人类社会的所有组织团体都实现了"最佳公民"建设，那么，由正规的或不正规的，是大的组织团体还是小的组织团体，构建的人类社会注定是"最佳公民"的社会。那么，生活在"最佳公民"社会的生命个体，尽管还会有新的生命最优追求，但每个生命个体幸福指数一般说要高于非"最佳公民"组成的社会群体的幸福指数。即实现了亚里士多德所主张的"个体美德是建立一个道德国家所必需的前提条件"的假定。

除以上"最佳公民"生命个体之间建立关系态形成相互教育影响之外，"最佳公民"自身由于生命本质属性的存在，"最佳公民"生命个体自身素质决定了他将能够主动与对外结构系统更广泛的要素建立关系态，获取"最佳公民"自身生长、发展所需要的物质、信息与能量，实现"最佳公民"生命个体与时俱进的生长。譬如，人类借助语言、文字、印刷术、无线电、电视、互联网等载体获取信息，实现人类现实经验关系的不断累积，推动人类社会的整体进步、发展，抑或是在夸美纽斯学校教育之外的伊里奇"非学校化教育"的实现，即更好地实现了生命个体的终身教育。

综上讨论，人类生命个体追求生命最优或追求幸福生活，更多的时间、更大的范围生活在组成人类社会的各级组织团体中，是生命个体最终的归宿。生命个体的家庭组织和学校组织是生命个体最终归宿的起点和重要阶段。因此，不管是家庭组织还是学校组织，必须围绕着生命个体"最佳公民"需要的素质进行培养与教育，也就是说，"最佳公民"的素质教育要贯穿生命个体存在的时空中。这就是我们特别关注的人类生命个体追求生命最优或追求幸福生活所需要的理想教育文化的社会范畴。

学校范畴

（观点）学校教育的历程是人类生命个体全部生命历程的重要时期，是人类生命个体在进入人类社会之前"最佳公民"素质不可或缺的重要生长期，是人类生命个体追求生命最优或幸福生活的有效桥梁。

前面讨论了教育的三种类型，但从第二种教育类型产生之后，由于教育具有能够实现人类生个体追求生命最优的功能，所以，教育或优质教育在人类生命个体发展史上有很长一段时间处于被垄断地位。又由于历史上垄断教育组织团体的解散与变更，使得具有实施教育资源的生命个体不可能完全被新的社会组织团体完全垄断，所以在历史上出现了许多不同形式的教育。比如我国孔子周游列国讲学；历史上，我国有相当于小学的"书馆""家馆""私塾""义学"；相当于大学的"精舍""书院"等形式。国外有柏拉图学院、亚里士多德的吕克昂学院、耶稣的传道等教学方式。直到1632年夸美纽斯《大教学论》的诞生，标志着人类生命个体可全部接受学校教育。从此，教育不再是个别生命个体存在的某种"特权"，而是作为一项人权应由所有人类生命个体分享。夸美纽斯"把所有事物教授给所有人的教学艺术"使大班额学生授课成为可能。从此"来转变全世界的教育问题，并且使所有人从教育中受益：父母、教师、学生（现在这些学生们可以在没有困难、知识不乏味、没有怨言，也没有殴打的学校中进行学习）及学校。对于政府来说，学校教育能造就令人满意的公民。对于教堂来说，它将提供一批可信赖的备选的博学牧师和有鉴赏力的教徒"①。

因此，学校教育成为了人类生命个体不可或缺的历程，或者说，学校教育是人类生命个体"社会化"的过程。从夸美纽斯"学校教育能造就令人满意的公民"来看，实现了亚里士多德"一个道德国家所必需的前提条件"。相反，如果我们已经有了一个"道德国家"，那么这个国家的治理者或统治者一定是柏拉图推崇的"哲学家"（不管统治者开始就是哲学家还是后来变成的哲学家）。事实上，近现

---

① ［爱尔兰］弗兰克·M.弗拉纳根. 最伟大的教育家·从苏格拉底到杜威. 卢立涛，安传达译. 上海：华东师范大学出版社，2009：68.

代世界上的每个国家政府也都在办教育，只不过是义务教育时间不同而已。所以，学校教育的历程是人类生命个体全部生命历程的重要时期，或者说是人类生命个体在进入人类社会之前"最佳公民"素质不可或缺的重要生长期，是人类生命个体连接组织团体——"家庭"和未来组织团体——人类社会，实现其人类生命个体追求生命最优或幸福生活的有效桥梁。

个体范畴

(观点)生命个体是教育的发生对象。没有生命个体就没有生命个体教育的对象，就不存在生命个体生存的社会组织团体与学校组织团体，更谈不上生命个体追求的幸福生活。

这个范畴是教育的核心范畴，应该是最好理解的。因为生命个体是教育的发生对象，若没有生命个体就没有生命个体教育的对象，更不存在生命个体生存的社会组织团体与重要的生命个体生长的学校组织团体，即生命个体的教育也就无从谈起，更谈不上生命个体追求的幸福生活。

为讨论方便，把生命个体划分为两个大的阶段：一是从出生到成年——18周岁，也就是我们现阶段人类生命个体婴儿期、幼儿期、少年时期、青年前期，对应于幼儿园前期、幼儿园及中小学(包括高中)阶段；二是成年时期的生命个体——18周岁之后，即生命个体进入社会各级组织开始了独立生活。

纵观教育发展史，从我们前面划分的四种教育文化来看，其教育对象(幼儿园3～6岁；小学6～12岁；中学12～18岁)都专指这个阶段的"个体范畴"。就其形成的人类教育方法也都是围绕这一阶段的"个体范畴"进行的教育实践；就其课程建设也是依据这个阶段

"个体范畴"进行设计与开发。已经形成的人类诸多教育理论没有不围绕这一范畴进行讨论的,只不过是不同教育家对人类生命个体及教育本质的认识不同而采取不同的教育方法而已。近现代,人类在关注未成年人生命个体教育的同时,也在关注伊里奇倡导的非学校化教育,即生命个体终身教育体系的建设。应该说,生命个体两大阶段的教育,在近现代社会中已经引起了人类群体的特别关注。

综上,讨论了理想教育文化涉及的"三大范畴",这三大范畴的核心虽然是个体范畴,但生命个体生活的整个时空不可能缺少现实社会范畴(包括家庭)和生命个体生长的重要时空区——学校范畴,或者说学校范畴是生命个体生长"最佳公民"的培育基地;现实社会范畴的两极:"家庭"是生命个体幼苗的育养期;社会组织是成长为"最佳公民"的生命个体追求生命最优的田野。虚拟的社会范畴——网络范畴是"最佳公民"的检验厂。受教育者的生长,不仅取决于学校范畴、社会范畴,而且也受制于受教育者个体范畴。

如果把理想教育文化概念以数学集合的方式表达,即理想教育文化概念集合{社会范畴 学校范畴 个体范畴}如果用 x 表示社会范畴,用 y 表示学校范畴,用 z 表示个体范畴,用 $f(xyz)$ 表示理想教育文化,则 x、y、z 对人类生命个体生长提供的理想教育文化函数可表示为:$f(xyz) = \begin{cases} x \\ y \\ z \end{cases}$,即理想教育文化随着 x、y、z 的变化而变化、不同而不同。因此,理想教育文化是动态的文化,不同的理想教育文化,对生命个体产生不同的教育影响。如果以自变量 x、y、z 为三维直角坐系的三条轴,可依据自变量 x、y、z 的变化描绘出理想教育文化动态变化图象。

既然理想教育文化的建构,取决于理想教育文化的三大范畴,那么三大范畴中的每一范畴标准或标准特征又是什么呢？由哪些要素决定的呢？在下面的第三节中给予讨论。

第三节　理想教育文化范畴标准的特征

（要点）理想教育文化社会范畴标准的特征﹛尊重　民主　责任　科学﹜，是贯穿生命个体追求幸福生活全过程的基础要件；学校范畴标准的特征﹛扰启　内省　质疑　实践﹜，是学校为生命个体较好地实现社会范畴标准特征的外部动力源；生命个体范畴标准的特征﹛独立　追求　养控　审美﹜，是生命个体自身较好地实现社会范畴标准特征的内部动力源。

众所周知，制定标准是一件比较难的事情，制定理想教育文化在"三大范畴"中的标准更难。但是，只有有了标准，哪怕是只找到标准的某些特征，以此来衡量确定教育方向，以便能够推动教育由现在的"实然教育"向"应然教育"方向发展，最终才能趋近人们追求的理想教育文化，实现生命个体追求的幸福生活的目标。换句话说，有了标准或标准的特征，才可以应用理想教育文化的标准或标准的特征，衡量、评价、督导"实然教育"，以实现理想教育文化所具有的"应然教育"，更好实现人类对教育的本质追求。但是，怎样才能找到较为科学的理想教育文化标准或标准的特征呢？或者说，制定这一标准或描述这一标准的特征，元基础是什么？下面尝试给予讨论。

1. 关于理想教育文化在社会范畴中标准的特征

理想教育文化追求的目标是使人类生命个体实现幸福生活。而人类生命个体本质属性是追求生命最优，其实，追求最优与追求幸福生活是相一致的，所以理想教育文化的目标追求，也就是人类生命个体本质属性的体现。

人类生命个体在生命的全过程中，其本质属性不会发生变化，只不过是不同阶段（如婴儿期、幼儿期、少年期等）其灵动能力有所变化而已。因此，人类生命个体不管在生命全过程中的哪个范畴，追求生命最优或幸福生活的目标不会发生变化。

理论上，生命个体追求幸福生活的内涵存在于人类生命本质属性需要的共同要素中，这种共同要素是每个生命个体在最终生存（不是初始生存）的人类社会组织团体中追求幸福生活最基本的、不可缺少的要素，也是人类成熟的生命个体在社会组织团体中呈现给第二结构系统要素建立关系态过程时生命修为的表现。由于生命个体在不同生命阶段灵动能力的不同，其"共同要素"的内涵和地位也有所差别，但本质上不会发生改变。生命个体存在的"共同要素"，是生命个体本质属性——追求生命最优对外呈现的外在表现。

生命个体本质属性是追求"生命最优"，而生命最优贯穿于生命的完整历程，所以，呈现生命追求最优外在表现的"共同要素"贮存在生命的全过程。寻找追求生命最优的"共同要素"就要考察生命个体生长的具有生命起点与终点的社会组织历程。

生命个体从基于"家庭"组织团体中的成长，到对生命个体进行专门化教育的学校组织团体的培养，最终使生命个体回归到组成人类社会的各种组织团体之中，在由"社会组织"构成的"田野"中建构自身生命个体的关系态，在时刻证明生命个体自身存在的前提下，追求并建构生命个体自身及生命群体的幸福生活。从生命个体成长的"家庭组织""学校组织"和社会的各种组织这样的逻辑过程，我们推断，在社会各种组织中更容易发现过幸福生活的生命个体或群体具备的"共同要素"。

结合人类东西方社会文明的演进，考察人类不同社会的组织形态，或同一社会形态的不同组织团体，幸福指数较高的生命个体或群体（可采取社会调查的方法进行证明）容易得出结论。经验告诉我们：一般呈现"尊重、民主、责任、科学"等一组意识特征。我们把这些特征具有的内涵素养称之为生命个体具有的"共同要素"。把具备此意识特征的生命个体称之为"最佳公民"，或者说，由"最佳公民"构成的社会或组织的人类个体幸福指数自然就是较高的。对此，我们给定社会范畴理想教育文化标准的一组特征概念集合{尊重 民主 责任 科学}，即社会范畴理想教育文化集合，简称最佳公民集合。

虽然，受教育者还没有成长为"最佳公民"，即受教育者不具备或不完全具备社会范畴理想教育文化集合要求的特征，但由于受教育者的本质属性决定了受教育者与"最佳公民"追求生命最优或幸福生活目标的一致性，所以"共同要素"也是受教育者最基本的追求。又由于受教育者始终生长在社会各种组织中，即始终与社会范畴组织建立关系态，所以，社会组织是否以"最佳公民"关照受教育者，决定着未来"最佳公民"可持续建构。既然如此，"家庭组织"的统治者——生命个体的父母既要履行"最佳公民"的标准，又要担当起"哲学家"统治好或治理好这个家庭，营造家庭组织团体之间的"最佳公民"之间的关系，建立幼儿成长"最佳公民"的关系态，由此，幼儿生命个体必将获得"最佳公民"的现实经验关系的记忆累积，从此奠定了幼儿生命个体成长为"最佳公民"的基础。

"学校组织"的统治者或治理者也要一以贯之地按照"最佳公民"的标准，营造类似"家庭组织"又不同于"家庭组织"的"最佳公民"的关系态，使"学校组织"在最基本"最佳公民"关系态的环境中，履行学校组织在"学校范畴"内对生命个体实施理想教育文化要求的教育。与此同时，按照理想教育文化的要求，对生命个体追求自身需要建构的生命修为给予支持和关照，以满足生命个体自身或群体追求幸福生活的需要。

如果确实完成了生命个体在家庭组织范畴、学校组织范畴、生命个体范畴"最佳公民"的培养教育，使"最佳公民"具备的要素标准都能在生命个体行为中体现出来，那么，构成人类社会组织的每个生命个体一定都是"最佳公民"，即实现了亚里士多德"一个道德国家所必需的前提条件"。这个目标一旦实现，也就具备了柏拉图培养或筛选统治或治理国家"哲学家"群体的需要。

因此，只有将最佳公民集合——"尊重、民主、责任、科学"在虚拟网络范畴、家庭组织范畴、学校组织范畴、生命个体范畴的关系态建立过程中给予最基本的遵循与坚守，决不能感情用事，或依靠某种特权违背、践踏"最佳公民"的标准。如果我们真正做到了坚持在家庭组织、学校组织、社会组织实施具有社会范畴标准特征的理想教育文化，那么生命个体本身才能成长为"最佳公民"，否则就是虚假的"最佳公民"。

2. 理想教育文化在学校范畴中标准的特征

生命个体在接受了家庭组织团体"最佳公民"培养教育后，就要接受学校组织团体进行专门教育。如果学校组织，符合社会范畴中的最佳公民集合要求，那么，组成学校组织的公民就具有理想教育文化所要求的"共同要素"或"最佳公民"特征。所以，受教育者一定会得到"最佳公民"关照。因此，学校教育是发生在具有"最佳公民"标准特征基础之上的教育。

按照理想教育文化的要求，学校范畴最本质的任务是在有限的时空范围内提供高质量、高效益催化生命个体的生长。那么，怎样才能实现这样的教育呢？我们继续以生命个体的灵动能力为基础考察对生命个体的教育方法。

组成学校组织范畴的各要素虽然对生命个体均可以建立关系态，对生命个体实施影响，但是对生命个体产生重要影响的构建关键关系态的是各位教师群体要素。那么，教师群体要素与生命个体结构系统要素实施怎样关系链接，或者说"最佳公民"的教师采取什么样的方法，或使用什么样的工具等，活化生命个体结构系统相应的要素，使其完成对生命个体在"最佳公民"基础上追求生命最优或幸福生活的教育？也就是说，单纯依靠生命个体第二结构系统要素对生命个体实施影响作用，并没有有效的方法与生命个体建立关系态，就很难完成对生命个体实施有效的追求生命最优化或幸福生活的教育。

所以，只有学校范畴各要素，特别是教师群体对生命个体实施有效关系——方法的建立，才可能在有限的时空内实施真正的理想教育，使受教育者实现生命最优。为找到理想教育文化在"学校范畴"内标准的特征，我们依然以实证的方式考察东西方教育文化的演进，分析学校组织、班级组织、学科教学等组织的教育教学特征，选择具有较强的解决现实生活问题的能力、较好地呈现社会范畴理想教育文化标准的组织团体作为分析研究对象，抽象出学校范畴理想教育文化标准的特征要素。

历史及现实的教育教学实践经验告诉我们，在学校组织、班级组织、学科教学组织内，凡是构建生命个体教育关系态具有或蕴含一组标准的特征概念的教育教学组织团体，其生命个体均较好呈现理想教育文化在社会范畴中标准的特征。这组标准的特征概念就是：〈扰启　内省　质疑　实践〉（可采取组织调查的方法进行证明）。对此，给定"学校范畴"对生命个体实施理想教育文化标准的特征为一组概念集合｛扰启　内省　质疑　实践｝，即学校范畴理想教育文化集合，简称学校文化集合。

事实上，很难找到一所完整学校，一个班级甚至一个学科，完全按照理想教育文化在"学校范畴"内的学校文化集合内涵，组织开展教育教学活动。但是，我们依然能从成功的教育教学组织或成功教育教学的教师中，提炼筛选出理想教育文化在学校范畴的标准特征。其目的在于，确立学校范畴教育教学活动的基本方向，使其更接近于理想教育文化所追求的目标。

3. 理想教育文化在个体范畴中标准的特征

因为每个生命个体都是独立的生命个体，即有别于其他生命个体的个体，所以，每个生命个体追求生命最优或幸福生活，除具备理想教育文化要求的共同素养外，还必须具备生命个体自身特有的素养特征。为概括不同生命个体追求生命最优或幸福生活所具有的素养特征，我们必须在生命个体第一结构系统内寻求生命个体精神要素的建构。

生命个体第一结构系统要素，具备哪些特征才能实现生命最优或幸福生活呢？继续按照前面的办法，以实证方法探究生命个体范畴的标准特征。以历史和现实的思维方法考察历史和现实优秀的生命个体，怎样由于生命个体自身的原因使其成为较高质量、较高纯度的"最佳公民"，而自身又趋近于幸福生活，即具有较高质量的幸福生活。历史与现实经验告诉我们，具有一组标准的特征概念集合｛独立　追求　养控　审美｝(可采取组织调查的方法进行证明)的生命个体，"最佳公民"内涵含量更高。对此，给定"个体范畴"理想教育文化标准的特征为一组概念集合：｛独立　追求　养控　审美｝，即个体素养集合。

　　通过上面的讨论，可以看出，理想教育文化社会范畴标准的特征，是贯穿生命个体追求幸福生活全过程的基础要件；学校范畴标准的特征，是学校为生命个体较好地实现社会范畴标准特征的外部动力源；生命个体范畴标准的特征，是生命个体自身较好地实现社会范畴标准特征的内部动力源。

第 三 篇
理想教育文化实现观

　　我们知道，理想的教育文化关注的是人类生命个体存在的全过程，即从生命诞生时刻起，抑或是从卵细胞与精子结合成受精卵时刻起，即是理想教育文化关注的生命时空。所以，理想教育文化不同于前面在教育文化演进一节中讨论的任何一种类型，即使是以人为本的教育文化，关注更多的是生命个体在学校组织团体受教育的过程，况且关注知识教育更多，特别是我国的教育更有甚之。

　　除过程不同以外，从教育目标看，理想教育文化追求的是人类生命个体的幸福生活或者追求生命最优，抑或是在追求生命最优或幸福生活的过程中，确立了学校组织团体对生命个体实施逼近教育本质的、而非形式的以人为核心的教育。

　　而以人为本的教育文化是追求契合生命个体本身的发展或者生命个体的生长，是相对以单纯知识传授、智慧启发为核心的教育文化而言，以生命个体为核心的教育文化，其实质并没有明确关心生命个体生命最优或是否幸福生活，或者说生命个体生活最优或幸福生活只是其副产品。

　　然而，理想教育文化相对以人为本的教育文化，是在追求生命个体的生命最优或幸福生活，是在以追求生命最优或幸福生活为目标、进而关注生命个体本身的发展或生命生长的每一个过程，当然包括学校组织团体的教育、家庭组织团体和社会组织团体及其提供载体而实现的自身教育。因此，理想教育文化不仅是关注生命个体完整时空的教育文化，而且也是关注生命个体的生长并追求幸福生活的文化。

按照前面理想教育文化的社会范畴、学校范畴、个体范畴及其范畴标准的特征集合，将做较为详细的展开式讨论，以便对理想教育文化更深刻、更全面的理解。为了使讨论明确，重点更加突出，我们将社会范畴标准的特征概念——最佳公民集合对应于公民素养的讨论；学校范畴标准的特征概念集合——学校文化集合对应于学校教育的讨论；个体范畴标准的特征概念集合——个体素养集合对应于个体成长的讨论。

理想教育文化系统，确定了生命个体追求生命最优的社会范畴、学校范畴、个体范畴，给定了生命个体生命最优或实现幸福生活应具备的最佳公民集合概念、学校文化集合概念以及个体素养集合概念的内涵。然而前面的结论，是通过假定的方法，依据历史的或现实经验关系的记忆，对实现了生命最优或幸福生活的生命个体以猜想的办法给定了的结论。虽然建议可以应用实证调查的方法加以验证，但是依然采取了经验主义的做法，直接给定了结论。为了证明结论的正确，除去上面建议用实证的方法证明之外，将另辟蹊径，选择从历史的、思辨的、实证的角度综合考察社会范畴、学校范畴、个体范畴集合内涵的合理性，以确保本书风格的一致性。

第六章　公民素养

人类生命个体成长为公民，意味着生命个体应该具备了某种素养，并能够独立承担人类社会组织团体的责任。如果人类每个生命个体具有良好的素养，或者说具有最佳素养，即成为纯粹的最佳公民，以此构建人类群体的团队组织就具有最佳素养，抑或是每个人类生命个体都生活在具有最佳素养团队组织的社会当中。那么，人类生命个体就具备实现追求生命最优或幸福生活的基础环境。否则，由非最佳公民或次等公民构建的人类群体团队组织，人类生命个体只能建立在追求生存需要的基础之上，狭隘地、有局限地追求生命自身最优化，不可能实现生命个体最大化地追求生命最优化。即便是个别生命个体具备了较好的物质生存基础，不具备最佳公民素养的生命个体只能是"土豪"，从而限制其最大化地实现生命最优化。而具备最佳公民素养的生命个体生存在非最佳素养构建的团队组织当中，生命个体与第二结构系统要素建立的关系态也难以保证是正向的关系态、或优化关系态，更多的是抑制关系态或负向关系态。此类生命个体处在"唯我独清"痛苦的精神世界中，只能行走在追求生命最优的征程上。因此，人类生命个体若实现最大化地追求生命最优，就需要小到一个组织、中到一个民族或一个国家、大到整个人类世界每个生命个体和统治者应该具备最佳公民集合｛尊重　民主　责任　科学｝给予的要素要求。

需要说明的是，引入"最佳公民集合"概念，其用意在于构成最佳公民社会的人类生命个体需要具备｛尊重　民主　责任　科学｝集合素养，而不是只有其中的一个素养。集合概念中的每一概念既存在某种独立，也存在内在的某种关联，是一个最佳公民系统呈现其内涵标准的特征。当四个独立元素概念呈现不同量与质的组合时，"最佳公民"内涵标准的特征就呈现不同的量与质。因此，同为"最佳公民"也可能存在差别。类比于理想教育文化函数关系，便可窥视到人类生命个体系统呈现的"最佳公民"动态的内涵标准特征。

第一节 尊 重

（要点）没有尊重意识的人类生命个体或群体，对非生命世界和生命世界都是一种灾难，包括人类自身。

人类生命个体追求生命最优，必须优化人类生命个体的社会关系，前提是生命个体具备"尊重"的理念，即生命个体在与社会建立优化关系之前或者同时，已奠定了"尊重"的起点。

"尊重"概念不仅是我国儒家文化的基础，也是道家文化的基础。协调人类社会，西方文化靠"约定""契约""法律"等外在约束，保护人类生命个体追求生命最优。

生命个体是关系的产物，而人类生命个体除具有一般生命个体本质属性之外，还具有人类生命个体独有的"人类社会属性"。为此，本书拟从生命个体"关系建构"与"社会属性"两个方面考察"尊重"意识的重要性与必要性。

首先，考察"尊重"在人类生命个体建立关系方面追求幸福生活或生命最优化的重要性。人类的生命个体从诞生时刻起，即母亲的卵细胞与父亲的精子结合受精卵之时，便具备了生命个体的灵性，以此爆发出强大的生命活力，在母体内寻找适宜生存的空间，快速建立关系，"受精卵"在历史经验关系记忆的基础上实现其生命的生长。生命个体——受精卵诞生时刻起的生长本身，证明了生命个体储存着对自身生命的尊重，即只要具备生命个体存在的条件，就决不放弃生命的存在——自尊。从生命个体第二结构系统要素与生命个体的关系来讲，或者说提供"受精卵"生存空间环境的母亲，客观上也表达了或允许、或愿意、或尊重"受精卵"生命个体的存在，即使是存在的某个阶段或某个过程。在"某个阶段"或"某个过程"中，母亲与生命个体——"受精卵"建立了关键关系，至少提供其生命存在的外在环境与能量的供给，事实上也表达了对生命个体生命存在的尊重。如果作为母亲是一位具备"最佳公民"素养的个体，那么生活在与母亲建立关键关系态环境中的生命个体，必然得到尊重，有利于该生命个体追求生命最优。由于关系是双方向的作用，当母亲提供了生命个体追求生命最优的关系，该生命个体必将尽可能实现生命个体自身更好的生长，以此回应对母亲的尊重，使母亲生活感到幸福。

此阶段的人类生命个体，开始时只与母亲建立直接的关系，随着生命个体的生长，生命个体灵动能力逐步得到发展、提高，并能动地与母亲或母亲的某些要素建立关系，如母亲的情绪，父亲的抚摸与声音的交流，外界声音刺激等。直至生命个体的出生，方能结束生命个体构建简单的关系，逐步进入到相对复杂的生命个体关系构建当中。

出生之后，如果依然得到"哲学家"式或具备"最佳公民"素养的家长统治，该生命个体依然在受到尊重的环境中生长，构建彼此尊重的优化关系态，此生命个体的生活就是幸福的。由于存在彼此尊重的优化关系态的家庭组织，该生命个体依据自身的灵动能力回应其对"家庭组织"的尊重，因此在彼此尊重的"家庭组织"团体中，每个生命个体的生活都是幸福的。

由此可以这样认为，"尊重"概念及其内涵印刻在生命的生长之中，如果"尊重"概念及内涵，能够在学校组织进一步得以强化（比如，学校空间设备设施配置与建设，都是基于对生命本质属性的尊重），而社会的统治者，或者说社会的各级组织具备"最佳公民"的素养，统治者实施"尊重"的治理，为未成年人在社会治理中树立践行"尊重"楷模，那么，当生命个体成长为成年而进入社会各级组织后，"尊重"便成为每个成年生命个体思考问题、做出判断的逻辑基础，成为行为举止的习惯。由此我们假想，构成人类社会的每个公民，当然包括各级组织的统治者，都具备"尊重"的意识，追求"尊重"的价值导向，那么，是不是每个公民都能感受到生活的幸福呢？答案当然是肯定的。

　　相反，若人类生命个体从生命诞生时刻起，就长期没有得到"尊重"，即生命个体与对外界结构系统要素建立的关系态长期不是优化关系态、正向关系态，生命个体只能依据其本质属性首先追求其生命的存在，进而尽可能做最少的付出追求其生命个体的最优化。这样的生命个体对"尊重"概念及其内涵，没有体验也不可能理解，更不可能去践行，必将呈现出想问题作判断、下决定，以对自己有利、不顾外界关系的感受及其产生的后果，从而不择手段，追求自身利益的最大化。这样的生命个体，一旦在不尊重外在关系感受的前提下获取了"利益"，将表现出极大的成功感、幸福感，即追求将自身的成功、幸福建立在对外结构系统关系要素的痛苦感受之上，并以此为快乐。其实，这样的生命个体是扭曲了的生命个体，这样的人类社会是扭曲了的人类社会。生活在扭曲了的人类社会中，生命个体即使获取了更多的利益，精神生活也不可能愉悦。这是因为，由这样的生命个体组成的人类社会，与第二结构系统要素建立的关系态，即使是非生命世界，如空气、水、土地、山林等，甚至对空间等的随意利用，也将由于生命个体不懂得"尊重"而会过度掠取、践踏非生命世界的资源，使非生命世界失去应有的承载力，原有的平衡关系态受到破坏，间接地影响生命个体自身的存在。

没有尊重意识的人类生命个体或群体，对非生命世界和生命世界都是一种灾难，包括人类自身。短时期内，当他或他们不足以改变第二结构系统要素平衡关系态的质时，人类尚可以生存，而一旦"平衡关系态的质"被打破，必将殃及人类自身。下面我们分别给予讨论。

对非生命世界的影响。如果非生命世界固有的平衡关系态发生质的变化，无异于在非生命世界里发生一场"革命"，其结果是非生命世界孕育建立一种新的平衡关系态，即非生命世界体系发生了根本的"质"的变化，原有的非生命世界将被新的非生命世界体系所取代。由于非生命世界新的平衡关系态的建立，从时间上考察是较为漫长的过程，然而现实生存的有限时间的生命群体，当然包括人类生命群体，故有的适应原有非生命世界平衡关系态的生命结构体系的要素，还没有适应新非生命世界的平衡关系态，"这种不适应"即为组成生命群体的生命个体的"痛苦"而不是"不幸福"，甚至导致生命个体第一结构系统要素关系态的失衡。当这种失衡达到一定量的时候，即靠生命个体自身关系态难以恢复原有平衡关系态的时候，生命个体的生存将受到威胁。一旦这种威胁得不到快速扭转的时候，最终将威胁生命种群的生存。也就是说，生命个体适应第二结构系统要素关系态的灵动能力结构的建立，总是滞后于非生命世界关系态"革命"性的变化。如果生命个体在较短时间内不能够适应所建立关系发生的"革命"性变化，那么生命个体及其组成的生命种群将会消亡。

每一次非生命世界固有的平衡关系态发生质的变化，都将促进生命世界种群的进化。由于生命种群生命灵动能力的存在，组成生命种群的生命个体在追求生命存在的基础上，探索着建立适应新的第二结构系统要素——非生命世界（生命世界稍后讨论）现实经验关系态，并将生命个体能够适应生存的现实经验关系记忆，小心翼翼地随着生命存在做好过程累积，逐步转化为生命个体的现实经验的历史经验关系记忆，建立生命种群新的结构系统要素的关系态，即完成生命进化，以寻求适应环境。

从空间上考察，一旦非生命世界平衡关系态被破坏，其空间范围一般都较大。因为较小的非生命世界空间，即使某些平衡关系态受到破坏，但是在良好的非生命世界平衡关系态的作用下，通过正向关系、优化关系等的建立，小范围的非生命世界负向关系态将会得到修复。所以非生命世界平衡关系态一旦破坏，将会伤及更多的生命种群。因为较大范围的非生命世界，存在较多的生命种群，因此，大范围非生命世界平衡关系态的破坏，不管在时间上，还是在空间上，对生命群体都是历史性的、大范围的巨大破坏。那些不适应非生命世界关系态变化的生命种群，将随着不适应而走向灭亡。其实，对充满智慧的人类生命个体自身，也难以逃脱。更不用说追求幸福生活！

由此不妨来联系一下我国的现状。下面是《2013 年理论热点面对面》中"用行动建立美丽中国——环境恶化怎么扭转"部分文字。

——空气持续恶化。目前，我国 70％左右的城市空气质量达不到新的环境空气质量标准，雾霾天气频繁发生。京津冀、长三角、珠三角等区域空气污染严重，一些城市灰霾天数达 100 天以上，个别城市甚至超过 200 天。全国酸雨污染仍然较重，酸雨区面积约占国土面积的 12.2％。此外，有的地方还出现了光化学烟雾污染。现在，在一些城市，呼吸上新鲜空气已经成为一种奢侈。

——水污染日益严重。我国当前70%的江河湖泊被污染，75%的湖泊出现不同程度的富营养化，90%流经城市的河段受到严重污染。一些地区的地下水已经恶化，国土资源部2012年公报显示，全国198个地市级行政区4929个监测点，近六成地下水质量为"差"，其中16.8%的监测点水质成"极差"级。在一些城市及近郊地区地下水中，已检测出有毒微量有机物污染指标。

——重金属污染呈现高发态势。随着我国城市化的推进，化工污染成为重大污染源，镉、砷、铅、铬、汞等重金属污染严重，在对水体造成污染的同时，也成为土壤中长期存在的"毒瘤"。从不断发生的"血铅事件"到震惊全国的"镉大米风波"，重金属污染的警钟频频敲响。①

再看对生命世界直接的影响。由于不懂得"尊重"的人类生命个体，只要自身生命存在，就千方百计以获取自身生命最优所需要的物质利益或精神需求为目的，既不知道尊重自身生命，也不懂得非人类生命种群与人类群体的关系。人为恶化了的生命个体或生命种群，不仅不能给人类生命个体带来生活的幸福，而且带来灾难。比如前几年发生的三鹿"毒奶粉"事件：我国官方公布的数字，截至2008年9月21日，因使用婴幼儿奶粉而接受门诊治疗咨询且已康复的婴幼儿累计39965人，正在住院的有12892人，此前已治愈出院1579人，死亡4人，另截至2008年9月25日，香港有5人，澳门有1人确诊患病。

再比如"瘦肉精事件"：2011年3月15日"瘦肉精事件"曝光，至3月23日18时仅河南省确认"瘦肉精"呈阳性的生猪134头，涉及50头以上规模60多个养殖场，50头生猪散养户8头；同时查获

---

① 中共中央宣传部理论局. 理性看齐心办. 北京：人民出版社，2013：32.

含"瘦肉精"饲料若干批次。

除此以外，还有苏丹红鸭蛋、孔雀绿鱼虾、甲醛奶糖、地沟油、墨汁石蜡红粉条、毒韭菜、毒豆芽、毒生姜、毒豇豆、毒竹笋、漂白大米、面粉增白剂、福尔马林浸泡小银鱼、双氧水凤爪、避孕药黄鳝、苯甲酸海带丝、爆炸西瓜、染色草莓、染色花椒、染色馒头、染色紫菜等。

《环球时报》文章援引德国媒体说："假葡萄酒泛滥，中国人自己害自己"。环球时报 2014 年 11 月 26 日刊发报道说，外媒关注中国首部控烟条例，"美国癌症协会和世界肺脏基金会的数据表明，中国有 3 亿多烟民，烟草产量占全世界 43％。世卫组织估计每年有 100 多万中国人死于与吸烟有关的疾病。"

因此，假如由缺少"尊重"理念或意识的人类生命个体组成一个社会或组织，那么，这个社会的生命个体将充满极端的个人主义色彩，以纯粹追求生命个体物质最优化，不择手段地对物质利益进行疯狂掠夺。这种竞争性掠夺，由于生命个体既缺失对自身生命的尊重，更缺失对其他生命个体的尊重，所以，人类生命个体在追求生命最优过程中的竞争，是缺乏对生命"尊重"底线的竞争，造成生命个体在使用或消费"劣质品"过程中的慢性自杀！

其次，讨论"尊重"在人类生命个体社会属性方面追求幸福生活的必要性。我们在人类的属性特点一节给出了人类社会属性的特点，即人类生命个体在追求生命最优的过程中，建立的人与人、人与组织等关系的总和。因此，人类生命个体若真正追求生命最优，必须优化人类生命个体的社会关系，前提是生命个体具备"尊重"的理念，即生命个体在与社会建立优化关系之前或者同时，已奠定了"尊重"的起点。

由于人类生命个体的社会化，每个生命个体在消费其他生命个体生产或经营的物质的同时，也在生产或经营着其他生命个体所需要消费的物质。所以，如果每个生命个体的生产或经营均建立在对其他生命个体"尊重"的基础上，那么食品将是安全的、工具将是安全的、出行是安全的……人类生命个体不在为安全而担心。如果人类所有生命个体都不懂得在"尊重"基础上建立人类社会关系，或者说不能深刻理解生命个体自身的存在是建立在人类社会基础之上的，都不顾其他人类生命个体是否受到生存威胁或精神感受，而一味追求自身生命利益的最优化即自私自利，那么，由于每个生命个体的"自私自利"，人类生命个体最终所获得的物质追求不可能最优化，而一定是劣质化、有毒化。

譬如，当前的社会，不择手段追求其生命个体物质利益的最大化——食品造假、药品造假、假冒伪劣各种物品充斥市场等，追求高利润、高产量而不计对生命个体有毒有害化学品的生产与使用；不懂得"尊重"的生命个体本身，其结果也不可能得到尊重。这样没有以"尊重"为基础的人类社会，人类生命个体之间建立的关系都不是正向关系，更不可能是优化关系，至多也就是一般关系。所以人类生命个体之间，就没有必要建立组织进而形成社会，即人类群体丧失了社会属性。生命个体之间只存在竞争、掠夺而没有合作，其结果是人类生命个体最终走向灭亡。因此，没有"尊重"意识的人类生命个体，不是真正的人类生命个体；不懂得"尊重"意识的人类生命个体，是落后的、不开化的人类生命个体。真正的人类生命个体，是懂得并践行"尊重"意识的生命个体。

从人类生命个体精神需求层面考证人类社会关系。人类生命个体在追求生命最优的过程中，尤其是在生存得到基本保障的情况下，"精神最优"将摆在生命最优的最前端。然而，人类生命个体"精神最优"体现在与其第二结构系统要素建立关系态过程中最基本的感觉是得到"尊重"，也就是说，如果人类生命个体对基本的尊重需求都得不到满足，生命最优是不可能的。

人类生命个体的社会属性，决定了生命个体从出生开始，就建立了社会关系。在家庭范畴，家庭的每个成员具备"尊重"意识，建立关系态是优化的、正向的，家庭组织团体是和谐的、幸福的。在学校范畴，学校如能把"尊重"理念放在首要位置，未成年生命个体与构成学校各要素建立正向的、优化关系态，从而实现其追求最优化的生长。在社会范畴，生命个体之间建立关系态是发生在彼此"尊重"基础之上，生命个体之间的关系是和谐的、理解的、友好的、善意的……彼此之间生命得到优化。

如果社会充斥着不择手段的威胁、诈骗、抢劫、盗窃、杀人等丑恶现象；到处体现以强欺弱，投机取巧，恶语伤人，高高在上，占小便宜等；在城市拥挤的交通道路上，没有任何示意而成功"夹塞"的生命个体，在给他人带来恐惧却没有灵魂深处的愧疚，相反还感到莫大的愉悦；控制吸烟条例出台后，在公共场所从不尊重周围人的感受，而旁若无人喷云吐雾者，在伤害他人的同时依然享受尼古丁刺激的愉悦，等等。看似这样的小事，其实，都是人类生命个体对"尊重"意识的缺失。这样的社会当然不可能实现人类生命最优化。

其实，人类从动物进化到人类，人类又从野蛮进化到文明，"尊重"意识的出现是其重要标志。考察人类历史及现实社会文化，我们发现"尊重"在人类生命个体及群体组织中一直发挥着重大作用。在人类生命个体社会属性的建构过程中，只有以"尊重"为基础，才能真正从内心深处建立起"仁"，或者说缺少"尊重"基础的"仁"是空中楼阁，是虚假的"仁"。"礼"是生命个体在"尊重"基础上，在其内心深处建立起"仁"，而后通过"礼"彰显生命个体内心的

"仁"，让受"礼"者感觉到"尊重"。事实证明，我国儒家文化在调理人类社会、使人和谐相处方面发挥了重要作用。除儒家文化外，我国道家文化通过"无为"实现"有为"，究其基础依然是建立在"尊重"理念的基础之上，核心是强调尊重规律，通过自然界和人类社会内在的规律实现其"有为"，而反对人为的某种推动。因为"人为的某种推动"，一定有"人为"的某种判断，人为的某种判断，就不是真实的、固有的自然界和人类社会的"规律"，所以"人为的某种推动"就是破坏规律作用，至少不是真实规律的作用。

综上讨论，"尊重"概念不仅是我国儒家文化的基础，也是道家文化的基础。因此，我国儒、道两家文化在调理人类社会方面，发挥了相辅相成、相得益彰的作用。

西方文化告诉生命个体追求生命最优，哪些方面不应该做也不能做。协调人类社会，西方文化靠"约定""契约""法律"等外在约束，保护人类生命个体追求生命最优化。生命个体在"自尊"的基础上，强化对"关系"的尊重。而"关系"是通过"约定""契约""法律"的形式固定下来。强化人类生命个体通过履行对外在的约束——"约定""契约""法律"的尊重，建立起人类生命个体之间、人类生命个体与非人类生命个体之间及非生命物质之间的和谐相处的环境关系。如果组成人类社会的生命个体都能对"约定""契约""法律"尊重，那么每个生命个体就要践行"约定""契约""法律"，这个社会将是有序的，生命个体之间建立的关系在"约定""契约""法律"的规定下是优化的、正向的。由此，生命个体通过外在的"管控"，实现生命个体追求生命最优化。

第二节　民　主

（要点）没有"尊重"，就不可能有"民主"；有"民主"，就一定有"尊重"，即"民主"是"尊重"充分条件，"尊重"是"民主"的必要条件。然而，"尊重"不等于"民主"；"民主"也不等于"尊重"。

我国每个朝代，都是通过历史筛选的结果，而不是像近代西方那样通过民主选举产生的"精英"。

生命个体或群体追求生命最优或幸福生活，不仅要有"民主"的意识，还要有履行"民主"的能力。追求"民主"不在于形式，而在于对"民主"本质的把握。

我们要讨论清楚最佳公民要素"民主"概念，依然要追溯到人类生命个体的本质属性。也就是，从本质属性出发，考证人类生命个体具有必然的"民主"需求。

人类生命个体只有在最佳公民"尊重"观念的指导下，才有可能通过"民主"的形式呈现对生命个体的"尊重"。也就是说，没有"尊重"，就不可能有"民主"；有"民主"，就一定有"尊重"，即"民主"是"尊重"充分条件，"尊重"是"民主"的必要条件。然而，"尊重"不等于"民主"；"民主"也不等于"尊重"。

生命本质属性的第一原则就是生命的存在。存在方式，一是生命个体的客观存在；二是生命个体的表征存在。其表征存在的实质，就是人类生命个体"表达""证明"自身"存在主权"的体现，即"主权存在"于生命个体自身而非其他生命个体，是通过与其他生命个体或非生命个体建立积极关系态彰显"主权存在"。这种"主权存在"的表达，就是生命个体"民主"参与的过程，是得到生命个体或非生命个体"尊重"的体现。如果将人类生命个体"主权存在"的表达限定在构成人类社会组织团体中考察，当生命个体实现了"主权存在"的表达，即实现了生命个体的"表征存在"，那么生命个体就参与了"民主"的过程，生命个体就感受到了尊重。得到尊重的生命个体，能够感受到精神"优化"的满足，体验到生命个体追求生命最优。相反，当生命个体没有得到尊重，该生命个体不可能实现"主权存在"的表达，即不可能实现生命个体的"表征存在"，也就感受不到"精神"的优化。

以刚出生的人类生命个体为例讨论生命个体的"民主"需求，即生命个体的"表征存在"。刚出生的人类生命个体的"啼哭"，就是向人类社会宣誓生命"主权存在"，发表他的"宣言"，希望人类社会组织团体理解他的意见，采纳他的"建议"。如果新生婴儿的这种沟通，能够得到"最佳公民"的尊重，并给予积极反馈——建立关系态，那么新生婴儿"主权存在"的表达就得到确立，也即为新生婴儿"民主"的参与过程，由此新生婴儿也感受到了"精神"的优化。相反，如果新生婴儿的"啼哭"沟通，没能得到"最佳公民"的尊重，或者说"社会组织团体"没有与其建立关系态，即新生儿"主权存在"没有得到确立，也就等于剥夺了新生婴儿"民主"的参与过程。虽然新生儿是"客观存在"，但是没有实现"表征存在"，即新生儿没有实现"民主"参与，其"精神"不可能得到"民主"满足后的优化过程。因此，从生命个体本性追求生命最优化角度考察，婴儿生命个体的"啼哭"等"表征存在"，既是"民主"的参与过程，也是其追求获得精神"尊重"的过程。

因此，在人类社会组织团体中，每个生命个体都应保证应有的"主权存在"的表达权利——表征存在。"表征存在"是人类生命个体最基本的权利，与人类生命个体的"客观存在"是共生的关系：只要生命个体"客观存在"，就有"主权存在"表达的权利——表征存在，或者说只要生命个体呈现"表征存在"，生命个体就一定"客观存在"。

　　下面以两种假设讨论人类生命个体"客观存在"与"表征存在"的共生关系。假设一：人类生命个体"主权存在"的全部表达方式——"表征存在"的全部表达被剥夺，那么这个生命个体的"客观存在"，本质上已经不存在了。假设二：人类生命个体"客观存在"，在人类社会各级组织中的一切表达方式——"表征存在"被剥夺，即只能在非人类组织群体"表征存在"，那么这个人类生命个体的"客观存在"本质上已经不再是"人类"的生命个体，而是具有人类生命个体第一结构系统要素的非人类生命个体。所以，人类生命个体的"客观存在"和人类生命个体在人类社会组织团体中呈现的"表征存在"，是构成人类生命个体不可缺少的两个要素。简言之，人类生命个体的"表征存在"是其"客观存在"最基本的呈现方式，更是人类生命个体通过"表征存在"实现其民主的参与。

　　再从人类生命个体社会属性方面讨论生命"主权存在"表达——"表征存在"的必要性。人类生命个体进入社会化时期或有条件、机会进行合作，生命个体追求生命最优首先选择合作，以此实现在追求生命最优过程中付出最少的能量。由于人类生命个体的"合作"，其前提是人类生命个体相互尊重，而相互"尊重"的基础是生命个体灵动能力及其差异的存在，"灵动能力及其差异"正是人类生命个体追求生命最优化的相互补充。因此，由人类生命个体组建的人类社会各级组织，理论上不存在"全能的生命个体"凌驾于组织团体全体生命个体之上，也不存在"没有任何优势的生命个体"。所以，构成人类社会组织的生命个体为了实现生命最优，其首选就是更好地"合作"。让生命个体充分表达建立在自身灵动能力优势基础上形成的见解、观点和意见等，为其组织"决策"提供最优选择。反之，如果构成组织团体的人类生命个体得不到尊重，只有少数或个别生命个体凌驾于组织团体之上，而不能够充分发挥每个生命个体自身的灵动能力以补充其组织团体信息、智慧等的不足，那么，该组织团体的生命个体整体追求生命最优则是小概率事件。要么个别或少数生命个体剥夺多数生命个体物质占有或精神需求从而实现其自身生命最优；要么由于个别或少数生命个体决策失误使组织团体整体上失去追求生命最优的可能。为此，由生命个体组成的人类社会只有充分调动每个生命个体积极"表征存在"，提供不同的信息、需求与智慧，兼顾每个人类生命个体至少兼顾到生命个体阶层，从而筛选出有利于组织团体内每个生命个体优化的政策、法律、方案等，才有可能趋近于实现组织团体内生命个体整体上追求生命最优。

然而，由于人类生命个体众多，分布区域较大，在构建人类社会过程中，形成了人类不同地域的组织团体（当然，还有其他组织团体的划分方式）——小到一个乡村、社区，大到一个民族、国家，这些不同地域组织团体的人类生命个体，由于长期构建的与本地域各要素相适应的关系态，形成了人类生命个体生存的地域文化，即小到乡村文化、社区文化，大到民族文化、国家文化，甚至发展到世界的东方文化与西方文化等。因此，要实现人类所有生命个体有序"表征存在"即有序"民主"参与，就要建立不同层级组织团体的生命个体"表征存在"的民主参与程序，即从小的人类生命个体组织团体的可普遍的直接民主，到大的生命个体组织团体间接的代议民主的实施。当然，人类生命个体不管是直接还是间接，都要确保自身"表征存在"的有序性，都要相对合理地制定人类生命个体趋于共同认可的某种约定、程序、政策及办法，即我们通常所说的法律制度保障体系。所以，从根本上说，"民主"与"法治"互为条件，不可分离。"宪法和法律对人民民主权利的保障，是民主政治的基本前提，没有这个前提，就谈不上民主。若没有法治，公民的民主权利就有可能随时被剥夺，公民的政治参与就有可能破坏社会稳定，民主进程就有可能导致秩序的失控。"[1]

纵观人类社会的发展，人类生命个体在追求生命最优的社会化进程中，探索了多种类型的人类社会组织团体管理体系。如果按大类来划分无非两种管理体制：一是精英管理；二是民主管理。但是，即使按这样的大类划分，也存在着"精英"中有"民主"，"民主"中有"精英"。抑或是，人类社会组织团体的管理没有纯粹的"精英"管理，也没有纯粹的"民主"管理。离开了"精英"，"民主"无法进行；离开了"民主"，"精英"也是无力的、短暂的。因此，人类生命个体追求生命最优需要在"精英"的组织下实施"民主"，在"民主"基础上产生"精英"，在"精英"组织下制定法律，在法律的刚性约束下，实施有序民主。

其实，很难有纯粹的"精英"与"民主"。因为，人类生命个体存在天然的"灵动能力差异"，所以有"民主"意识的"精英"才有可能让自己趋近于纯粹的"精英"。趋近于纯粹的"精英"一定具备"民主"意识。因此，趋近于纯粹的"精英"生命个体也往往是"民主"后的集体智慧。生命个体实施"民主"后才有可能呈现出趋近于纯粹"精英"的结果。基于此，人类社会组织只要在趋近于纯粹"精英"带领下，不在于趋近于纯粹"精英"者是怎样产生的，只要他是趋近于纯粹的"精英"，他就能够带领人类生命个体追求生命最优化。因此，实现人类生命个体组织最优化的关键，在于产生真正的趋近于纯粹的"精英"。

---

① 闫健. 让民主造福中国：俞可平访谈录. 北京：中央编译出版社，2009：2.

在西方社会，通过民主选举产生"精英"，通过"三权分立"产生制约，在相互制约中实现有效"民主"。其具体思维：把民主选举看作是"民主"的基础与核心要素；把权力的制约看作是实施"民主"的关键；把限任制度看作是"民主"质量的时间测量器；把多党制看作是"民主"的动态平衡器；把舆论监督看作是"民主"的放大器。在民主实践上，借助西方古典民主理念、自然法理论、社会契约理论、人民主权学说、自由主义理论、人权思想等主要思想，经过古典共和制度、公民大会制度、君主立宪制度等西方社会管理的实践探索，在古雅典"一人一票"的最简单的民主形式的基础上发展而来，形成了现代西方以代议制民主为主导地位的社会管理体制。

在西方人类历史发展中，民主、法治、公民和理性思考等观念构筑了西方文化的核心，形成了西方社会公民的法治精神和公民守法而又关心公共事务的民情，公民社会更加繁荣。西方人类社会相信：民主选举即实现了公民统治，公民获得了管理社会的权力；而众多公民选出的代表，或众多公民直选的管理者，在他们看来就趋近于"精英"；在这批"精英"的带领下，依靠法律和权力制约实现更趋近于"民主"的管理。他们认为，民主即是一种方法或程序——能够选出"精英"（或趋近于"精英"），也是对决策过程的制约——参与（直接或间接）过程体现"民主"，是实现人类生命个体追求生命最优化的最有效方法。

与近代西方社会相比，我国每个朝代，即"精英"管理者的确立，都是通过历史筛选的结果，而不是像近代西方那样通过民主选举产生的"精英"。对应我国历史上"精英"者管理的社会，大思想家孔子（公元前551—前479年）以"仁"为核心，以"礼"为准则，创立了儒家学派，经过汉朝思想家董仲舒等学者完善与建构，形成了我国独有的儒家文化体系——"纲常伦理"的社会管理结构。因此，我国的"精英"管理者和社会民众不可能具有西方社会平等、民主、法治和理性思考等现代社会治理的观念。

1912 年 2 月清帝宣布退位，结束历时数千年的帝制，宣称开启了我国的共和时代。但是，我国在尝试"三权分立"的西式民主形式时，品尝的结果是苦涩的——"国会选举，批评不良者多于称道。不良的现象中，以贿选最为普遍，官僚的上下其手最为严重"。1913 年 7 月，革命派又发起了讨袁战争，即"二次革命"，不久"二次革命"以失败告终，终结了自民国成立起短暂的西式政党民主政治实验。

下面是摘自《北京日报》2014 年 3 月 31 日《历史上特定情境下罕有之个案》的《阅读延伸》。

不选出袁大总统，不准出场
——"公民团"与袁世凯当选

1913 年 10 月 6 日，国会会议召开，准备选举中华民国正式总统。当天的宣武门大选会场虽然有正式军队荷枪实弹，往来梭巡，但仍然被三四千"公民团"团团包围，两者相处融洽。这些"公民团"就是袁世凯请来的，与其说他们是"公民团"，不如说他们是公开的打手，他们来表达"民意"，警告每位议员："不选出袁大总统，不准出场。"

在众议院会场，国民党、进步党及各小党派议员共到 759 人，须投票三次，检点人数、发票、投票、唱票，每次约需四小时，少说也要两三天。但议员们被"公民团"死死围住出不来，只好硬着头皮继续开会。进步党议员籍忠寅、田应璜、张汉、廖宗北、彭邦栋等人烟瘾发作，哈欠连天，但是"公民团"绝不通融，就是不让他们出来。烟鬼们实在熬不住了，他们到处找国民党议员讲好话，求他们放弃自己的想法，赶快选出大总统，好早点回家。

经过两轮投票，袁世凯获票都没有过半，还得继续投票。第三轮投票时天色已晚，这时，一些饥肠辘辘的国民党议员也动摇了，袁世凯的票终于过半。主席汤化龙大声宣告袁世凯当选中华民国第一届大总统。会场外，"公民团"听说选出了袁世凯，领了报酬一哄而散。

1949年10月1日，中华人民共和国成立之后，确立了中国共产党的领导地位。中国共产党的领导是中国历史的选择、人民的选择，从此中国共产党也开启了适合中国民主道路的探索。我国的民主是中国共产党领导的人民民主。建立了人民代表大会制度，由民主选举产生，对人民负责，受人民监督，每届任期五年。人民通过全国人民代表大会和地方各级人民代表大会，行使国家权力——国家行政机关、审判机关、检察机关都由人民代表大会产生，对它负责，受它监督。法院、检察院依照法律规定分别独立行使审判权、检察权，不受行政机关、社会团体、个人的干涉。建立了中国共产党领导的多党合作和政治协商制度。建立了民族区域自治制度。建立了城乡基层民主政治制度，形成了以居民委员会、村民委员会和企业职工代表大会为主要内容的基层民主自治体系。推进了中国共产党的民主执政——改革和完善领导体制和工作机制，实施了党内民主等多方面民主政治的探索。

2014年10月23日，中国共产党第十八届中央委员会第四次全体会议审议通过了《中共中央关于全面推进依法治国若干重大问题的决定》，标志着我国开启了依法治国的顶层设计，出台了《关于加强社会主义协商民主建设的意见》，对新形势下开展政党协商、人大协商、政府协商、政协协商、人民团体协商、基层协商、社会组织协商等做出全面部署。特别是政府协商，强化了政府与社会、政府与人民之间的直接对话，是对关系人们日常生活的基本公共产品供给的协商；做出了对规则型协商、决策型协商、事务型协商和政府预算协商等的积极探索，以此在规范和程序协商的过程中，促进政府由管理向治理思维方式的转变。

"民主"是个好东西！无可否认。我们讲的"民主"本质，是让每个人类生命个体的"客观存在"通过生命个体的"表征存在"，为人类生命个体构成的社会组织团体乃至民族、国家等，贡献每个生命个体的智慧，在推进人类群体追求生命最优化的过程中，借助生命个体的"表征存在"实现其追求生命最优化。因此，每个公民，特别是"精英"管理者从内心深处有没有"民主"的意识、观念、方法、思维等，决定"精英"管理者是否能够持续保持"精英"。历史证明：朝代的更替证明管理者已不再是"精英"，被真正的"精英"管理者所取代。没有"民主"意识、观念、方法、思维的公民，也不能够更好地贡献优质的智慧。由此，可以这样认为，没有"民主"意识，生命个体的"表征存在"对自身或组织团体难以呈现其"客观存在"的人类种群的真正意义。因此，没有民主意识、观念、方法、思维等的人类生命个体组成的组织团体、民族或国家，难以实现生命群体的最优化。形式的"民主"，不能够解决生命个体、组织团体、民族或国家追求生命最优化。

因此可以说，生命个体或群体追求生命最优或幸福生活，不仅要有"民主"的意识，还要有履行"民主"的能力。追求"民主"不在于形式，而在于对"民主"本质的把握。

附：

"两个务必"与"窑洞对"
思想渊源一致

1945年，毛泽东与黄炎培在延安窑洞里有一个著名的"窑洞对"。黄炎培认为："一部历史，'政怠宦成'的也有，'人亡政息'的也有，'求荣取辱'的也有。总之没有能跳出这周期律。"对此，毛泽东的回答是："我们已经找到新路，我们能跳出这周期律。这条新路，就是民主。只有让人民来监督政府，政府才不敢松懈。只有人人起来负责，才不会人亡政息。"

当然，就像找到了船不等于到了对岸一样，找到了民主这条新路，并不意味着已经跳出了历史周期律。能否跳出去，还要看这条路具体怎么走，要看能不能对跳出周期律时刻保持高度警惕性。这就是"两个务必"所要解决的问题。从这种意义上讲，"两个务必"和"窑洞对"有一脉相承的思想渊源关系。

第三节　责　任

（要点）固有责任是生命个体更是人类生命个体的固有特征。

人类生命个体要实现生命最优化，一定要牢记并践行约定责任意识。

一个国家或一个组织的人类生命个体有无责任意识或责任感，是其国家或组织文明程度的重要标志。

前面，在讨论人类生命个体的尊重概念时，选择了从生命起源入手，伴随生命的生长，"尊重"是生命个体追求生命最优，不可或缺的意识或者观念。然而，人类生命个体的尊重意识或者观念，必然带来人类生命个体在客观存在的基础上追求表征存在。人类生命个体的表征存在，从其参与的角度考察，是在呈现生命个体主权表达，即民主参与。但这个"民主参与"，只是强化了人类生命个体表征存在的过程——"民主"。"民主"一定要具备过程，不具备过程的民主是虚假的民主。但是，有了民主的过程，未必实现真实的民主。即便实现了真实民主，但民主的质量也受制于人类生命个体灵动能力及参与表征存在的意识或态度。所以，若要提高民主的质量，抑或更好地实现人类生命个体、生命群体追求生命最优，除关注人类生命个体的表征存在之外，还要关注其主动追求生命最优的一种责任意识，抑或责任担当。这种责任意识或责任担当，是人类生命个体作为责任主体并有质量地呈现表征存在的关键要素之一。

那么，人类生命个体的责任是如何发生的呢？责任的发生是由发生的主体和发生的客体构成，没有责任发生的客体，生命个体不可能产生责任。生命个体在产生责任时，一定是选定了责任的对象，而生命个体与选定了的责任对象之间，总是存在产生某种"责任"的原因。对比非生命来说，责任是生命个体独有的特征。

这里重点讨论人类生命个体。人类的生命个体同其他生命个体一样，从诞生时刻起就构建了两个结构系统。一是人类生命个体自身结构系统——第一结构系统。此结构系统的各结构要素建立了能动的关系态，各要素承担了要素本身建立关系态的责任，以此实现作为种群的人类生命个体应具备的历史经验关系记忆传承以及作为完整生命系统呈现客观存在的固有的责任。我们把人类生命个体本身具备的固有的责任，称之为固有责任。如人类生命个体本质属性追求生命最优，就是生命个体固有责任的体现。因为，人类生命个体追求生命最优本身就是生命个体的责任对象，即责任客体，而生命个体即为责任主体。又由于生命个体本质属性追求生命最优，所以生命个体追求生命最优是生命个体的固有责任。

二是人类生命个体之外的结构系统——第二结构系统。第二结构系统与第一结构系统要素之间要么是暂态，要么是关系态。是暂态还是关系态，取决于人类生命个体结构系统的需要。因此，人类生命个体与第二结构系统要素建立关系态，是生命个体为了自身存在、生长及追求最优，而存在固有的责任。此责任也即为人类生命个体的固有责任。第二结构系统要素为第一结构系统——生命个体存在、生长及追求最优的固有责任对象，即固有的责任客体。而生命个体即为生命个体的责任主体。此固有责任，反映出第一结构系统的开放性，以此实现与第二结构系统要素进行物质、能量与信息的交流。人类生命个体的生存、生长及追求生命最优受益于第二结构系统，所以人类生命个体作为主体与第二结构系统存在固有的关系态，即人类生命个体依赖于第二结构系统，这种依赖本质上就赋予了生命个体对第二结构系统要素的固有责任。因此，生命个体不论在第一结构系统还是第二结构系统，自从人类生命个体诞生时刻起，就存在固有责任。在动植物生命世界中，生命个体的固有责任也有明显表现，如动物的父母亲对幼崽的抚养、保护与训练等；植物世界的阔叶与针叶、乔木与灌木等的形成等。

生命的本质属性决定了生命个体固有责任的存在。要讨论清楚生命个体的固有责任，就要从生命个体构建的两个结构系统开始。

人类生命个体从诞生时刻起，构建着两个结构系统，在两个结构系统要素之间相互作用下，确保着生命的存在、生长及其追求生命最优化。因此，生命个体就存在着不可推卸的作为生命主体追求生命个体存在、生长及追求最优的固有责任。生命个体作为生命主体就要爱惜自己的生命，并努力创造条件确保生命的存在、生长及追求自己生命最优。不要轻易放弃生命，不要随意伤害自己及每一个器官，当然包括自己的精神世界。生命个体应努力实现生命生长，此生长包括生命个体的客观实在的生长，也包括生命个体精神的（包括审美）、智慧的、能力的生长。追求生命最优，是指生命个体在自身灵动能力达到的基础上实现最优，而不是追求简单的、与其他生命个体相比较的最优。当然，如果生命个体灵动能力完全相同，而是由于生命个体自身没有充分开发自身的灵动能力，属于没有在自身灵动能力基础上追求最优，即生命个体没有较好地尽到自身的固有责任。但是，我们必须强调，没有真正意义上的完全相同的两个生命个体，即不可能存在时空关系完全相同的生命个体，哪怕是同卵双胞胎，也会有所区别，何况生命个体对追求"生命最优"的理解与认识也不尽完全不相同。

正如前面对生命个体 W 的讨论，人类生命个体也存在 N 值，所以人类生命个体 W 不可能无限增大。因为不同的人类生命个体 N 值不同，即人类生命个体的灵动能力不同，所以追求生命最优是存在差异的。因此，我们的深刻用意在于唤醒每个人类生命个体固有责任意识，努力追求其自身本质属性 W 的最大值。诗句"少壮不努力，老大徒伤悲""劝君莫惜金缕衣，劝君惜取少年时"等，就是在唤醒生命个体追求自身最优的固有责任意识。

人类生命个体的本质属性决定了作为主体的人类自身履行好对第二结构系统某些要素的固有责任。通俗地讲，人类生命个体的存在、生长以及追求生命最优，离不开第二结构系统某些要素物质、能量、信息等的供给与交流。既然人类生命个体"离不开"，就存在固有的而不是强加给的责任。所以，人类生命个体一定要践行此固有责任：爱护与我们朝夕相处的自然环境，珍惜自然资源，即人类在向自然界索取时，一定要对自然界的承载力做好评估，不破坏自然环境；保护动物、植物，即人类与动物、植物建立友好的物质与能量等可持续的输送关系，维护好自然界的生态链；建构好我们居住的环境、生活的环境、学习的环境、工作的环境、娱乐的环境、交往的环境……即凡是对我们人类生命个体生存、生长、追求最优化有过恩惠的生命种群、生命个体及非生命要素等，都建立一种固有责任——感恩、珍惜与爱护。"没有无缘无故的爱，也没有无缘无故的恨"，是固有责任较好的诠释。

综上讨论，固有责任是生命个体更是人类生命个体的固有特征。因而，"固有责任"使得人类生命个体在责任类比中很容易呈现出"固有责任"的迁移现象。如作为人类生命个体的父母亲除对自己子女存在固有责任——保护、抚养之外，还有对没有任何关系的人类生命个体的"子女"，抑或对动物界的幼仔，在相应的情境下产生作为父母亲的责任感——怜悯、同情，甚至给予真诚的帮助。我们可以说，正是由于人类生命个体固有责任"迁移现象"的存在，使得人类生命个体在更大范围实施责任教育成为可能。

下面，从人类生命个体社会属性的角度，讨论其责任的存在。人类生命个体的社会属性从根源上讲，也是源于人类生命个体本质属性——追求生命最优。正因为如此，人类生命个体产生了社会化分工，建立了人类生命个体的各级组织团体，诸如民族、国家等。由此，不仅大的团体组织需要建立某些共同的约定，而且团体组织间、生命个体间在个体、组织共同利益的基础上，也需要建立某种约定。这些约定就是人们通常说的法律、法规、条例、规章等。所以，人类生命个体要更好地实现追求生命最优，必须落实好这诸多的约定，即人类生命个体在约定的有序中追求预定的生命最优。

一般来讲，不管是团体的约定，还是个人的约定，都有需要人类组织团体、生命个体共同遵守的权利与义务。我们把人类组织团体、生命个体在某种约定下形成的权利与义务称之为约定责任。因此，作为人类组织团体、生命个体必须遵守由人类社会化组织以法律、法规、条例、规章等共同规定的权利与义务。只有人类每个生命个体按照法律法规办事，按照共同约定落实，人类生命个体的社会化才是有序的、高效率的；组织团体之间、人类生命个体之间才是诚信的。人类生命个体只有在有序的、高效率的、诚信的社会化组织中，才有可能是自由的、幸福的。所以，人类生命个体要实现生命最优化，一定要牢记并践行约定责任意识。

不管是固有责任还是约定责任，在人类社会化的组织中往往呈现两种状态：一是隐性的责任；二是显性的责任。因为约定责任的存在，往往使固有责任退居到约定责任之后。约定责任相对人类生命个体的固有责任具有优先性，如人类生命个体对稀有动物都有保护责任，但是在面对稀有动物保护的专业人士，非专业动物保护人士的保护责任就退居到专业人士的责任之后，即专业人士的责任呈现显性状态——显性责任，非专业人士的保护责任处于隐性状态——隐性责任。所以，固有责任与约定责任之间存在有条件的隐性责任与显性责任的转化。由于隐性责任可以是固有责任，所以正如同"固有责任"的迁移现象，也由于有隐性责任存在，人类生命个体往往也表现出"同情心"，甚至在条件具备的情形下，隐性责任也转化为显性责任。如在人类社会出现"见义勇为"的生命个体等。相反，如果连隐性责任都没有的人类生命个体，不可能有"同情心"，更不可能"见义勇为"。

除固有责任与约定责任之间存在隐性与显性责任的转化外，约定责任之间也存在两种责任形式的转化。因为人类生命个体的社会属性的存在，建立了不同的层级组织，存在约定责任的层级，同组织层级的责任与义务相对应。低层级的约定责任相对高层级的约定责任，在同一时空时，低层级的一般处于隐性责任状态，而高层级的处于显性责任状态。因此，人类生命个体不管是固有责任还是约定责任，都是在人类生命个体履行责任时表现出来，即表现显性责任。否则，表现为隐性责任。但是，没有责任意识或责任感的生命个体，很难贮存隐性责任，更难表现出显性责任。没有责任意识的生命个体，除追求生命个体自身狭隘的本质属性存在外，不会再表现为追求人类生命种群实现长久最优化的责任。因此，一个国家或一个组织的人类生命个体有无责任意识或责任感，是其国家或组织文明程度的重要标志。欠缺责任意识或责任感的国家或组织，不可能有更高的文明程度。

纵观人类社会管理的历史，可以概括为三类。

一是依靠道德约束管理的社会。此类型的社会管理，取决于人类生命个体自身的修养，其"道德"受制于其他人类生命个体共同认可的精神或行为的价值追求，违反道德约束的成本较低，因此，道德约束较弱。

二是依靠宗教信仰管理的社会。此类型的社会管理，取决于人类生命个体对其信仰的忠诚度，其"信仰"受制于生命个体的精神束缚，违反其宗教信仰，其忠诚的信徒精神上将受到巨大的折磨，甚至处在痛苦之中，因此宗教约束力高于道德约束力，但是宗教信仰的信徒数量相比人类整体的生命数量具有一定的局限性。

三是依靠法制管理的社会。此类型管理的社会，是建立在广大的人类生命个体共同约定的基础上，兼顾了每个人类生命个体追求生命最优的利益及其可能，较少受到个别组织团体或生命个体的影响，透明度较高。

历史证明，法治管理的社会，人类生命个体责任意识更强、更文明。因此，应当建立依法治理的社会组织，强化人类生命个体的权利与义务，推进社会生活、工作、学习等有序化，关键在于每个人类生命个体管理好、落实好自己的责任。基于此，人类社会通过责任意识、责任担当的唤醒、普及与落实，实现人人履责、人人守责、人人担责，促进人类生命个体有序地追求生命最优化。对此，在强化责任落实的同时，对责任不落实或违背约定责任的生命个体，一定要实施责任追究！

回顾人类社会的历史，可以清楚地看到：凡具有强烈责任意识的人类生命个体，对人类群体贡献就大，如我国的老子、孔子、庄子等以及西方历史上的苏格拉底、柏拉图、亚里士多德等人类众多的思想家、哲学家、科学家、社会活动家……由此我们推断，由具有强烈责任意识的人类生命个体组建的组织团体，其组织团体就强盛，其组织团体中生命个体幸福指数就高。维克多·弗兰克说："每个人都被生命询问，而他只有用自己的生命才能回答此问题；只有以'负责'来答复生命。以此，'能够负责'是人类存在最重要的本质。"

让人类生命个体肩负起自己的责任吧！共同创建人类美好的家园！

第四节 科 学(一)

> （要点）"科学"是指最佳公民应具有的科学思想、科学意识、科学方法、科技思维等，而不是要求最佳公民个体都成为科学家和工程师。

坚持"科学"，就是坚持运用人类生命个体最新的研究方法、最有效的工具、最新的理论成果，以科学的精神，消减人类生命个体思维系统的误差，实现生命个体的最优化。

在讨论前，有必要将科学这一概念作限定。在社会范畴设定了最佳公民集合概念，其用意专指"最佳公民"应具备的素养，所以"科学"这一概念，是指最佳公民应具有的：科学思想、科学意识、科学方法、科技思维等，而不是要求最佳公民个体都成为科学家和工程师。"科学"这一概念与"愚昧"概念相对应。因此，讨论科学，不讨论科学定义，只是应用人们对"科学"概念的一般划分及其普遍含义。在此框架下，依然以生命本质属性的视角为切入点，围绕生命个体追求生命最优，看"科学"在人类生命个体发展史上的作用。

　　人类生命个体的本质属性，决定了生命个体在积极构建两个结构系统中的关系态时，逐步积累了丰富的现实经验关系，其中一部分经验关系随着时间推移、不断地强化，已经固化为人类生命个体历史的经验记忆关系。另一部分现实经验关系通过动作、语言、文字、数字、图像、图形、音乐、实验、模型等信息载体在人类生命个体之间表述、解释、说明与传承，形成了人类生命个体对宇宙、自然界、人类社会及人类生命个体等呈现的现象、规律等的认识。当人类生命个体把认识进行系统化的梳理并作解释说明，便形成了人类的知识。当人类生命个体通过知识，对其他生命个体施加思想、行动、方法、认知、情感等的影响，使其形成某种价值认同，即完成了对人类生命个体由知识向文化的转变。

　　人类生命个体由于文化的不同，必然导致不同的世界观、方法论，从而又将导致其不同的认识论，循环往复……形成了人类生命个体不同的知识及其文化体系，如东方的儒家文化、佛教文化，西方的契约文化、基督教文化等。但是，值得强调的是，虽然都形成了人类生命个体各种不同的知识、文化体系，但所有知识、文化体系不一定都满足现代"科学"概念所具有的标准或标准特征。

　　一般来讲，文学、艺术、情感、道德等都属于非科学范畴，它们对人类生命个体追求生命精神最优有重大影响。除此之外，还有对人类生命个体产生较大影响的由优秀的人类生命个体"努力假想"、创编"故事"尝试解释、表达情感或寄予某种期盼，而在后人的不断完善、演绎下形成较为完整的知识体系。这样形成的知识、文化体系即使有偶然的现象或事件给予提供佐证，但也不具备现代

"科学"标准及其特征，也属于非科学知识。一般来讲，这类非科学知识，对人类生命个体追求生命最优起阻碍作用。

在人类早期，由于对自然现象的恐惧，往往产生自然崇拜，形成"迷信"。或由于战争、自然灾害等人类无法解释而产生人类生命个体精神家园的寄托场所——宗教信仰。当人类生命个体的某些经历，与众多的"迷信"或宗教信仰的某些"预言"相吻合，便不断地以历史"巧合"事件做印证，强化其灵验，我们称此印证为相关性印证。把对事件随机预测的印证，称之为随机印证。相关性印证其结论永远是正确的，但不是科学的。随机印证，如果是高度相关，其理论具有预测功能，符合科学。因此，人类生命个体如果采用"迷信"或宗教信仰的某些"预言"相关性印证逻辑，必然形成"神灵"存在或"上帝"存在等世界观和方法论，形成某种神灵文化或宗教文化。这样的知识文化，只能够被证实而不可能被证伪。

宗教文化、神灵文化等在人类生命个体追求生命最优在精神领域所起的作用，尚且不论，只考察在科学范畴内的实证性，也可能由于现阶段人类认识的局限性，如果以"科学"的标准衡量，即属于伪科学的范畴。因此，如果人类生命个体按照"神灵"与"宗教"理论知识，认识宇宙、自然界、人类社会及生命个体，就偏离了满足"科学"标准的世界观和方法论，其结果难以建立人类生命个体追求生命最优的关键关系或优化等关系。人类发展的历史证明，"神灵文化"与"宗教文化"较大地限制、阻碍了生命个体追求生命最优化。

其实，不仅"神灵文化"与"宗教文化"对人类生命个体追求生命最优有较大的局限性，而且即使能够较好地解释宇宙、自然界、人类社会及生命等呈现的现象或规律的知识体系，也始终由于存在人类生命个体认识的局限性，其知识体系的科学性也是有条件的，只在某种条件下成立，如牛顿定律，只能在低速、宏观下成立等。这种局限性是人类生命个体固有的历史必然。因此，人类生命个体在追求生命最优的过程中，建立的系统经验关系记忆——知识，不可能是绝对的真理，始终受制于人类生命个体自身的灵动能力的限制。当然，这种局限性，将会随着人类生命个体与第一、第二结构系统要素现实经验关系的累积，或者获取现实经验关系工具的改善可以得到逐渐减少，使其逐渐逼近客观实在。

所以，坚持"科学"，就是坚持运用人类生命个体最新的研究方法、最有效的工具、最新的理论成果，以科学实践的精神，与两个结构系统要素建立关系态，在遵循科学的过程中，实现其以科学思想消减人类生命个体思维系统的误差，以科学方法消减"关系过程"带来的偶然误差；以科学技术弥补人类生命个体灵动能力的不足，最终以人类生命个体预期结果的真实可靠，实现生命个体的最优化。

纵观人类生命个体知识、文化形成发展的历史可窥知"科学"的真正内涵。它不仅适用于自然科学领域，也适用于思维、社会等领域。为讨论方便，我们将人类社会的发展依据"科学"类型相对地（不可能有这样清晰的阶段，是交织在一起的过程）划分为四阶段：一是采集食物阶段；二是农业社会阶段；三是工业社会阶段；四是信息化社会阶段。

首先，考察人类生命个体在采集食物阶段的文化。人类生命个体从类人猿向人类进化的阶段，甚至在人类初期阶段，人类和其他动物一样更多依赖大自然的恩惠，靠人类生命个体捕猎和采摘植物的果实等方式，维持人类生命个体的生存。"男人负责狩猎动物，而女人则负责采集营地周围所能发现的一切可供食用的东西：植物的块根、浆果、坚果、水果、蔬菜、昆虫、蜥蜴、蛇类、啮齿类动物、贝类等。"[1]因此，这一时期的人类生命个体，对他们的生存环

---

① ［美］斯塔夫里阿诺斯. 全球通史·从史前史到 21 世纪. 吴象婴，梁赤民，董书慧，王昶译. 北京：北京大学出版社，2006：8.

境非常熟悉，对自然界的情况知道得也多，并且依靠口语传授人类生命个体累积的各类知识。如各种天象、动物出现的规律、可食用植物的辨认、捕捞技术、能用来治病的植物及其果实等。但是，此时的人类生命个体相对自然界来说更多的是被动适应，掌握的知识是建立在大量的人类生命个体经验关系记忆累积的基础上，"知其然，而不知其所以然"。所以，当面对自然灾难时，如遇到洪水、干旱、瘟疫等，人类生命个体便显得无助，或为祈求实现某种愿望，往往求助超自然界的魔力。由此，设立部落或族群崇拜的图腾，举行宗教仪式以期获得某些神力的支配，交上好运，得到保佑，获得幸福，平平安安。

处在这一时期的人类生命个体，将在实践中建立的经验关系，即零散的知识与自然崇拜——神灵联系在一起，形成了采集食物阶段人类特有的宗教文化现象，如巫医、巫师的出现。

按照现代科学标准，这一时期的科学包括：(1)对周边时空环境及其变化规律的认识；(2)对周边植物有益品种、有害品种的认识；(3)对动物出没规律及其捕获的知识；(4)火的使用、"钻木取火"技术等；(5)制作各种武器、工具的技术知识，如棍棒、石器、盔甲、弓箭、刀具、斧头、锤子、独木舟、陶轮、用牛油或兽脂密封食物等技术……这一时期的知识分子有：获得上述知识或技能的人类生命个体；巫医或巫师们……这一时期的社会关系主要表现为：人与人之间的关系完全平等。

耶稣会传教士雅可布·比格特在1750—1767年生活在加利福尼亚的印第安人中间，下面是他对食物采集者——"加利福尼亚人"的描述。

尽管食物粗劣、生活艰辛，加利福尼亚人却很少生病。他们通常很强壮，能吃苦耐劳，而且比起数以千计的衣食富足、每日享用巴黎厨师烹饪出来的美味佳肴的人要远为健康……

像其他美国人一样，加利福尼亚人也从欧洲人那里感染了天花，而且这种疾病在他们中间呈现的传染性最强。1763 年一个出天花刚愈的西班牙人送给一个加利福尼亚人一块布料，随之也把天花传给了这个加利福尼亚人群体。短短 3 个月内，便有 100 人患此病死去……

也许有人会根据我对加利福尼亚人所作的介绍，推断他们是亚当的最不幸、最可怜的孩子。但是这种推断完全错了，我可以向读者保证……比起欧洲的文明居民，无疑他们过着更为快乐的生活……一年四季，没有什么事情使加利福尼亚人感到麻烦或苦恼，也没什么东西使他们觉得生活艰难或活着没意思……嫉妒、猜疑和诽谤不会扰乱他们的生活，他也用不着担心会失去他所应有的东西，当然也不必想着如何增加自己拥有的物质财富……加利福尼亚人不知道"我的"和"你的"这两个词的意思。按圣格列高利(St. Gregory)的说法，这两个词使我们短暂的一生充满了痛苦和无法解释的罪恶。

虽然这些加利福尼亚人看上去似乎一无所有，但实际上却拥有他们想要的一切东西，因为他们从不在自己贫穷的、条件极差的家乡的物产之外垂涎什么，他们的一切要求都可以得到满足。难怪他们总是脾气极好，老是沉浸在欢乐和笑声中，显现出他们对生活的满足感。而这种满足感正是幸福的真正源头。①

……

从上述对采集食物人类群体的描述，可以看出：(1)采集食物阶段的科学技术与当时人类生命个体追求生命最优相匹配；(2)生命群体的社会关系与社会管理相匹配；(3)精神生活与生命个体认

---

① ［美］斯塔夫里阿诺斯. 全球通史·从史前史到 21 世纪. 吴象婴，梁赤民，董书慧，王昶译. 北京：北京大学出版社，2006：16—17.

识水平相匹配。上述三方面，不仅包含自然科学、社会科学也包含生命科学。所以这一阶段的"科学"（包含技术）发展水平，是人类生命个体文明的重要标志。

农业社会阶段。人类生命个体在采集文化阶段，积累了较为丰富的现实经验关系，譬如哪种植物果实既高产，口味又好？哪种动物较为温和，又易于繁殖、驯养，便于提供肉类食物来源等。这样，优秀的人类生命个体，就试探着将这种野生植物进行人工栽植，对动物进行驯养。可以说，人类生命个体开始了对动植物的驯化试验。

前面讨论过，由于区域生命个体所处的第二结构系统要素的不同，所建立的关系态必然不同，又由于生命是历史关系态的产物，所以不同区域生命种群存在不同或有差异。因此，不同区域的人类生命个体驯养的动植物存在不同或有差异，"在大约 20 万种开花植物中，只有约 3000 种在某种程度上被用作人类的食物。而这些被用作食物的植物中，也只有不超过 30 种的植物是主要作物，它们包括 4 种禾本科植物（小麦、水稻、玉米和甘蔗）、淀粉为主要成分的植物（土豆、番薯、树薯粉和香蕉）及被称为'穷人的肉类'的豆科植物（扁豆、豌豆、大巢菜、豆角、花生和黄豆）……欧、亚、非三洲的各个民族非常幸运，他们找到了能够提供肉类、牛奶、羊毛、并可做驮蓄的各种动物。而美洲印第安人……只好与无峰驼、羊驼、驼马……半驯化动物打交道。"[1]

随着人类生命个体驯养动植物的不断成功，生存状况得到较大改善，人口得到了快速增长。然而，随着人口的增长，食物又得不到保障，所以人类为了生存或追求生命最优，在食物来源上：一是

---

① ［美］斯塔夫里阿诺斯. 全球通史·从史前史到 21 世纪. 吴象婴，梁赤民，董书慧，王昶译. 北京：北京大学出版社，2006：25.

扩大种植、养殖区；二是发现、引用、改良种植及养殖高产的品种；三是改进种植养殖生产、分配及管理技术；四是依靠战争进行掠夺。这四种生产方式在人类文化形成中的作用具体表现为以下四个方面。

一是促进了工具的改进。铁斧取代石斧，清理森林工作更加有效，扩大了植物栽培的疆域；马、牛、骆驼等被驯化，交通运输工具得到改进；犁的发明提高了沙土的耕种效率；车轮的发明、帆船的发明……这些单项工具一方面为其工具组合应用奠定了基础，另一方面促进了冶金技术、陆路与水路的开发利用。"牛拉犁的意义在于，人类首次能利用自身体力以外的力量作动力。从这一意义上说，犁是蒸汽机、内燃机、发电机和分裂反应堆的先驱。"①与此同时，建筑与机械等技术随着工具及其组合也得到同步发展。

二是优良品种的种植与养殖范围得到进一步扩大，培育优良品种的意识得到强化。在种植的历史过程中，形成了与地域环境相适应的谷类植物区，"东亚和东南亚的稻米区；美洲的玉米区；欧洲、中东、北非、中亚，以及从中亚到印度河和黄河流域这一带的小麦区。"②除上述较适宜农业发展的地区以外，不适宜农业发展的陆地，人类转而发展畜牧业。当然，这也不是人类生命个体事先设计的结果，而是人类生命个体为了生存，与第二结构系统要素建立关系态的历史必然。阿拉伯半岛主要畜养骆驼；非洲东部和南部主要畜养牛；中亚地区畜养多种动物，如马、牛、骆驼、绵羊和山羊等。上述植物与动物区域的选择，是人类生命个体在漫长的实践中探索出来的，如非洲农业的高粱、谷子等在许多世纪一直局限在非

---

① ［美］斯塔夫里阿诺斯. 全球通史·从史前史到 21 世纪. 吴象婴，梁赤民，董书慧，王昶译. 北京：北京大学出版社，2006：51.
② 同上书，31.

洲大草原，不能穿过热带雨林。直到公元初年，芭蕉属植物和亚洲薯蓣属植物，从东南亚传入非洲，使得非洲大陆南部的农业得到迅速发展。

三是人类生命个体在种养殖及分配过程中发现许多的问题：如有的土地生产的植物就茂盛，果实丰收，有的土地植物生产的果实就少；种植时间与果实的产量也有关系，晚于某时间植物就结不出果实，早于某时间植物也不能生长……在分配过程中，食物的多少即量的确定问题，领取食物的记载问题即如何标记等。为了解决这些问题，人类生命个体通过观察天象建立了天文学知识，有了人类生命个体的历法、文字、地理学、工程学、数学、医学、物理、化学、生物学等技术知识。当然，那个时期还没有像现在这样系统的分科知识体系。

这一时期更多的发明创造，都是在解决具体问题时取得的巨大成就。正像人类生命个体依据温度、水分、阳光的关系创造出高产的灌溉技术、梯田农业一样。我国人民在解决具体问题时，创造了在世界历史上有重大影响的四大发明等。从思维的角度看，更多是具体直观思维，而不是理性、逻辑、系统的思维。但是，随着直观、具体思维的发展，孕育了实验、理性、逻辑、系统的思维，为人类向本质的思考与实践奠定了基础。

除以上问题之外，在人类生命个体的组织管理上，也存在许多问题。如谁来管理组织？怎样管理组织？生命个体之间的关系又是怎样的？……在人类历史的社会实践中，较成功的人类组织管理，除以圣经为代表的宗教管理外，一是以我国儒家文化为代表的"纲常伦理"管理文化模式；二是以西方"契约"文化为代表公民大会管理模式。

四是战争掠夺极大地促进科学技术进步。战争使部分人类生命个体在牺牲其他人类生命个体的基础上，高效率地占有财富。为实现战争的胜利，组织者或防御者都必须发展并重视科学技术，所以在某种程度上说，"战争存在"有利于科学技术的进步，如第二次世界大战或"冷战"期间科学技术快速发展。由于科学技术，优先用于军事，所以经济建设未必由于科学技术的研发而带来效益。虽然"战争存在"为科学技术研发提供动力，但是，战争越来越有毁灭性："第一次世界大战中，共有840万军事人员和130万贫民死亡。第二次世界大战中，死亡的军事人员和贫民分别增加到1690万和3430万人。如果有第三次世界大战的话，伤亡人员肯定还会有更加惊人的增加。由来自30个国家的科学家组成的国际科学联盟理事会于1985年9月报告称，核武器攻击造成的冲击波和辐射效应会直接夺走几亿人的生命，但是全世界50亿人中，有10亿到40亿人将死于饥荒。这种饥荒起因于'核冬天'；在'核冬天'，核爆炸产生的黑色蘑菇云形成的巨大云层会遮盖地球，使全球的作物得不到热量和阳光"。[①] 因此，由于"战争存在"促进科学技术发展，不是人类生命个体追求生命最优的本质体现。但是，我们必须清醒地认识到：科学技术不是导致战争的因素，除被应用于战争之外，还可以抑制战争：一是震慑；二是提供优质需求；三是实现非战争掠夺或占有。

综上讨论，农业阶段社会的科学技术，更多是人类生命个体在生活、生产实践中，依据现有的自然资源及其在现实应用中获得对其认知的功能，加以实践应用，以此改善生命个体追求生命最优。这一时期的科学，对工具功能及其与其他工具之间的关系的认知及技术技能，是这一阶段科学本质的主要特征。

---

① ［美］斯塔夫里阿诺斯. 全球通史·从史前史到21世纪. 吴象婴，梁赤民，董书慧，王昶译. 北京：北京大学出版社，2006：44.

第五节　科　学(二)

(要点)正是科学技术的快速发展，给人类生命个体追求生命最优带来实实在在的好处，因此，技术人员不像在古典时代和中世纪时代受到鄙视，反而使人们对科学技术更加尊重。

科学与技术是人类生命个体除追求精神最优之外的、最有效的追求物质最优的载体。科学与技术，正像人类思想与行动一样——有了思想，行动就有了方向；有了行动，思想才能更深刻。

工业社会阶段。农业革命使人类生命个体进入农业社会时期，结束了一般采集食物者居无定所的生活，使村庄成为人类最基本的经济文化单位。之后的农业生产活动，没能给人类生命个体追求生命最优带来更大的变化。而工业革命，一开始就影响了科学革命，而后获得了科学革命的持续影响，使人类生命个体追求生命最优成为可能。

"人类的物质文化在过去 200 年中所发生的变化远甚于前 5000 年。18 世纪时，人类的生活方式实际上与古代的埃及人和美索不达米亚人的生活方式相同。人类仍在用同样的材料建造房屋，用同样的牲畜驮运人和物，用同样的帆和桨驱动船，同样的纺织材料缝制衣服，用同样的蜡烛和火炬照明。然而今天，金属和塑料补充了石块和木头；铁路、汽车和飞机取代了牛、马和驴；蒸汽机、柴油机和原子动力代替风和人力驱动船只；大量合成纤维织物与传统的棉布、毛纺品和亚麻织物竞争；电取代了蜡烛，并已成为只需按一下开关便可做许多事的动力之源。"①

文艺复兴运动，在欧洲掀起了一场复兴古希腊文化和艺术的科学及思想解放运动，可以说是极其深刻的思想革命，造就了欧洲文学艺术的繁荣，宣告了近现代自然科学的诞生。以苏格拉底为代表的希腊经典治学方法，结合新的文化思潮，以及亚里士多德逻辑学的演绎方法的运用使得古典自然科学——物理科学，空前繁荣：哥白尼创立了的"日心说"否定了中世纪教会支持的"地心说"，使科学从神学束缚中解放出来；开普勒发现了天体运动的三大定律，使天文学变成一门精密科学；伽利略的数学实验方法发现了自由落体运动定律和惯性定律，奠定了近代物理学基础；牛顿以数学分析为工具，发现了万有引力定律，建立了理性的经典力学体系，实现了自然科学的第一次大综合；哈维创立了人体血液循环学说；维萨里发现男人与女人肋骨一样多，建立了人体解剖学，否定了上帝用男人肋骨创造女人的神学说法……

弗兰西斯·培根结束了以神学为依归的经院哲学，提出新的研究方法——科学归纳法，建立了科学归纳法的逻辑学体系。由于文艺复兴运动，人身和思想得到解放，手工业者地位提高，实验工作受到应有的重视：伽利略开创了近代数学实验物理学，制造出以空气为测温物质的第一根温度计，研制出世界第一架天文望远镜，做出了一系列重大发现；牛顿通过光学实验，建立了光学理论；美国独立战争领袖、物理学家本杰明·富兰克林发明避雷针，提出正负电的概念；英国物理学家卡文迪许（1731—1810年）用扭秤实验测定万有引力常数 G；法国物理学家库仑（1736—1806年）用扭秤测定了电荷之间的相互作用，证明了库仑定律；丹麦物理学家奥斯特

---

① ［美］斯塔夫里阿诺斯. 全球通史·从史前史到 21 世纪. 吴象婴，梁赤民，董书慧，王昶译. 北京：北京大学出版社，2006：479.

(1777—1851 年)发现电流的磁效应；法国物理学家安培（1775—1836 年)提出了安培定律，奠定了电动力学的基础；英国物理学家法拉第(1791—1867 年)发现电磁感应现象，建立"场""力线"概念，建立电磁感应定律；德国物理学家赫兹(1857—1894 年)在放电实验中证实了电磁波的存在；英国物理学家焦耳(1818—1889 年)测定电流热效应，得出焦耳定律；德国斯塔尔(1660—1734 年)在原子论基础上，建立了他的燃素学说；法国化学家拉瓦锡(1743—1794 年)用实验证明水不能变土，发现燃烧之后的灰烬比以前重，发现"最易于呼吸的空气"——氧的存在，于 1873 年正式以氧化理论取代燃素学说，1787 年出版《化学命名法》，用实验逐一确认了已知的各种元素，提出物质守恒定律，创造化学反应式，将化学永远建立在定量研究的基础之上；荷兰科学家列文虎克磨制了高质量的单片显微镜，为微生物存在提供了证据，奠定了微生物形态学的基础；对大量生物的整理分类，达尔文完成了生物进化论……

笛卡尔认为培根的方法本末倒置了，他否认培根通过实验核对和比较观察的方法获得自然"形式"的可能性，主张以欧氏几何为范本建立理性的数学性质的演绎方法，深信数学就是一个设计机械自然的灵巧精灵。以此推出：真空不可能存在；超距作用不存在；宇宙动量守恒原理等。

惠更斯说："培根不了解科学方法中数学所起的作用，而笛卡尔则忽视试验的作用。"[①]海德尔说："现代科学根据数学筹划才成为实验科学。"[②]直到 19 世纪，古典科学与培根科学才实现综合统一，即培根科学的数学化，古典科学的实验化。至此，基本完成了

---

① 斯蒂芬·F.梅森.自然科学史,上海：上海译文出版社,1980：131—156.

② 海德格尔.物的追问.孙周兴译.上海：上海三联书店,1996：871.

现代科学研究方法的确立。从此，自然科学的主要学科，热学和分子物理学、化学、生物学、电磁学先后在各自领域开创了一个新时代。

人类进入 20 世纪，随着 X 射线、放射性和电子的发现，相对论和量子论的建立，粒子物理学中的夸克模型、宇宙学中的大爆炸模型、分子生物学中的 DNA 双螺旋模型和地质学中的板块模型的提出，标志着人类自然科学的研究不仅考察宏观、低速，而且也考察微观、高速，以此带来新发现、新发明层出不穷，新学科应运而生。

与此同时，或更准确地说，工业革命先于科学革命。18 世纪后期，欧洲各国商业得到突飞猛进的发展，可以说实现了商业革命。在商业革命的带动下，资本主义无疑在追求利润最大化——降低成本。然而，降低成本最有效的措施是改善组织管理形式，提高生产技术。因此，18 世纪欧洲的晚期，开启了制度变革和技术进步的第一次工业革命。1733 年，英国织布工人约翰·凯伊发明了"飞梭"；1738 年，惠特发明了滚轮式纺纱机；1764 年，织工哈格里沃斯把单锭纺车改造成了多锭纺车，实现了引纱和捻纱机械操作；1768 年，R. 阿克赖特发明水力带动的滚筒纺织机；1779 年，克隆普顿制造出了"骡机"有 300～400 个纱锭；1785 年，卡特赖特发明了自动织布机。18 世纪末，英国纺织工业基本上机器代替了手工操作。同时，也同步促进了净棉、梳棉、漂白、印染、起重、运输等相关机械装置的原料及其加工技术。技术创新，反过来促进力学、机械工艺学、化学等方面的理论研究。

蒸汽机的发明、制造和改进，为发端于 18 世纪的第一次工业革命注入了动力来源。瓦特于 1782 年研制成功具有连杆、飞轮和离心调速器的双向蒸汽机，可以把直线运动变为连续而均匀的圆周运动，经过传动装置带动一切机器运转，给整个工业和交通运输业提供通用的动力机。从此，纺织工业、采矿工业、冶金工业、运输交通等实现了快速发展。正是科学技术的快速发展，给人类生命个体追求生命最优带来实实在在的好处，因此，技术人员不像在古典时代和中世纪时代受到鄙视，反而使人们对科学技术更加尊重。这样的环境与文化氛围，使技术人员与学者之间的鸿沟被缩小。

所以，19 世纪之后，技术与科学理论的结合，使 19 世纪的世界发生了天翻地覆的变化，先后开启了一系列重大科技发明：美国工程师富尔顿（1765—1815 年）成功地制造出蒸汽动力的"克莱蒙特号"新汽船，1814 年，为美国海军建造了第一艘蒸汽军舰，开创了海上战争的新时代；英国工程师斯蒂芬孙（1781—1848 年）于 1825 年和 1830 年，成功修建了两条铁路，以蒸汽机为动力使火车实用化；德国发明家戴姆莱 1883 年成功研制了第一台以汽油为燃料的内燃机，1892 年狄塞尔造出一台以柴油作燃料自动点火内燃机；直至 1892 年美国人福特成立了自己的汽车公司，开创了汽车工业时代，20 世纪实现了飞机航空运输时代……

发端于 19 世纪的第二次技术革命：电动机与发电机。发电站与远距离输电，电灯、电影、电报、电话，无线电通信等，使 20 世纪人类生命个体进入了新世界——人类生命个体的生活、工作与学习进入了电气化时代。在此基础上，科学技术又突飞猛进：飞行，梦想成真；人类飞向太空，探寻宇宙；原子能、核能的利用；电子管、晶体管和集成电路的演进；电子计算机与信息时代的到来；互联网的诞生构建了新的大众传媒载体；生物工程取得了阶段性成果，正在受到世界各国的高度重视……

发端于 20 世纪的第三次技术革命，正像第一次、第二次技术革命一样，在 21 世纪产生轰轰烈烈的影响。2001 年 12 月，美国商务部、国家科学基金会和国家科技委员会纳米科学工程与技术分委会在华盛顿联合发起了一次由科学家、政府官员等各界顶级人物参加的圆桌会议，会议首次提出了"NBIC会聚技术"的概念。即纳米科学与技术、生物技术（包括生物制药及基因工程）、信息技术（包括先进计算与通信）、认知科学（包括认知神经科学）。这4个领域的技术当前都在迅速发展，每一个领域都潜力巨大，其中任何技术的两两或交叉融合、会聚或者集成，都将产生难以估量的影响。会聚技术给我们描绘了这样一个前景：基于会聚技术的认识和应用，人类大脑的潜力将被激发出来，人的悟性、效率、创造性及准确性将大大提高，人体及感官对外界的突然变化，如事故、疾病等的感知能力变得敏感，人类将可以以原子或分子为起点来诊断和修复自身与世界，老龄人群普遍改善体能与认知上的衰退，人与人之间产生包括脑与脑交流在内的高效通信手段，社会群体有效地改善合作效能，社会大幅度减少资源与能源的消耗，降低对生态环境的破坏与污染。总之，人类将在纳米的物质层重新认识和改造世界以及人类自身。

美国《提升人类技能的会聚技术》的报告针对上述四大领域的互补关系有这样的描述，"如果认知科学家能够想到它，纳米科学家就能够制造它，生物科学家就能够使用它，信息科学家就能够监视和控制它。"报告还指出，NBIC有关领域的重大突破将在今后10～20年内实现，如果决策和投资方向正确，那么上述这些远景大多会在未来20年内得以实现。沿着这样的道路走下去，科学的发展将会进入一个分水岭，科学从泾渭分明的专业化分工走向整合，迈向科学统一与技术会聚，也许将激发新的"科技复兴"，体现一个基于转型工具、复杂系统数学和对物质世界从微小的纳米到星球级的统一的全面的技术观，而人类也有望进入一个创新与繁荣的时代，进入人类社会进化的一个转折点。NBIC 给我们带来了新的科技发展观，一种大一统、大科学、以人为本的整体发展观。这种发展观将以学科的融合为基础，通过技术会聚，以人类和社会可持续发展为目的，实现人类自身和社会的进步。

享有"硅谷动力之都"美誉的圣何塞作为世界上最成功的技术区域，一直是技术创新的弄潮儿。圣何塞报告以"创新浪潮可能再次席卷全球"为口号，提出了一些可能的技术发展方向：一是信息与生物技术会聚，生物技术领域取得的重大进步可与信息技术产生交叉效应，创造出个性化药品、生物信息学、生物材料、生物芯片以及以生物为基础的电脑等创新产品；二是纳米技术的商业化可为一大批行业带来革命性转变，如计算机和芯片制造业；三是正如 20 世纪 90 年代兴起的计算机制图、计算机辅助设计、计算机游戏、新媒体、电子出版等曾为人们带来全新的文化体验，信息技术和艺术设计与媒体创意等会聚，又将带来新一轮创新风潮。

目前，第三次技术革命已经取得丰硕成果：生命科学——人类基因组计划的完成，克隆技术的发展，对人类大脑认知功能新进展，解析人源葡萄糖转运蛋白三维结构等；空间探测——火星探测，月球的重新探测，土星、木星、彗星和火星的探测等；纳米技术——2010 年，仅次于芯片制造的第二大产业等；生物技术——种植转基因作物，GPS"智能种地"等；能源、材料技术——太阳能发电技术的扩展，如薄膜发电、未来的原子能、世界电力网的形成，微电子技术、超导材料、贮能材料、生物材料证明了宏观尺度超润滑的存在，证实石墨烯的单独存在等；环境科学——修复和改善环境的生物，臭氧层的修复，控制自然灾害，维持生物多样性等；计算机和信息技术——超级计算机，拟态计算机研制成功，大数据与云平台的应用，空间影像技术，智能机器人，3D 打印技术推广应用，"互联网＋"等；空间技术——宇宙城市的实现，微重力实验等；交通、旅行和医疗革新——高速铁路，交通工具的新能源，深海探测及旅行，大脑机能的破译及医疗革新等；科学上的重大发现——发现新粒子、"上帝粒子"存在及爱因斯坦引力理论最后预测被证实、量子反常霍尔效应的发现、"孪生素数猜想"的弱化形式得到证明、暗物质探测有了新进展等。

历史已经证明：科学与技术是人类生命个体除追求精神最优之外的、最有效的追求物质最优的载体。科学与技术，正像人类思想与行动一样——有了思想，行动就有了方向；有了行动，思想才能更深刻。因此，人类应该铭记科学与技术！

所以，工业社会阶段的科学，也无形地带来人类社会管理的进步，也就是说，这一阶段的社会管理更趋近于人类生命个体的本性。因为，工业社会的科学发展，人类生命个体的综合素质也得到了提升，无论是资本主义社会的公民社会管理体系，还是中国特色社会主义社区的共商共治，都体现了生命个体的素质及其对生命个体的尊重。与此相适应，人类的精神生活更多享受了工业社会带来的成果，不再完全依赖于自然界的恩惠和恩赐，而与自然界提供的物质与精神相辅相成，相得益彰。人类向着追求生命最优又前进了一步！

第七章　学校教育

前面给定了理想教育文化中的学校文化集合，这一章仍然以历史的、思辨的、实证的方式加以讨论。但是，在讨论前有必要澄清一组关系，否则容易混淆。在第一篇的第三章第二节专门讨论了"需要教育关注的要素及其考量"，那么需要关注的实践、问题、方法、工具、技术、表述等"六要素"与学校文化集合"四元素"是怎样的关系呢？其实，"六要素"用意是让教师在组织设计教学过程中不要忘记这六个方面的内容，至少这六个方面基本上呈现了人类形成现实经验关系的过程，即知识的形成过程。这样，人类生命个体就清晰了学习内容的来龙去脉，而不是最佳公民个体依据个人的好恶强加的。不仅历史如此，未来也如此。所以，"六要素"在学校教育过程中，更突显教育内容的地位。当然，具体的教学内容，则需要教师根据国家的规定，结合学校、教师自身及学生实际，做具体安排。因此，"六要素"侧重于教师更多关注学生的认识论。

然而，"四元素"作为一组合概念，除学校实施的各项教育体现"四元素"要求外，在课堂教学更多强调教师关注"四元素"教学方法，以此实现对未成年或成年人类生命个体"六要素"的教育。由此可见，学校文化集合突出的是方法论。

以同一个词"实践"为例，看其在不同组合中的作用。"六要素"中的"实践"，突出了实践的过程，在过程中感受内容，即从实实在在的生活、工作、学习中，积累感性认识，从中发现问题、解决问题，总结规律，上升为理论。所以就其本质来讲，同为一词"实践"，"六要素"中的"实践"，侧重于人类生命个体在实践中的认识感受，即突出了"认识论"倾向。而"四元素"中的"实践"，在集合组合概念中，突出了以"实践"获取或丰富"现实经验"的方法。这个"实践"概念具有弗兰西斯·培根——科学实验的含义，强化了"方法论"的倾向。因此，在学校教育范畴，学校文化集合，在方法论上更具有广泛的意义。

需要进一步强调的是，学校组织中的成年人，来源于理想教育文化背景下的社会范畴中的最佳公民，因此，学校范畴内的教育工作者，一定是"最佳公民"按照学校范畴理想教育文化集合｛扰启 内省 质疑 实践｝对未成年人或成年人实施理想的教育。从此，确保未成年人类生命个体始终在最佳公民环境下生长，直至成长为最佳公民，最终进入社会组织，即社会组织一定由最佳公民组成。

第一节 扰 启

(要点)"扰启"规定了谁"扰"、"扰"谁、谁"启"、"启"谁。教育者的职责就是负责"扰"、负责"启"。而受教育者在"扰动""启发"之下，进行"有味道"的咀嚼，吸收营养价值，而不是教育者填鸭式的满堂灌教育。

"扰启"教育旨在唤起社会及教育界，实施一场教育思想上的革命，而不只是发生在教育内部的"工匠式"的教育改革，真正解放捆绑在受教育者身上的枷锁，恢复教育应有的本质。

"扰启"是我们创立的一个新概念，所以有必要对"扰启"做一说明。选择使用"扰"有三种考虑。一是"撩拨"之意，通过"撩拨"使之为动，若为琴弦可发美妙之音，若为心仪之物，即可为朦胧之动，微微揭开第一层薄薄的面纱，使其展现迷人的魅力，引诱猎奇者的追踪探险。二是"干扰""扰乱"之意，通过"干扰""扰乱"，使其主体思考更深刻、更全面、更准确、更清晰，使其真正成为自己的而非他人的，是确定了的而非模糊的，是系统的而非局部的。三是明确了职责程度，只能允许"扰"而不允许直接或开门见山地给出结果或结论，即便是"愤""悱"之时，亦不直接开"启"，代而"发"之。组合"扰启"，旨在"扰"的作用下，实现其"开启"的结果。因此，"扰启"明确了职责，指明了方法，确定了目标。

举例说明：一场雨，将田地里的禾苗淹没。当积水渗入地下或排出之后，禾苗叶片将沾满些许泥土，生长的歪斜而不周正。如不尽早去掉禾苗泥土将其扶正，禾苗生长就受到影响。如果我们用手轻轻地把泥土"抖掉"，扰动禾苗发现其根侧的虚弱处并将禾苗培正，那么禾苗将抖起精神，在阳光、水分和肥料的滋养下，得到端正而快速生长。使禾苗叶片泥土"抖掉""扰动""培正"的过程，就是对禾苗"扰启"全过程。

其实，对人类生命个体的教育，特别是学校教育更多是在主动地"扰启"而不是等待着"启"，等待着"发"。"不愤不启，不悱不发"，对近现代学校的班级教育来说，我们更需要与时俱进，使生命个体在"扰"的作用下，实现生命个体的思维与认知、道德与精神，得到"开启"，得到震撼，达到生命个体更好的"内省"。

下面，简略审视人类生命个体不同阶段教育的发生及教育的内容，分析"扰启"的必要性。按照前面的划分，人类初始教育，即师徒陪带式的动作指令教育。就其内容讲，主要突出人类社会生活、生产实践的经验、实际动作或技术应用。学习任务量上也是很少的，学习的载体就是单一的"师傅"具体操作过程的时空，学习的方式就是"观察"与"模仿"，学习者的"实践应用"就是学习者的理解与掌握。这种最初的学习，"师傅""徒弟"与传授的知识——"经验、动作、技术"等实际对象必须借助"同一时空"的载体才能完成。离开"师傅""徒弟"与传授"经验、动作、技术"的对象所建构的"同一时空"时，即缺少任何一个要素，教育也不可能发生。

人类第一类教育方式，即称为人类教育第一次革命之后的教育。这一时期教育，最典型的事件是人类口头语言工具的引入。在实在的任何时空中，只要教育者和受教育者的存在，人类便可以依据口头语言工具，将贮存在人类大脑中的现实经验关系进行传承，即实施教育。因此，相比人类最初的教育，它扩大了人类实施教育的场所，提高了教育的效率。这一时期的教育时空，假定存在一对教育者与被教育者，那么，这一教育组合体的教育时空毫无疑义是被扩大了。但是，决定这一教育时空存在的关键是教育者，因为只要教育者存在，理论上调换任何受教育者，即使受教育者也具有教育者的资格，教育时空也成立，只不过教育的单一性转化为双向性，即教育研讨或论坛等性质。所以，第一类教育的关键是教育者的存在，教育者是实施教育的载体。因此，若要持续受到教育必须有持续的教师。人类古老的传说，为人类培养了众多的"教师"，使古老传说得以传承。

文字出现后，使教育发生了第二次革命。文字成了语言之后的又一载体。语言与文字，使教育时空进一步放大，使受制于教育者的教育，只要有文字的信息载体存在，具有文字认知基础的受教育者，就可实现自我教育。因此，文字的信息载体又成了教育发生的关键。在造纸术发明之前，可供教育的资料是很少的，"苏美尔人使用泥板，迦勒底人使用砖刻，巴比伦人使用石刻，古罗马人使用铜板，古埃及人使用纸草，古印度人使用贝多叶，柏加曼人使用羊皮，中国殷商时期使用龟甲、兽骨、金石，战国秦汉时期使用竹、木、缣帛等"①。即使到了造纸术发明之后，即有了便于书写、存

---

① 朱哲. 中国文化讲义. 武汉：武汉理工大学出版社，2006：137－138.

放的纸张后，由于印刷术还没有出现，只能依靠人工抄写，因此，每一部作品都是独一无二的，抄写员成了一门职业，甚至比作家赚钱还要多。所以，可供教育的资料依然较少，教育垄断没有得到实质性解决。

所以，知识、教育在中国发明造纸、印刷术之前，始终处于绝对地被权力阶层、经济富裕阶层、宗教所垄断。这一时期的教育，甚至到中世纪及其以后一段时期出现的学校，由于经济、商业的不够发达，知识与教育始终遮盖着被垄断的面纱。"当时的教育方法，甚至在最高层次的教学过程中，主要就是记忆……即使在大学里，学生也都买不起书籍，所以必须记忆教师在课堂上演讲的内容。这种现象一直延续到文艺复兴时期，延续到大规模的印刷术成为可能的时期。"①

由于近现代工业、信息化、网络及大数据的快速发展，基本的学习资料是开放的，特别是 WiFi 的广泛存在，人类生命个体随时随地可以获取学习需要的资料及在虚拟空间获得帮助，个体化、全时空的学习已经成为人类学习的可能。因此，现代化社会学校的教育必须进行变革，而这种变革不仅发生在教学的技术层面，而且更应该发生在教育哲学层面，亦即我们当前教育的改革不仅仅是工匠式的改革，更应该是教育思想上的革命。

历史上的教育，"记忆"始终占据着重要的位置，当然，现在的教育"记忆"也是不可或缺的，甚至依然很重要。但是，对比历史上教育的"记忆"，是否应该做一次重新评估呢？从人类现实经验关系记忆的累积——知识容量看，人类获取的知识呈几何级数递增状态，因此，人类生命个体有无必要记下更多的知识呢？或者说，有

---

① ［美］霍华德·加德纳. 智能的结构. 沈致隆译. 杭州：浙江人民出版社，2013：397.

无必要把更多的精力用在"背记"现有的现实经验关系——知识上？何况这些所谓的知识，还要随着人类生命个体建立新的现实经验关系而需要不断地进行修订与完善。如果没有必要"背记"，那么我国中小学校的"日清""周清""月考"还有必要吗？高等教育"笔记拍拍族"队伍还会壮大吗？从教育资料的丰富性、检索时空的便捷性来看，现代教育需要受教育者"背记"的功能性明显弱化。随之而来的需求对教育者提出了以理解接受新事物能力、信息筛选表达能力、问题提炼研究与解决能力、人际关系合作与协调能力（网络化时代更需加强）、统筹与规划能力等为核心的能力建设要求。所以，教育者教育思想的革命应当着眼于：一是教育者的职责；二是受教育者核心内涵的获得。由此，"扰启"教育的核心内涵便得到了历史的界定。

也就是说，"扰启"本身已经规定了谁"扰"、"扰"谁、谁"启"、"启"谁。因此，教育者的职责就是负责"扰"、负责"启"。而受教育者在"扰动""启发"之下，进行"有味道"的咀嚼，建构自己的"味觉"经验关系，吸收营养价值，而不是教育者自己"咀嚼"之后的夸夸其谈、填鸭式的满堂灌教育。但是，如果没有教育者的"扰动"与"启发"，受教育者就难以找到把一个煮熟了的鸡蛋竖立起来的办法。一句"不破不立"，一秒中的思维扰动，便可节约受教育者大量的探索时间，顺利地解决"竖立起熟鸡蛋"的问题。因此，教育者的"扰启"避免了受教育者完全重复前人探索途径，节约了时间，提高了理解、掌握现实经验关系的效率。但是"扰启"的"度"及其方法策略是教育者教育智慧的表现。

所以，教育者的"扰启"可以着眼于以下几个方面。（1）概念建立，如小学自然数、零等；中学物理速度、加速度等；化学分子、原子等；生物单子叶植物、细胞等。（2）知识理解，如小学加、减、乘、除等运算规律；中学物理浮力、欧姆定律等；化学反应方程式，溶解度计算等。（3）思维，如小学一年级甚至更小至高中甚至到大学，从具体思维、形象思维、抽象逻辑思维、批判性思维的建立。（4）方法，这是教育者重点"扰启"的项目。如前面我们建议的教育者特别关注的"表述"等六要素，从小学一年级到十二年级的高中，甚至到大学，也不管是文科、理科还是艺术、体育等，"表述"等六要素的方法都应该是教育者"扰启"的教育智慧的体现。（5）网络的应用，如内容检索，信息思维、网络作业等。（6）阅读资料的推荐与建议，从小学一年级开始，教育者要坚持为被教育者推荐阅读资料，当然，推荐的阅读资料必须建立在教育者精读的基础之上，而不是泛读或是道听途说的推荐。

为什么说"扰启"教育本身是一场教育上的思想革命呢？一是因为"扰启"教育首先确立了教育者和被教育者的位置，即被教育者是教育的核心。教育者围绕着或依据被教育者现实状况或需求，给予或方法，或概念，或知识，或技术，或工具，或资料等的扰动与启发，而不是教育者处于核心地位。在课堂上，被教育者是主角，教育者始终处于配角的地位，因此，课堂教学教育者的满堂灌，实验操作的教育者表演，学生形式化的分组讨论，以及当前众多高效课堂为知识记忆设计的结构，都不符合我们"扰启"教育思想。即使是顺应网络时代应运而生的课型，如"微课""慕课""翻转课堂"等，如果简单地将其在课堂上重播，那也是传统"满堂灌"在信息化时代的翻版。"微课""慕课""翻转课堂"等，是教育工作者为受教育者推荐学习资料的重要形式之一，它决不能代替教育者在课堂上应该履行的职责，更不能本末倒置。

二是追求教育的重点内容不同。"扰启"教育的重点，更多关注解决问题。因此，问题的提炼，方法的选择，工具的设计，技术的运用等课堂教学关注的六个要素是"扰启"教育的重点内容。因为，教育目的是人类生命个体追求幸福生活或追求生命最优，然而，由于人类生命个体每天将面对生存、生活、学习和工作这样和那样的问题，能否正确对待"问题"、解决问题是生命个体能否幸福生活的关键所在。所以，教育的根本任务是要教会人类分析问题、解决问题的能力与方法；同时，获取历史上人类生命个体分析问题、说明问题、解决问题的成功经验与教训，获取理论或知识。不是仅仅以教会历史上人类生命个体获取的分析问题、说明问题、解决问题的成功经验，即形成的理论或知识的结论为主体。扰启教育的这一宗旨，与当前人们追求的知识教育是截然相反的。

三是课堂教学设计的教育思想及其结构不同。"扰启"教育围绕着"问题"的解决，教育者设计、组织对受教育者的"扰启"，以寻求解决问题的方法、工具与技术。譬如，小学数学潜在的"0"概念的教学。让小学生把一个苹果分给一个人；把两个苹果分给两个人；把三个苹果分给三个人……"扰启"学生不管给你多少苹果，只要你把苹果都分给他人，自己总是一个苹果也没有。如果要每个人都标记自己的苹果数，你打算怎么来标记呢？用什么样的符号表示呢？以此，让受教育者建立"0"的概念及其标记方法。再譬如，让小学高年级的学生，测量某物体长度，"扰启"学生猜想测量工具起始位置应标记什么符号呢？是"0"还是"1"？在这样的教育思想指导下，课堂结构，教育者可以像孔子的杏坛讲学，也可以类似于今天以小组为单位的实践合作学习；可以小组交流教育者推荐的必读书目或文章，自己或合作推演、验证、表述性的学习实践，也可以充分利用网络资源内省自己的理解与认识。高等教育或成年人教育，也可以以系统观点讲授、报告、论坛、研讨会、沙龙等，总之形式可以多种多样……课堂教育结构的选择，教育者要因受教育者人数、教学组织条件、空间环境、教育者的爱好特长等来确定，以追求教育的最好效果。

四是唤起受教育者学习的动力源不同。"扰启"教育，使受教育者处在需要解决"问题"之中，围绕问题的解决寻求其方法。因此，学习的动力来源于解决现实问题的需要。而知识教育，学习的动力源是为了掌握更多的知识，用于解决今后遇到的问题，是纯预备的需求，而不是当前的急迫需要。因此，两种教育的结果导致受教育者面对现实生存、生活、学习及今后工作中遇到问题的态度明显不同。"扰启"教育的结果是使人类生命个体积极面对问题，努力寻找解决问题的方法、工具等；"知识教育"的结果是人类生命个体面对问题，首先筛选自己是否具有解决此问题的知识、方法与能力储备，如果具备就尝试解决，否则，谴责或反思自己没有做好解决这些问题的知识准备，有"少壮不努力，老大徒伤悲"的感慨。两相比较，"扰启"教育思想是积极面对发展变化的生存、生活、工作、学习的社会，以获得并形成解决问题的能力挑战问题与困难，有助于人类生命个体在社会生存中追求幸福生活，更有利于创造性人才的培养。而"知识教育"培养的人才，以"守株待兔"的思维，获取广博的知识及其辅助形成的能力，等待未来问题的出现。

五是强化与选拔的方式不同。"扰启"教育思想，强化问题的提炼，探寻解决问题的方法，选取使用的工具，熟练自己的操作技术等。因此，教育者给受教育者留取的作业应该是现实生活中存在的困难、问题、现象等，由学生选取方法、确定工具给予完成，主旨思想是开放的作业，而不是简单"背记"的作业。由于最基本的、或最基础的一般知识，是使用率高的知识，在解决问题的过程中也会得到强化的记忆，而不必要专门"背记"式的训练。所以，对受教育者的学习效果评价，不是以"背记"知识的多少为标准，而是以解决问题的整个过程对问题本质的把握、方法的选择、工具（包括理论知识）的确定、技术（包括理论知识技能）体现等科学性与有效性为标准作评价。因此我国的考试选拔，除必备的知识外，也应该突出结合生活实际，围绕解决问题而设计选拔题目，以强化受教育者"解决问题"的能力与意识。

总之，"扰启"教育旨在唤起社会及教育界，实施一场教育思想上的革命，而不只是发生在教育内部的"工匠式"的教育改革，真正解放捆绑在受教育者身上的枷锁，恢复教育应有的本质。让每个人类生命个体从生命诞生时刻起就生长在追求幸福生活的环境中。

第二节 内 省

> （要点）最有效的教育形式就是受教育者的"内省"。只有受教育者"内省"参与的教育，教育才能够真正地发生。

教育工作者要提高教育教学效率，研究、把握好受教育者的"内省"是关键。

教育者必须牢固树立"内省"的意识。让教育者的"扰启"，真正为了受教育者的"内省"；让受教育者的"内省"，真正把人类现实经验关系记忆的累积实现转化与传承。

"内省"是一个固有的概念，从古代到近代，在不同学科都有所应用。但是，在此处将"内省"界定为：人类生命个体以第一结构系统各要素与第二结构系统要素建立关系态的过程中，以生命个体的灵性理解建构第二结构系统要素的形式及其所孕育的本质属性。生命个体在此基础上，产生对第二结构系统要素形式及其本质的情感，进而形成生命个体的意志，形成生命个体现实经验关系及其追求意向的完整刻记。至此，人类生命个体就完成了"内省"。

譬如，对经典力学牛顿第二定律 $F=ma$，生命个体在原有现实经验关系记忆的基础上，形成了对力、质量、加速度、等号的形式及其本质的理解。在此基础上，从认识接纳的角度对四个单项也产生了情感上的认同，对四个单项建立的概念内涵坚信不疑，但是，力 F 与质量 m 和加速度 a 乘积以等号的形式相连，即 $F=ma$ 是新的形式。如果人类生命个体对 $F=ma$ 新的形式及其本质没有理解，那么这个形式及其本质对生命个体来讲没有任何意义。即使依靠现实经验关系记忆，生命个体对形式 $F=ma$ 有数学关系的理解，力等于质量和加速度的乘积，但是对 $F=ma$ 所蕴含的本质属性也是不可能理解的。生命个体既不可能对 $F=ma$ 建立情感，更不可能对其形成坚定不移的信任。生命个体只是感知了 $F=ma$ 的形式，而没有通过生命个体的"内省"，给予本质的理解，从而建立情感，形成意志。

其实，"内省"不仅适用于对自然知识的理解，也适用于人类生命个体道德情感等的建立。诸如"诚实""友善""文明""和谐""美好""优雅""宽容""大度"等，这些概念只有通过人类生命个体的"内省"，才可能转化为人类生命个体现实经验关系的记忆，并贮存在第一结构系统之中，为评价第二结构系统要素和自身的践行奠定了基础。

"内省"教育，其实也像"扰启"教育一样，明确了"内省"的主体和"内省"的对象形式与本质内涵。在教育范畴，"扰启"教育有明确的教育者与受教育者指向，而"内省"教育突出了受教育者自身，是受教育者求助于自身，向自身求索，努力使自身第一结构系统要素贮存的现实经验关系记忆活化起来，并积极参与建构、理解"内省"对象的内涵，使其与第二结构系统要素——"内省"对象建立新的关系态，获取新的现实经验关系记忆并统合在第一结构系统要素之中。从属于第二结构系统要素——"内省"对象不管是形式，还是形式所承载的本质属性，只有生命个体与其建立关系态，实现生命个体的"内省"，其"内省"对象的形式及其承载的本质属性对生命个体的认识才具有真实意义。最有效的教育形式就是受教育者的"内省"，受教育者之外的，即第二结构系统要素给予的任何有关教育关系态的建构，都是处于辅助的、从属的地位。所以，没有受教育者"内省"参与的教育，不管教育者多么夸夸其谈、形象生动，或教育内容多么重要、多么关键，其实真正的教育依旧没有发生，更不会取得教育效果。

即使受教育者对第二结构系统某些要素能够贮存在第一结构系统中，即通常讲受教育者的"熟练记忆"，也只是对受教育者第一结构系统注入"某种要素"而"刻记"在受教育者的第一结构系统中，等待着受教育者"内省"之后，背记的"某种要素"教育作用才能发生。背记的"某种要素"，受教育者"内省"了多少，教育就发生了多少；什么时间"内省"，教育就什么时间发生。受教育者背记"某种要素"与教育的发生不一定具有同时性，可能同时发生，也可能滞后发生。因此，构建"内省"教育是教育发生的关键。

那么，"内省"教育是怎样发生的呢？"内省"教育发生的主体是受教育者生命个体本身，离开了受教育者的生命个体本身，不可能发生"内省"教育。因此，讨论"内省"教育的发生，就要讨论生命个体的"内省"动机。生命个体本质属性决定了生命个体首先确保存在，即生命个体为了生存，从生命诞生时刻起，就积极与第二结构系统要素建立关系态，建构、理解形成现实经验关系的记忆，建立情感并形成了生命个体的某种意志倾向，其实质是生命个体为了基本的生存需要而发生的"内省"，对此，称之为基本需求内省。生命个体早期，在历史经验关系记忆基础上，生命个体极强的生命活力，与第二结构系统要素建立关系，获取感性认识。与此同时，积极"内省"，在感性认识的基础上，实现其理性认识，建立情感，形成情感化的意志倾向。当然，生命早期的这种基本需求，更多是为了现实生存需要而建立起来的现实经验关系，此关系的感觉、知觉、表象或意象多于本质的理解把握。诸如，幼儿对母乳等食物的感知；幼儿早期对父母情感的感知：父母的友好与发怒与幼儿情感的反应等；幼儿习惯用嘴啃食物品等；幼儿对周边空间及环境的探索高、矮、深、浅、长、短、胖、瘦等；物品的颜色、形状、硬度、气味、声音等。

其实，"基本需求内省"是贯穿于生命个体的全过程，并随着生命个体生存需要的现实经验关系记忆的增多，呈现减少趋势。但是，生命个体除基本需求"内省"外，还存在因为"好奇"而发生"内省"，我们称之为"好奇内省"。诸如，儿童对物品的拆卸与拼装：积木、插板、玩具汽车、手表等的拆卸与拼装；儿童对成年人生活现象的好奇，引起儿童通过游戏进行模仿；儿童对动、植物的好奇引起儿童长期观察等；儿童对某物品及现象的好奇，进而进行观察、拆卸、拼装等。"好奇内省"，通常也是儿童灵动能力在某方面突出的表现，需要成年人给予保护并加以引导。

生命个体对第二结构系统要素建立了持续的关系态，注入了情感，形成了追求内省对象的意志倾向，称之为"追求内省"。一般地说，"追求内省"是生命个体因为某种执着的追求而产生的特别兴趣，进而自发地形成生命个体对其进行不断探索、研究、比较找到规律或给予的某种解释，以满足生命个体对其进行的理性思考所获得的情感满足。因此，追求内省，往往是生命个体在某一领域或某一方面，能够做出突出贡献的关键。其特点表现为以下三个方面。

一是"内省"动力足。生命个体为实现自己的追求，具有顽强的意志力，不畏惧各种困难，想方设法，千方百计，创造条件并投入足够的精力，给予探究、实践，甚至不惜付出生命代价。诸如为人类做出突出贡献的科学家、社会活动家等。二是"内省"方向明确。生命个体，一旦具有追求内省，就已经明确了追求的方向。如爱因斯坦的相对论理论的建立等。三是"内省"透彻。生命个体"追求内省"，一定是生命个体收集大量的材料，进行全面深入的思考、研究、比较，从感觉、知觉、表象直至理性研究把握事物的本质，如爱因斯坦从狭义相对论到广义相对论的提出等。

综合以上"内省"的发生，可以看出，"基本需求内省""好奇内省""追求内省"等，严格说，其界限有时并不明显。为突出不同"内省"的特质，我们只是人为地进行了划分，但是它们都是生命个体获取现实经验关系不可或缺的"内省"。从教育发生的角度，生命个体不同时期要给予不同的"内省"关注。如果教育者通过"扰启"唤醒受教育者使其从"基本需求内省""好奇内省"发展到"追求内省"，那么教育的发生就进入到自动化阶段。这时，论坛、研讨、报告、沙龙等形式的平等教育显得更为重要。

上面讨论了"内省"教育的主体是受教育者，"内省"发生是教育发生的关键。那么，通过什么载体或途径实现教育发生呢？

1. 实践为载体的"内省"

没有生命个体的实践，或者说，没有生命个体对真实世界，即物质世界关系态的建立，实现其感知，人类的语言、文字、音乐、舞蹈、绘画、体育等任何形式都难以形成对生命个体的教育。奥古斯丁认为，"语言并不能直接传播知识……词语只是针对一种事物的固定说法而已，是一个符号，它并不代表事物本身，跟他所表示的事物也不会完全相同……符号和物质实体之间存在着本质的区别。"奥古斯丁坚持认为，"人不可能通过词汇符号学到任何事物。只有在熟知词汇所表征的物质实体后，人们才能理解词汇的真正意义"①。因此，生命个体只有在实践中感知事物、了解事物。储存词汇、乐曲、动作等作为感知、了解经验关系的表征符号，以实现教育者通过词汇、乐曲、动作等对受教育者进行"扰启"教育，唤起受教育者现实经验关系的记忆储存，实现其"内省"教育。即便如此，但由于感知语言、文字、音乐、舞蹈、绘画等形式与内涵的人类生命个体，其灵动能力的差异，对形式与内涵本质的把握也存在不同，因此，"内省"教育的结果也不同。任何语言、文字、音乐、舞蹈、绘画等，如果没有生命个体实践感知，那么这些符号、声音、动作及图画对人类生命个体都是一种纯粹的形式，而没有本质的区别，也就不可能为人类生命个体带来"内省"教育。譬如，让幼儿背诵唐诗，背诵 1～100 的数等，除幼儿的记忆之外，本质上没有发生教育，因为没有"内省"的存在。

以实践为载体的"内省"，其主体一定是受教育者。但是受教育的主体特别是缺乏或者很少有现实经验关系记忆的主体，如刚出生的婴儿，由于其灵性的存在，将积极与第二结构系统要素建立关系态——"内省"。与此同时，积极生长自身相应的器官——耳，感知声音；眼，观察世界；鼻，嗅其味道；舌，品其滋味；身，实现触觉感知等。生命个体积极实践"内省"过程，必须做好两件事情：一是受教育者的实践感知，任何生命个体不能替代；二是受教育者对实践感知的标记。

对于受教育者的实践感知，我们不必再赘述，因为很清楚。但我们必须强调实践感知，一是可能会给人类生命个体带来实践的

---

① ［爱尔兰］弗兰克·M. 弗拉纳根. 最伟大的教育家·从苏格拉底到杜威. 卢立涛，安传达译. 上海：华东师范大学出版社，2009：59—60.

"顿悟"，实现"内省"的升华；二是实践感知获得的现实经验关系记忆印记深刻，"内省"就透彻。

对于受教育者对实践感知的"标记"，一般地说，来源于两个方面。一是人类生命个体的祖先早已做好了"标记"，当然，同一事物或现象不同语言标记的形式不同，但内涵是相同的。所以，由于人类社会化的存在，生命个体无需对人类祖先已命名并标记了的事物或现象再重新命名标记，只需要生命个体的对应"记忆内省"。二是人类祖先没有命名、标记的事物或现象，就需要生命个体给予命名标记这种情况，一般都是生命个体的发现或发明。"标记"之所以重要，是因为人类生命个体要获取在实践中建立并感知现实经验关系，如果不加以标记命名，这个感知就局限在生命个体自身，不能交流，也不能传播。当然，人类发展史已经证明，语言、文字等的出现，为标记奠定了基础。因此，才有了人类的第二类教育方式。教育家保罗·弗莱雷指出，"一单词不仅仅是一个语言声音或一个视觉符号，而且是一个重要的能力工具：给某个东西命名是控制这一事物的实践的开始。"[1]因此，以实践为载体的"内省""标记"非常重要。

2. 形而上为载体的"内省"

形而上为载体的"内省"，必须建立在生命个体较为丰富的现实经验关系基础上才有可能发生。因此，不管是有声语言的、书面文字的、舞蹈动作的、图形呈现的等任何形式，对生命个体来讲，必须建构"形式"与"本质"一致性。在此基础上，生命个体依据逻辑的推演，或文字的、或数学的、或情节的等实现生命个体的"内省"，使其现实经验关系或更加清晰，或得到进一步扩展，或创建新的经

---

① ［爱尔兰］弗兰克·M. 弗拉纳根. 最伟大的教育家·从苏格拉底到杜威. 卢立涛，安传达译. 上海. 华东师范大学出版社，2009：182.

验关系——发现或者发明。

形而上为载体的"内省",不仅在学校受教育者的群体,而且在社会成年或未成年的各类群体中每时每刻都在发生着。否则人类生命个体之间的信息流即被中断,不仅没有教育,而且也没有交流。所以,形而上为载体的"内省",是普遍存在的,也是非常重要的"内省"形式。譬如,学校课堂教学:学生读书自学、公式证明、观看微课等,都是形而上的"内省"。在成年人社会中,一般公民读书、看报、上网、看电视、看话剧等;而在专家、学者、教授等群体中,阅读专业著作,查找资料,甚至批阅学生论文、论著等都需要形而上的"内省"。

3. 互动载体的"内省"

互动载体"内省"有两种形式。一是互动双方地位平等,通过双方的互动交流实现"内省"。诸如,在学校教育教学中的小组提问、对话、交流、研讨等学习方式;在大学及社会上举办的各种研讨班、论坛、报告会等交流形式,均是双方平等地位的"内省"。二是互动双方地位不平等,即一方处于主导地位,另一方处于被动地位。主动一方既可以是受教育者,即受教育者积极主动向教育者提出问题,进行互动实现的"内省";也可以是教育者,即教育者积极"扰启"受教育者,使其进行互动实现的"内省"。在学校教学中,如果主动一方是受教育者——学生,一般情况下,是学生向教育者寻求问题解答,即教育者答疑的过程;如果主动一方是教育者,要么教育者讲授,要么教育者在"扰启"。讲授型教育者对学生的"内省"教育相对较弱,即为教育家弗莱雷所称的"储存式"教育,教师罹患的是一种"讲述症"——本质上强调自身所处灌输的位置,不关心被灌输者的接纳与吸收。教育者不关心教育是否发生,而在追求教育者自身"讲述"的享受。教育家弗莱雷说:"没有对话,就没有沟通;

没有沟通，就不会有真正的教育。"他是在强调"他只有在陈述的过程中，才能产生更多、更好或者更有价值的想法。"①

当然，"扰启"型教师的"内省"教育要好于"讲述型"教师的"内省"教育。我们不能说"讲述型"教师没有"内省"教育功能，因为只要受教育者听的进"讲述"，这种"讲述"依然具有"扰启"的效果。值得注意的是，"扰启"教育要求教育者尽可能不用抽象的概括或普遍的规则把自身的意志灌输给学生，即教育家布伯所提出的对教师的要求，与学生对话应"避免使用抽象的字符或固定化的公式"。除非受教育者熟知并认可的概括、规则或公式。

综合上面讨论，我们认为，教育工作者若要提高教育教学效率，研究、把握好受教育者的"内省"是关键。因此，教育者必须牢固树立"内省"的意识，让教育者的"扰启"，真正为了受教育者的"内省"；让受教育者的"内省"，真正把人类现实经验关系记忆的累积实现转化与传承。

第三节　质　疑

（要点）"质疑"精神的解放程度，不管在教育系统，还是在社会上，都是一个组织、地区、国家、民族进步、文明或活力程度的重要标志。

传统思维下的学校教育，"质疑"始终处于弱化地位。
互联网时代下的"质疑"意识及思维能力，不仅在学校教育，而

①　李希贵.36 天，我的美国教育之旅.上海：华东师范大学出版社，2013.

且在家庭教育、社会教育上更应该引起足够的重视。

具有"批判性和独立态度"，就要具备"质疑"的意识与思维；能否做到"质疑"的系统、深刻，就要看是否具备较强的逻辑素养。

这一节，我们把"质疑"作为独立概念专门讨论，依然是着眼于受教育者在互联网时代具有的思维意识与思维方法。其实，"质疑"的思维意识或思维方法，为人类发现、发明与创造，以及人类生命个体在追求"真实"的过程中，做出了重要贡献。

文艺复兴时期，人文主义者以"人性"质疑"神性"，用"人权"质疑"神权"。从此，解放了宗教对人类精神世界的控制，建立了以人为中心的人文主义理念，开创了文学、艺术、科技、社会、政治等人类新时代。这一"质疑"，实现了人类发展史上的重大突破，意义非凡！因此，"质疑"思维意识及方法在人类历史上很重要，在现实的互联网时代更加重要！

然而，从人类教育的发生考察，人类教育本身潜藏着对"质疑"思维及方法的压抑与限制。我们知道，人类教育从产生起，不管是初始教育方式，还是第一或第二类教育方式，教育者之所以成为教育者，就是因为教育者占有丰富的现实经验关系——知识，而这些知识能够较好地解释相应的现象，以及较好解决现实生活、工作中遇到的相应问题。而受教育者相比教育者缺少相应的现实经验关系，情感上确认自己的知识、经验的不足，弱化作为个体的社会价值，这样，受教育者在情感上更依赖于教育者，甚至仰仗教育者来确认自己的存在。因此，从现实经验关系资源占有的角度来看，教育者处于绝对优势地位或强势地位，受教育者处于绝对劣势地位或弱势地位。从教育发生角度来说，教育者具有"扰启"的主动权，即教育者可以对受教育者"扰启"，也可以不给予"扰启"；而受教育者处于"内省"的地位，即求诸于受教育者自身，即使需要教育者的

"扰启"也只能求助于教育者，主动权在教育者。所以，教育者与受教育者即使不考虑年龄造成的身体或心理成熟度差异，但仅从"资源"的占有和教育发生的主动地位考察，就存在地位不平等。而地位不平等就造成某种"势"的存在，使受教育者处于潜在的被压迫地位，教育者处于压迫地位。这种压迫的存在，天然地造成了受教育者对教育者"质疑"的弱化。

然而，更由于生命个体本质属性的需求——追求生命最优，教育者一般说也不愿意接受受教育者的"质疑"或深度"质疑"，而让其追求精神最优受阻。因此，尽管大家清醒地知道"质疑"能给人类带来许多好处，但是"质疑"的精神始终处于被抑制、限制或压迫的状态中。"质疑"精神的解放程度，不管在教育系统，还是在社会上，都是一个组织、地区、国家、民族进步、文明或活力程度的重要标志。

由于学校组织天然地存在"质疑"弱化现象，所以教育者就成为了受教育者掌握现实经验关系——知识权威的化身。由于受教育者的依附关系和教育者的知识权威化身，也就天然地形成了学校教育特有的特征群体——教师与学生。于是教育者传授现实经验关系，即传授知识教育成了主要教学任务。"师者，所以传道授业解惑也"成了天经地义的事情。

从初始教育开始，直至第一、第二类教育，教育者与受教育者的位置关系从来也没有动摇过。由此学校的教育教学改革，始终围绕提高学生获取知识的效率进行，很少关注受教育者——学生对知识"质疑"意识的培养。即使学生在教育者的关注下提出了"质疑"，往往也是关于教育者知识理论的理解，而不是"质疑"的意识与思维。

当前，我国信息化背景下的基础教育教学改革依然围绕着传统课堂——知识传授，进行着信息化的翻版，诸如，"同课异构""翻转课堂""微课教学""高效课堂""慕课"等。"教师通过他们的讲述把内容灌输给学生：教师讲，学生听。知识向来被认为是知识渊博的（人）传授给被认为是无知的（人）。教师完成的讲述任务越多，灌输给学生的思想就越全面，教师就越成功。从教师的角度来说，评价学生要按照学生接受灌输和记忆相关材料的能力来进行——这主要是一个记忆的练习。"教育家保罗·弗莱雷对传统知识传授型的教育进行描述并称之为"存储式"教育，"教育成了'一个存储式的动作'。学生们是教师存放学习知识的分期付款的存储所。学生参与的活动范围仅限于顺从地'接受、归档与存放囤积的东西'"①。在高度信息化的今天，我国传统文化中"师道尊严"在众多为师者心目中依然根深蒂固。"质疑"教师的"传道授业解惑"，在一般为师者看来，依然认为有违"师道尊严"。因此，传统思维下的学校教育"质疑"始终处于弱化地位。

其实，互联网背景下的信息化社会，因为学校也处其中，教育者知识权威的化身已发生了动摇。受教育者的现实经验——知识信息的来源已经不受时空的限制，只要受教育者有索取知识的愿望，互联网就可提供丰富的检索渠道。互联网时代的学校教育，本质上如同历史上"造纸""印刷术"发明之后对教育者"知识权威"地位的动摇一样。甚至说，互联网时代对知识权威地位的动摇超过历史上任何一次。因此，学校教育教学的改革不能仅仅围绕知识传授，或打着获取知识能力传授的旗号而局限在课堂 40 分钟的改革，而应该进行适应互联网时代下、包括学校 40 分钟课堂在内的整体改革。

互联网时代，学校围墙被拆除，信息获取也不受时空限制，但

---

① ［爱尔兰］弗兰克·M. 弗拉纳根. 最伟大的教育家·从苏格拉底到杜威. 卢立涛，安传达译. 上海：华东师范大学出版社，2009：177.

是，互联网为人们带来巨量信息、使人们视野更加开阔的同时，也给我们每个生命个体特别是未成年的受教育者的信息检索、辨伪等带来挑战。其中，"质疑"的意识思维能力尤为重要。因为互联网时代下人们的生活方式、交往方式、消费方式、学习方式等都在发生悄然的变化，如果没有或弱化"质疑"意识及思维能力，不仅直接影响自身创新能力，而且也直接影响对生活、学习等遇到问题的判断能力。美国批判性思维运动的开拓者罗伯特·恩尼斯认为，批判性思维教学的目标不应该只限制在教学生在他们的学校课堂上批判性思考，还应该努力教他们在生活的其他方面也会进行批判性思考，如在选举中投票、购买保险、培养孩子，以及怎样跟自己的同事和邻居相处，等等。"批判性思维对于参与和保护一种民主的生活方式，在职业、个人和公民生活中做出明智的决定，都是至关重要的。它是我们教育体系的一个重要目标。从整个人生的视角来看，批判性思维教学的价值无论怎样估量都不为过。"因此，互联网时代下的"质疑"意识及思维能力，不仅在学校教育，而且在家庭教育、社会教育上更应该引起足够的重视。

事实上，从有学校教育开始，就存在着两种学习方式。一是权威性学习，即学习者向知识权威学习。知识权威一般体现在古代圣贤的经典著作或宗教理论中。如我国的科举考试，其内容主要来自我国儒家的经典理论。明清两朝的科举，其形式以八股文取士，且文章只能"代圣立言"，不能有个人的见解，更不能有一丝的质疑。再譬如，基督教徒笃信《圣经》中耶稣基督的权威信条，并且绝不能有所怀疑。正如奥古斯丁所说"只有等你相信了，你才会理解它"，即为典型的权威学习方式。因此，权威的学习方式不可能存在"质疑"的意识与思维。

二是受教者的理性学习。应该说凡是做出重大贡献的学者，都具有理性而不盲从的意识或思维，即在"质疑"意识或思维主导下的审视与判断，建构符合逻辑或事实真相的知识理论体系。基督徒虔诚地信仰基督信条，特别是信仰上帝的存在。他们坚信：宇宙和人类社会呈现的一切现象都是上帝的安排，只要认识了宇宙、自然界和人类社会，就能了解到上帝的"旨意"。所以，与其说西方人信仰基督耶稣，不如说信仰上帝。耶稣是按照上帝旨意来到人间履行职责的。因此，我们说西方不仅存在权威性学习，同时也存在理性的学习。奥古斯丁"笃信《圣经新约》中耶稣基督的权威信条，但他并没有完全放弃对理性的探索，追寻理性在他的知识生涯中一直占据主导地位"。并坚持"权威和理性是人类探索真理的两种相辅相成的途径"。① 所以，在西方的历史上出现文艺复兴运动是有其历史原因的。

对比我国的传统教育文化，理性的学习并没有引起大多数国人的重视。因为我国创造"科举考试"，其内容和形式抑制或限制理性思维，不能以"质疑"的意识或思维审视、考察、判断圣贤理论的正确性。国人长期缺少"质疑"意识关系态的建构，使得生命个体"质疑"意识没有得到强化，甚至几乎没有形成。因此，"顺从"意识强于"质疑"意识，成为我国区别于西方教育文化的鲜明特征。尽管目前我国的教育，已经重视科学课的学习，但理性"质疑"的意识与批判性思维的培养，相比西方国家依然处于弱势地位。2010 年 5 月，耶鲁大学校长莱文在南京举行的第四届中外大学校长论坛上，对中国留学生进行点评时说，"跨学科知识广度和批判性思维是中国学生缺乏的"。2014 年 11 月 5 日《环球时报》以《德国对中国留学生又爱又忧》为题，转载德国《南德意志报》2014 年 11 月 3 日的文章。

―――――――――

① ［爱尔兰］弗兰克·M. 弗拉纳根. 最伟大的教育家·从苏格拉底到杜威. 卢立涛，安传达译. 上海：华东师范大学出版社，2009：57.

"卡尔斯鲁厄理工学院的卡斯滕·皮洛普教授很清楚中国学生的状况。如果这名机器制造专业的系主任8点开始上课，7点45分进入讲座大厅时，中国学生已坐在第一排正中间的位子，而德国学生要到8点才渐渐入座。在他眼里，中国学生很有学习积极性，也很勤奋，但他们的成绩没有更好。

在创造性这点上，尤其在辅导学士或硕士论文时，皮洛普教授注意到中德学生之间的区别：中国学生有很强的学习针对性，文章的结构也不错，但往往需要引导；而德国及其他欧洲国家的学生可能几周都不露面，但他们交出的答案却充满智慧，令人吃惊。

很多德国企业也对中国的留学生表示欢迎。'中国是个新兴市场'，汽车零部件供应商采埃孚发言人托斯滕·费德尔克说，'来自不同文化背景的员工对我们非常重要。来自中国的同事对德国的工程师并不构成威胁。'"

下面附一篇短文：2014年第3期《教师博览·文摘版》宫振胜副教授和卢文丽讲师发表的文章《"孔融让梨"遭遇美国孩子》。

"孔融让梨"遭遇美国孩子

千百年来，孔融让梨一直作为一个道德教育故事而广泛流传，成了许多父母拿来教育子女怎样懂得礼仪谦让的典范。可到了去年这个老故事在一位中国小学生那里却遭遇了一场"孔融让梨我不让"的风波，从那时起我一直想知道美国孩子对这个故事会怎样反应，最近终于在丫丫中文学校的学中文班里有机会得以见识，这些孩子的年龄范围在8～12岁，学中文时间不等，以下是老师讲完孔融让梨故事后的讨论记录。

老师："关于孔融让梨你们怎么看？"

学生："爸爸的朋友为什么要给孔融家带梨？"

老师："作为礼物。"

学生："既然是礼物一定要是好梨子了,为什么还明显的有大有小,不能一般大吗?"

老师:……

学生："既然梨子有大有小,爸爸为什么还要四岁的孔融去分,一旦分不公平怎么办?分出去了的梨子难道再要回来?"

老师:……

学生："为什么要分给每个人吃,不愿吃不吃、谁愿吃谁自己去拿那不行吗?"

老师:"那样或许会不公平。"

学生："但孔融这样分也不一定公平啊,所有的兄弟都得根据孔融的喜好得到梨子,他们的选择机会被剥夺了,分到最大梨的兄弟可能恰巧不喜欢吃梨呢。"

老师:"你说得对,这个故事的确基于每个人都喜欢吃梨的假设前提。"

学生："孔融为什么对哥哥和弟弟实行前后矛盾、绝对相反的标准呢?他难道没有固定的做事原则吗?"

老师:"他是在表现谦让。"

学生："他只能表现自己的谦让,给自己拿一个最小的好了,他为什么不给其他兄弟表现谦让的机会。"

老师:"那你怎么看孔融?"

学生："我不喜欢孔融,他这么做对别人不公平,剥夺了其他兄弟选择和表现的机会。"

学生："我觉得孔融不诚实。"

老师:"为什么?"

学生："这件事情有点自相矛盾,孔融可能是不喜欢吃梨才给自己一个最小的,但不喜欢吃就该直说,讨巧地编出一堆冠冕堂皇的理由是很虚伪的。反过来，要是他喜欢吃梨的话却把大的都给了别人也是口是心非，喜欢什么该勇于承认才对。"

学生："我也不喜欢孔融的爸爸。"

老师："为什么？"

学生："他不负责任，让没有行为能力四岁的孔融分梨，而且他也没有是非观念，孔融分梨的行为很主观武断却得到了父亲的表扬。"

老师：……

学生："这个故事不好，鼓励主观武断，剥夺了民主，这种扭曲自己的欲望去赢得赞扬的做法是一种不健康的心理行为。"

老师："要是你是孔融会怎么做呢？"

学生："把梨放到桌子上，谁吃谁拿好了。"

听到这里我走出了孩子们的课堂，一个中国儒家思想的典范在美国孩子这里却变成了主观武断、践踏平等和假心假意的典型，你说到底是哪里出错了呢？

那么，学校教育怎样进行"质疑"意识及思维能力的培养呢？至少，有两个方面需要教育者特别重视。

一是建立"导师型"师生关系，让"自由"充分释放。前面已经介绍了互联网时代，知识权威已经进一步弱化，如果我们把造纸和印刷术的出现看作是知识权威被弱化的第一次革命，那么，互联网时代就是知识权威被弱化的第二次革命。教育者已经不是知识权威了，而是具备最佳公民的教育者，其任务不仅是"传道授业解惑"，更重要的是肩负着对受教育者"扰启"，使其实现自身的"内省"。"思想自由"是受教育者"内省"发生的前提。没有受教育者思想上的自由，就不可能产生"质疑"的意识与思维，也就不可能实现受教育者真正的"内省"。

强迫、高压、竞争环境下的教育，必将导致受教育者以追求标准答案、获取好的分数、收获教育者的赞许为学习目标与动力。这样的受教育者，学习是为了他人，而不是为了自己真正的"内省"。受教育者的学习是在害怕失败、害怕考试、害怕让家长和教师等人们失望的精神恐惧下发生的，因此，受教育者的学习不是自由的，不自由的教育就是扼杀好奇心和创造力的教育！"为师之要，是要在自己心里给自由留下广阔天地，让学生心灵给自由留下广阔天地。"中国工程院院士李培根指出，"教师要有对生命意义的敬畏，要有独立精神、自由意志。"

二是构建"逻辑型教学"课堂，让"质疑"的思维更深刻。传统课堂以知识传授为主，培养的是知识分子，其附属产品是生命个体获取了相应的能力。逻辑型课堂，突出解决问题及形成知识的逻辑关系，即课堂教学要关注"六要素"，培养的是智慧分子，其附属产品是生命个体获取了知识。

21世纪的互联网时代，人类时空被大大地压缩，互联网除为人类生命个体交往、交流、获取知识提供新的工具和更加丰富的载体、渠道外，也因为思想文化多元，科学技术的迅猛发展，知识容量也正在以几何级数快速增长，因此，信息也更加鱼目混珠，真假难辨。所以，1998年，联合国教科文组织发布了《面向21世纪高等教育世界宣言：观念与行动》。第一条就把"培养批判性和独立态度"视为高等教育培养和从事研究的使命之一，并指出，高等教育机构应当教育学生成为见多识广和有强烈进取心的公民。那么，具有"批判性和独立态度"，就要具备"质疑"的意识与思维，然而，能否做到"质疑"的系统、深刻，就要看是否具备较强的逻辑素养。

因此，要强化学生的"概念"意识，培养其概括、抽象能力，使"质疑"不停留在感性层面，自觉运用演绎、归纳及实证的方法谨慎做出判断得出结论，即"质疑"是深刻的，判断是"理性"的，不是简单的、不加思考的"为什么"。在我国基础教育阶段，"逻辑课堂"没有引起足够重视，大家一直在"知识课堂"下工夫。"美国从小学就开始培养以逻辑思维为核心的思辨能力，而中国大多数大学生也没上过逻辑课。"华中科技大学客座教授董毓认为，目前，批判性思维教学在中国主要是在高校中开展，但由于大学生的思维模式已经基本定型，"改变相对比较困难，从小学开始就不一样"。

"比广博的视野更重要的是学生应该有能力去接受知识，运用知识重新评估已有的结论并得出新的结论。"美国耶鲁大学校长理查德·莱文教授 2010 年 5 月 2 日在南京中外校长论坛上说，"在美国教育史上曾起过重要作用的，1928 年的《耶鲁大学报告》中提出一个观点：'头脑的纪律和头脑的家具之间的区别'。学生获得某一个专业的知识，就像头脑里装进了一件家具，但是这个家具在一个迅速变革的世界当中，从长远来讲并没有太多的价值。学生最后在事业上取得成功，需要的是头脑的纪律或者说思考的框架，而不是一件'家具'，让他们不断适应变化的环境，找到解决问题的方案，培养这样的习惯，需要学生不再是被动的接受者，学生需要有独立思考的能力，他们能够主动进行立论、辩论或者对于自己的论点进行修正。"

第四节 实 践

（要点）"实践"的方法是受教育者使教育发生"内省"与"质疑"的基础。

学前实践教育是最基础的教育。

我们把人类自身器官转化为具有工具属性功能的过程，称为人类工具史上的第一次革命。

人类生命个体的"实践"活动，总是伴随着人类实践工具的改进，在不断地深化、扩展、提高！所以，人类重视实践活动的同时，必须重视实践活动工具的改进与创造。

作为学校范畴方法论上的概念"实践"，同"扰启""内省""质疑"等方法论概念所涉及的对象有所不同。"扰启"方法的主导者一般专指教育者，"内省"与"质疑"意识方法的主体一般专指受教育者，而"实践"概念方法的主体既指教育者，也指受教育者。所以，不管是教育者，还是受教育者，"实践"的方法论都应该引起"构成教育矛盾双方"的重视。也就是说，不管是教育者，还是受教育者，"实践"的方法，都是完成教育本质不可或缺的方法，即教育矛盾的双方离开了"实践"，则不可能产生真正的教育。

因为，从本质上讲，人类生命个体是人类"实践"的产物，即人类生命是在"实践"中，形成了生命的器官，当然包括细胞、神经组织等构成的器官。然而，人类的神经组织系统，一方面是人类生命个体在与第二结构系统要素建立关系态的"实践"过程中得以形成与完善；另一方面也是人类生命个体与第二结构系统要素建立关系态的"实践"过程中，将现实经验关系及时输送给人类第一结构系统的相关要素——如人类各器官的形态，即人类生命个体历史经验关系记忆。除此之外，人类现实经验关系除以历史的记忆固化为人类器官之外，还通过人类生命个体的神经组织载体传输给特有的组织器官——大脑记忆，如"海马"区域进行贮存。正如我们前面讨论"记忆"那样，只有人类生命个体通过"实践"，将在"实践"中获取的与第二结构系统要素建立关系态的现实经验，通过神经组织传导后，才可能在人类的特定组织器官形成相对应的记忆物质的激发态。当然，不同的"现实经验"对应不同的记忆物质激发态。因此，只有人类生命个体在丰富的"实践"中，获取丰富、深刻、广博的现实经验关系，才可能刺激人类生命个体生产更多的记忆物质并提供丰富的记忆材料。也就是说，人类生命个体离开了"实践"，人类第一结构系统要素与第二结构系统要素无法建立关系态，不能形成现实经验关系，也就无法提供人类生命个体所需要的"记忆"材料。

因此，倘若生命个体没有储存"现实经验关系"的材料，或人类生命个体不能提取"现实经验关系记忆"的材料，那么，无论教育者怎样"扰启"受教育着，受教育者"内省"都很难发生，即真实的教育本质难以发生。如在讲澳大利亚的"袋鼠"时，如果受教育生命个体既没有"袋"概念的记忆储存，也没有"鼠"概念的记忆储存，那么，教育者只要不首先建立"袋鼠"概念，在受教育者"现实经验关系的记忆"储存，受教育者就很难真正了解"袋鼠"的本质属性。

不仅如此，缺乏"现实经验关系记忆"累积的生命个体，在涉及该"经验关系记忆"的演绎推理、归纳推理、实证判断等理性思维时更难以发生，或者说不可能发生。抑或生命个体没有通过"实践"而获得的"现实经验关系"，其"记忆物质分布状态"的清晰度及深刻性亦相对不足。由此可以认为，生命个体依据清晰度及深刻性相对不足的"记忆物质分布状态"进行演绎、归纳、实证研究时其深刻性、坚定性与信任度具有其局限性。譬如，我们学习三相异步电动机的工作原理时，如果能够亲自动手制作定子和转子线圈，并取得实际效果，那么，对三相异步电动机等原理的理解将更深刻，对理论更具有坚定性和信任度，以此增强理论情感，即实现"实践"方法的"扰启"与"内省"。

由此看来，"实践"的方法是受教育者使教育发生"内省"与"质疑"的基础。没有"实践"就没有人类生命个体"现实经验关系"储存与累积，也就没有"内省"与"质疑"的材料基础，受教育者也就不可能发生"内省"与"质疑"。教育者如果面对没有"现实经验关系"储存与累积的受教育者，"扰启"的教育方法也是不可能发生的。正如同我们给3岁的儿童讲解爱因斯坦的相对论一样，由于儿童没有关于相对论"现实经验关系记忆"材料的累积，爱因斯坦推算的公式对于儿童来讲都是些"符号"，每个"符号"之间没有任何区别，即"符号"对儿童来讲，不标记具有任何意义的事物。即便是儿童能够背记并书写出公式，教育，依然没有发生。

要实现对人类生命个体有效或更高效率的教育，扩大实践途径，搭建实践载体，积累生命个体丰富的现实经验关系，是最基础性的教育。所以说，学前实践教育是最基础的教育。

人类生命个体，从出生就与第二结构系统要素建立关系态，开始了生命个体积累"现实经验关系"的历程：白天与黑夜；静止与运动；噪声与乐音；男人与女人；友好与敌对；善良与恶毒；红色与绿色；温度、气味、固体、气体、触觉、视觉、听觉、味觉、嗅觉等。因此，学前教育主要的任务就是建立生命个体丰富的"现实经验关系"，注重生命个体对第二结构系统要素语言、形状、动作、图像、图形、符号等的标记，通过"标记"，让生命个体感受到自身对第二结构系统要素的管控与驾驭，并在管控与驾驭中进一步深化与第二结构系统要素建立关系态的实践，以此丰富现实经验关系，为后续接受教育，实现可持续的生长奠定坚实基础。

人类生命个体的完整教育阶段，特别是学龄后九年的教育阶段，年级越低，年龄越小，累积的"现实经验关系"越少，即"现实经验关系"越不丰富，储存在记忆物质中的经验关系材料越不足以广泛支撑受教育者接受的"扰启"，完成其自身的"内省"，达到系统的、深度的"质疑"。因此，从小学低年级教育开始，做好与学前教育结合，继续以扩展生命个体"现实经验关系"为重要任务，逐渐引进人类表述自然界、人类社会及人类自身的方法、工具与技术，并在感悟方法、工具、技术等对人类认识、驾驭自然界、人类社会及人类自身的必要性和重要性的基础上，逐步形成对人类社会积累"现实经验关系"不可穷极性的认识——伴随问题的发现与解决，积累"现实经验关系"永无止境！

　　虽然，受教育者随着"现实经验关系"的丰富，为教育者对受教育者广泛"扰启"，以及使受教育者自身深度"内省"、系统"质疑"，提供了广泛材料，但是，"实践"方法扩大，受教育者甚至研究者"现实经验关系"的累积永远不会停止，也不会被取代。美国科学家埃里克·白兹格、威廉·莫尔内尔和德国科学家斯蒂方·赫尔，挑战早在1873年显微镜专家恩斯特·阿贝给显微镜分辨率规定的极限，发明了超清晰荧光显微镜，获得了2014年诺贝尔化学奖。基于此，不仅受教育者始终不弱化"实践"的意识，而且教育者也不能因为受教育者已储存较为丰富的"现实经验关系"而弱化对受教育者的"实践"。人类生命个体面对自然界、人类社会及人类本身的问题永远不会结束，探索永无止境，人类"现实经验关系"的建立与累积永远在路上。

　　"实践"固然重要，但是人类生命个体不可能事事处处都亲身"实践"，如果时空及生命个体的精力充分允许"实践"当然更好（前面已经讨论了）。所以，必须处理好人类生命个体的"实践"关键期使用的工具及其途径。

　　我们把"实践"关键期划分为两个阶段。一是丰富常规的"现实经验关系"关键时期，简称为常规关键期。这一时期，一般指生命个体从出生开始到进入成年这一阶段。此阶段的生命个体，主要是积极进行与第二结构系统要素建立关系态，以此累积生命个体常规的"现实经验关系"，为生命个体进入社会常规的生活、工作及学习奠定基础。

常规关键期，一般是每一个人类生命个体都需要的关键期，即生活、工作及一般性学习都要建立的"现实经验关系"累积的时期。但有时常规的"现实经验关系"也给人类重大发明与发现带来启发。如英国曼彻斯特大学物理学家安德烈·海姆和康斯坦丁·诺沃肖洛夫，其研究团队于 2004 年偶然发现了一种十分简单的方法：他们用透明胶带粘住石墨层的两个面，然后撕开，使之分为两片。不断重复这一过程，就可以得到越来越薄的石墨薄片，而其中部分样品仅由一层碳原子构成——他们制成了石墨烯，证实它可以单独存在，于 2010 年获得了诺贝尔物理学奖。

二是建立专业的"现实经验关系"关键时期，简称为专业关键期。这一时期，一般指生命个体进入大学以后，着重专业方向"现实经验关系"累积的工作与学习。这一时期"现实经验关系"，是在常规关键期时期积累的"现实经验关系"基础上，着眼于较为宽泛的专业发展的前沿性"现实经验关系"的建立，其目的是生命个体在专业前沿性"现实经验关系"的基础上，产生原创性科学思想，实现创造性地解决问题，积累人类"现实经验关系"。譬如，2013 年清华大学魏飞教授研究团队，设计出一种新颖的在碳纳米管的表面负载很多二氧化钛纳米颗粒的标记办法，通过观测这些纳米颗粒散射可见光之间的间距变化，获取碳纳米管内外管层之间的相对滑动信息。否则，要想精准地测量碳纳米内管和外管之间的相对运动是非常困难的。

下面，讨论有关"实践"工具问题。人类生命个体的"实践"活动总是与工具联系在一起。人类为了"实践"，首先改造了人类自身的器官：直立行走，把器官"手"解放出来，从此改变了器官——"手"

的行走工具功能，让"手"在"实践"中具有扶握、搅拌、抓取、投掷、攀爬、拖曳等的工具功能。"手"的解放及其功能改变，极大地拓展了人类生命个体"实践"活动的广度和深度，极大地促进了人类"现实经验关系"的积累，同时，也极大地促进了人类自身的进化，使人类各器官功能的分工进一步完善，特别是人类思维的进化，使人类成为主宰自然界的种群。因此，我们把人类自身器官转化为具有工具属性功能的过程，称为人类工具史上的第一次革命。

其次，人类"实践"借助了外在工具。譬如，人类的旧石器时期。此时的人类生命个体不能够制造工具，只能够依据自然界提供的现有"工具"，如，石块、树枝等。这一时期，我们称为人类工具发展史上的第二次革命。

再次，人类发现、发明了工具的制作，借助制造的新式工具再进行"实践"活动，取得了历史上空前的好效果。这一时期，我们称为人类工具发展史上的第三次革命。诸如，新石器时代、陶器时代、青铜器时代、铁器时代、蒸汽机时代、内燃机时代、电气化时代、集成电路时代、互联网时代等。《光明日报》2013年9月19日报道："110多年来，约1/3的诺贝尔物理学和化学奖奖给了那些在发展科学仪器或测量方法方面有杰出贡献的科学家。"中国科学院院士杨国桢说："掌握了最先进的科学仪器研发技术，就掌握了科技发展的主动权。"因此，人类生命个体的"实践"活动，总是伴随着人类实践工具的改进，在不断地深化、扩展、提高。所以，人类重视实践活动的同时，必须重视实践活动工具的改进与创造。

伴随着人类实践活动的三次工具革命，我们把生命个体的实践活动途径划分为三种。

一是体验性的"实践"活动。把它划分成两个层面。（1）生命个体的真实生活经历，即在真实的生活经历中，建立的与第二结构系统要素发生关系态的"实践"过程。这一"实践"过程，生命个体不是"演员"，而是真实的主人翁，是当事者，而不只是参与者、旁观者。因此，这样的"实践"体验，生命个体"现实经验关系"是深刻的、坚定的、有情感的。前面介绍的常规关键期，包含着大量的生命个体的真实"实践"体验。(2)"演员"似的体验性实践活动。这一"实践"活动，生命个体虽然也以主体的身份参加实践，但是"实践"的任务是"体验"，因此，生命个体的"体验"，其责任、情感远达不到"主人翁"的真实与透彻。美国教育家杜威，提倡的"教育即生活"以及我国教育家陶行知"生活即教育"，其本质都是在"体验"似的"实践"活动中实施教育的。这一体验性的"实践"活动，其实质依然是在丰富"现实经验关系"实践的过程中实施教育，或者说，在体验性的"实践"教育中，丰富"现实经验关系"。

二是验证性的"实践"活动。验证性"实践"活动，也存在两种情况。(1)生命个体在现实的自然环境中，验证或证实已有的"现实经验关系"或"现实经验"的"实践"活动。譬如，地理课学习地容、地貌、地质等考察验证；历史课学习文物、故居文化等考察验证；参观工厂、植物园等对自然科学知识的验证。(2)在教学过程中或在实验室进行的验证性"实践"，这类"实践"活动更多发生在学校或研究所等专门的教育及研究场所。

三是模拟性的实践活动。这类"实践"活动一般可划分为三种情形。(1)根据文字、漫画等文学作品，通过话剧、戏剧、小品等文艺作品，进行模拟性"实践"体验。(2)通过观看影视作品，结合生命个体已有的"现实经验"，实现与影视作品设定的模拟性环境及情感进行"实践"沟通，达到进一步丰富生命个体的"现实经验关系"的目的。模拟性"实践"活动，在电气化社会和网络社会广泛地存在着，并极大地压缩了人类生命个体所需要的"实践时空"，人类生命个体通过影视作品获得了丰富的"现实经验关系"。所以，我们深切地感受到：人类生命个体越来越聪明，知道的"东西"也越来越多。(3)计算机模拟"实践"。随着人类工具的改进，3D打印、云计算的出现，互联网时代为大数据计算机"模拟实践"提供了可能。譬如，课堂教学应用的课件演示、实验模拟等。在研究领域，2013年9月光明日报报道：中科院过程工程研究所"多相复杂系统国家重点实验室"，就有一间虚拟的"小型工厂"——小型锅炉、冶金炉、复杂的管道、管道中不停翻滚的流体……这间"小型工厂"是整齐排列的超级计算机产生的虚拟现实。"这套超级计算机系统，已为近10家世界500强企业提供模拟计算服务。"不仅如此，这套系统还能辅助解决物理、化学和生命科学领域等基础研究问题，甚至可以模拟人类现代技术还无法实现的科学实验，如精细地描述完整的病毒结构的演化过程等。

总之，"实践"方法在教育者与受教育者中，都是十分重要的方法，应该切实引起足够的重视。

与此节内容相关，下面附一篇钱穆教小学生写作文的文章。

余告诸生："出口为言，下笔为文。作文只如说话，口中如何说，笔下即如何写，即为作文。只就口中所欲说者如实写出，遇不识字，可随时发问。"一日，下午第一课，命诸生作文。出题为"今天的午饭"。诸生缴卷讫，择一佳者，写黑板上。文云："今天午饭，吃红烧猪肉，味道很好，可惜咸了些。"告诸生，说话须有曲折，如此文末一语。

又一日，余选林纾《技击馀谈》中一故事，由余口述，命诸生记下。今此故事已忘，姑以意说之。有五兄弟，大哥披挂上阵，二哥又披挂上阵，三哥亦披挂上阵，四哥还披挂上阵，五弟随之仍然披挂上阵。诸生皆如所言记下。余告诸生，作文固如同说话，但有时说话可如此，作文却宜求简洁。因在黑板上写林纾原文，虽系文言，诸生一见，皆明其义。余曰："如此写，只一语可尽，你们却写了五句，便太啰唆了。"

又一日，命诸生各带石板石笔铅笔及毛边稿纸出校门，至郊外一古墓；苍松近百棵。命诸生各自择坐一树下，静观四周形势景色，各自写下。再围坐，命诸生各自陈述。何处有人忽略了，何处有人遗忘了，何处有人轻重倒置，何处有人先后失次，即据实景互作讨论。

余又告诸生："今有一景，诸生多未注意。诸生闻头上风声否？"因命诸生试各静听，与平日所闻风声有何不同。诸生遂各静听有顷。余又告诸生："此风因穿松针而过，松针细，又多隙，风过其间，其声飒然，与他处不同，此谓松风。试再下笔，能写其仿佛否？"诸生各用苦思写出，又经讨论，余为定其高下得失。经半日，夕阳西下，乃扬长而归。如是，诸生乃以作文课为一大乐事。竟问："今日是否又要作文？"

一日，遇雨。余告诸生："今日当作文。但天雨，未能出门。令诸生排坐楼上廊下看雨。问，今日是何种雨？"诸生竞答："黄梅雨。"问："黄梅雨与其他雨有何不同？"诸生各以所知对。令互相讨论，又为评其是非得失。遂命下笔，再互作观摩。如是又半日。

余又令诸生各述故事。或得之传闻，或经由目睹。或闻自家庭，或传自街坊，或有关附近名胜古迹，桥梁庙宇。择其最动人者，或赴其处踏看，或径下笔。每作一文，必经讨论观摩，各出心裁，必令语语从心中吐出，而又如在目前。诸生皆踊跃，认为作文乃日常人生中一乐事。

如是半年，四年级毕业，最短者能作白话文两百字以上，最多者能达七八百字，皆能文从字顺，条理明畅。然不从国文课本来，乃从国语课及作文课来。而作文课亦令生活化，令诸生皆不啻如自其口吐出。此为余半年中所得一大语文教学经验。

第八章　个体成长

这一章，从生命个体成长的角度，讨论人类生命个体在追求幸福生活过程中应具备的文化素养，也就是前面讲的，理想教育文化对人类生命个体素养所要求的素质特征。

人类生命个体要实现自身幸福生活，除具有"最佳公民"素养的家庭、社会成长环境和理想的学校教育环境外，生命个体在成长过程中，即生命个体进行社会化的过程中，还必须有能够承载幸福生活的基本素养。否则，无论多么理想的"最佳公民"社会，无论多么理想的学校教育，追求幸福生活的主体既不能成长为未来的"最佳公民"，也不能够实现自身的幸福生活。

在讨论之前，应强调：由于每个生命个体的灵动能力不同，所以追求的"幸福生活"感受不同。"幸福生活"是生命个体的精神感受。虽然"精神感受"与"物质感受"紧密联系，但是其实质具有很大的差别。"幸福生活"与生命个体的"灵动能力"和发挥"灵动能力"的条件紧密联系在一起，即超越了生命个体所具有的"灵动能力"或能够发挥"灵动能力"的条件，去追求不可能实现的"幸福生活"或超目标的"幸福生活"，不但得不到"幸福生活"，反而走向反面。因此，借助苏联心理学家维果茨基的"最近发展区"概念，确定生命个体追求"最近幸福生活"的目标，即生命个体在追求"最近幸福生活"目标过程中，实现"精神幸福"与"物质幸福"的统一。所以，应进一步强调"幸福生活"是贯穿在生命个体追求"最近幸福生活"的过程中。"幸福生活"是"过程"而非某个"状态"，或者说，是"状态"的连续。这"状态"的过程，是从生命个体的诞生直至生命个体结束的整个闭区间。因此，形成承载生命个体幸福生活所具备的素养特征﹙独立

追求 养控 审美}，在过程与程度上必然存在差异性。也正因为如此，人类生命个体社会化才成为可能，生命个体组成的人类社会才异彩纷呈。

基于对人类生命个体追求"幸福生活"的界定，还需要进一步弄清楚，人类生命个体追求"幸福生活"的素养特征，与在本书第一篇第三章第三节着重讨论生命个体真正"成功教育"需要关注追求生命最优要素的关系。从对生命个体真正"成功教育"需要关注追求生命最优要素讨论方式与内容感受到，真正"成功教育"，一是建立在生命个体具有的灵动能力基础之上；二是突出了生命个体作为第一结构系统整体需要的生命修为；三是提醒生命个体在追求"生命最优"的过程中，需要特别关照的过程要素。在过程中，通过情志追求，意志品性的锤炼，合作要件的准备，批判和创新思维的形成，来承载生命个体的"生命最优"，并与生命个体作为统一整体的——生命修为达到和谐统一。因此，从本质讲，生命个体的真正"成功教育"需要关注追求生命最优要素，与追求"幸福生活"所具备的素养特征是一致的。只不过，前者是强调作为生命个体的整体在过程中需要进行的精神、物质及行为能力储备，是生命个体对其积累的过程，是相对隐性的；而人类生命个体追求"幸福生活"的素养特征，是在隐性储备的基础上，形成的精神、物质与行为能力的外在表现，是相对显性的。两者是相辅相成，相互促进的。如果生命个体没有精神、物质及行为能力储备，也就没有精神、物质及行为能力表现。相反，倘若没有精神、物质及行为能力表现，储备精神、物质及行为能力也就会失去意义，更不可能促进其储备。

那么，人类生命个体怎样形成承载幸福生活所具备的素养特征呢？一方面，应关注"最佳公民"及其具备"最佳公民"素养的家长和理想的学校教育给予{独立 追求 养控 审美}形成的努力；另一方面，应更加强调人类生命个体在生长及其社会化过程中，自身素养{独立　追求　养控　审美}意识、精神及行为的形成。

第一节　独　立

（要点）人类生命个体追求"生命最优"或"幸福生活"，"独立"品质的承载是不可或缺的。

怎样培养人类生命个体"独立"品质？一是让生命个体生长在"自由"的时空中；二是让生命个体生长在具有"独立"意识的环境中；三是生命个体主动生成并建构自身的"独立"意识与行为能力；四是生命个体获得与储备自身承载"独立"意识与行为能力的"合作要件"。

教育者及各级教育组织，要更多关注人类生命个体的"核心智能"的开发与利用。但是不要忘记，理想教育文化追求的目标是人类生命个体的幸福生活！

其实，每个生命个体都是独立的生命个体，但值得说明的是，"独立"的生命个体并不排斥与其他生命个体或非生命个体之间的联系。之所以选择"独立"的概念，作为生命个体追求幸福生活的必备要素，是因为生命个体只有真正的"独立"，才是生命个体本身，才能实现理想教育文化的目标——追求人类生命个体幸福生活。

如果审查自然界中的每一类物质，之所以成为该物质，都是因为相对另一类物质的"独立"存在。当然，物质的"独立"并不排斥物质之间的联系。如果审查同一种类的某单个物体，之所以成为该单个物体，也是因为相对另一个单个物体的"独立"存在。倘若进一步对单个物体再细分，只要能进行无限地分下去，总能找到单个的、能够"独立"存在的（哪怕是有条件限定的存在）、具有某种性质的所谓"基本粒子"。譬如 2012 年，欧洲核子研究中心发现的希格斯玻色子——"上帝粒子"的"独立"存在。所以，不仅在宏观上存在用"独立"标记的事物，而且在微观上也需要用"独立"标记事物，因此，"独立"，不仅是宏观世界作为"单个事物"存在的属性，也是微观世界作为"单个事物"存在的属性。也就是说，"独立"是一事物存在的属性。一事物之所以被称之为该事物，一定是"独立"存在的，否则，不能称之为该事物。

如果承认，"独立"是一事物存在的属性，我们就进一步考察该事物及其存在。"独立"存在的事物有三种表征。一是事物存在的客观表达——形式表征。事物之所以为该事物，总是以某种形式"独立"存在，这种"独立"存在的形式，是该事物存在的一种外显的形式表征。譬如，植物、动物等的形式表征；植物界，乔木、灌木等形式表征；动物界，猫、狗、虎、豹等形式的表征。

二是事物存在的本质表达——内涵表征。该事物除去以"某种形式"呈现自身为"该事物"，或为某种类事物，或为某种类事物的个体之外，还要有是"该事物"而非"他事物"的内涵特质。譬如，植物的内涵特质——进行光合作用，合成自身需要的能量，是"自养"生物；动物的内涵特质——不能进行光合作用，依靠外在的能量供给，是"异养"生物。

三是事物存在的价值表达——关系表征。任何"独立"存在的事物，也都处在该事物第二结构系统关系建构中，每一关系建立都以对方价值为前提，因此，都有一定的价值。没有价值的"独立"事物是不存在的。而价值的表达，又是通过关系建立而实现的，譬如，"上帝粒子"，被认为是"物质的质量之源"，其他粒子在"上帝粒子"构成的"海洋"中游弋，受其作用而产生惯性，最终才有了质量。这样，事物的形式表征、内涵表征及其关系表征确定了该类事物或该类事物的个体，并以其"独立"存在证明了该类事物或该类事物个体自身。

因此，作为人类生命个体也不例外。每个人类生命个体之所以成为一个个体，正是因为每个生命个体的"独立"存在，即每个人类生命个体在人类共有"形式""内涵"和"关系"基础上，以其个体特有的"形式""内涵"和"关系"成为其"独立"的生命个体自身。反过来，生命个体通过自身的灵性及其灵动能力，建构承载自身"独立"的"形式""内涵"和"关系"。因此，生命个体的"独立"品质，取决于生命个体"形式""内涵"和"关系"品质的建构。而生命个体"形式""内涵""关系"取决于：一是生命个体所处的第二结构系统要素与其关系态的建立，即"家庭组织""社会组织"和"学校组织"及其成员对生命个体"形式""内涵"和"关系"建构的影响；二是生命个体自身灵性"独立"的觉醒，人类生命个体能动地对"独立"意识和行为的追求，优化其自身的"形式""内涵"和"关系"的品质；三是人类生命个体价值取向追求。生命个体存在的"独立"，不是为"独立"而"独立"，而是为"合作"而"独立"，是通过"合作"彰显"独立"的价值。正因为如此，每个生命个体才具备了作为群体的个体存在的价值；生命群体具备了每个生命个体组成生命种群的价值。

因此，生命个体的真正"独立"必须具有与其他生命个体或事物进行"合作"的要件。这合作的要件是生命个体为追求"生命最优"或"幸福生活"的必要条件，同时也确定了生命个体的价值取向。所以，人类生命个体追求"生命最优"或"幸福生活"，除去第二结构系统及其要素的影响之外，生命个体的第一结构系统要素素养特征之一，即"独立"品质的承载是不可或缺的。

那么，怎样培养人类生命个体"独立"品质呢？一是让生命个体生长在"自由"的时空中。如果"独立"是生命个体的属性这一论断成立，那么"自由"一定是"独立"的特征。也就是说，如果生命个体没有"自由"，也就不可能有生命个体的真正"独立"。"独立"是生命个体的"独立"，"自由"是生命个体的"自由"。生命个体的"独立"与"自由"是同时空的关系态。离开生命个体寻找生命个体的"自由"是不存在的。跨越了生命个体的"自由"，该"自由"已经不是该生命个体的了。就像我们让植物如动物，在空间中具有奔跑的自由一样，那植物已经不是植物了。相反，让动物具有植物的"光合作用"，那动物也不是真正的动物了。因此，不能在强调该生命个体"独立"的同时，而限制该生命个体的"自由"；也不能超越该生命个体的"自由"追求其"独立"。要人类生命个体真正的"独立"，就要赋予人类生命个体真正的"自由"。

二是让生命个体生长在具有"独立"意识的环境中。生命个体从出生到成年，按大的环境划分有四种：(1)生长在家庭组织环境中；(2)生长在包含幼儿园在内的学校组织环境中；(3)社会组织环境中；(4)自然界环境中。这四种环境，都是生命个体与之构建关系态的重要结构系统要素，前三大环境要素都具有相关的情感因素，并呈现逐步弱化的状态。因此，生命个体"独立"意识环境的创设，除去自然界环境外，都要有意识地树立：培养生命个体"独立"生长的意识；训练生命个体"独立"行为的能力；扰启、内省并实践"独立"思考与判断的方法与技巧；最终形成生命个体具有"独立"价值的合作要件。

刚出生的生命个体"独立"能力非常弱，尽管如此，依然显现出生命个体"独立"的需求，譬如，出生的第一声啼哭，就宣示生命个体"独立"的存在。能够主动寻找并吸吮母亲乳头，履行"独立"行为的能力。所以，生命个体诞生之后尽管"独立"能力很弱，需要母亲、父亲等成年人的呵护；但是随着生命个体的生长，要防止其"独立"意识不要被作为"家庭组织"成员的母亲、父亲、祖父母、外祖父母及其他成员所剥夺或者扼杀。

应清醒地认识到，"家庭组织"的每个成员，都是一个"独立"的生命个体，在具有"最佳公民"素养的"家庭组织"中，按照生命个体自身的能力、责任履行各自的职责。作为"家庭组织"的父母，应当履行"哲学家的统治"。作为"家庭组织"的成员，应当履行"最佳公民"的责任，当然包括未成年人生命个体，只不过是责任不同。作为未成年人的生命个体，在"家庭组织"中履行"最佳公民"责任的同时，更需彰显自身的"独立"。譬如，从小养成"独立"起床、洗脸、刷牙、穿衣、吃饭、如厕、收拾玩具等。随年龄增长也要履行在"家庭组织"中应该履行自身和"家庭组织"的责任，诸如，收拾房间、洗涤自己内衣及相关家务及必要的劳动等。切不可，能够由未成年人生命个体自身完成的事情，而由成年人代其完成，否则，在"家庭组织"浓厚的情感环境下，未成年生命个体"独立"的意识、思维、行为能力与合作要件将被成年人剥夺。

学校组织环境。未成年人生命个体，从进入幼儿园开始，直至小学、初中、高中到大学，教育者与受教育者的"情感"浓厚程度，相比在"家庭组织"环境要弱化得多。因此，从未成年人生命个体"独立"意识、思维、行为能力与合作要件的形成来看，要好于"家庭组织"环境。但是，从幼儿园直到大学，教育者对受教育者学习环境的设计中，因受教育者"独立"能力的不同，要给予不同侧重的安排。如在幼儿园时期，尽可能通过"自己的事情，自己做"强化其"独立"的意识及行为能力等。高中时期，教育者可通过提供学习的主题、网站由受教育者"独立"完成主题学习内容，进而在交流的过程中，进一步促进"独立"思维能力的发展。大学时期，应着重培养受教育者"独立"获取更广泛的资料,初步开展对相关问题或课题的研究等。总之,受教育者的独立意识、思维、行为能力与合作要件,是由"最佳公民"组成的教育者,"哲学家统治"下的学校教育,追求受教育者"生命最优"或追求"幸福生活"的结果。

社会组织环境。社会组织环境,如社区、村镇以及未成年人生命个体参加的社会各种组织的实践活动。各种组织的"哲学家统治者",按照未成年人生命个体"独立"能力等级,体验不同的社会角色,培养其"独立"意识、思维、行为能力与合作要件。我国教育家陶行知先生"社会即教育"理念,美国教育家杜威先生的"学校即社会"理念等,都体现了社会组织环境对教育的重要性和必要性。在此过程中蕴含了对生命个体"独立"意识、思维、行为能力与合作要件的培养。值得强调的是,社会组织"哲学家统治者"不要拒绝或不重视未成年人生命个体的社会实践活动,因为他们是未来的"最佳公民",你是在为未来"最佳公民"培养"独立"意识、思维、行为能力与合作要件。

自然组织环境。自然组织环境,最有利于人类生命个体"独立"意识、思维、行为能力与合作要件的培养。自然组织环境对生命个体没有"情感",生命个体进入大自然组织环境中,直接受大自然组织环境的挑战,遇到各种问题与困难,没有可寻求的帮助,只能由生命个体"独立"地思考、分析、判断与决策。决策正确与否,其结果只能由生命个体承受。因此,经历过战争的将军,他们对"独立"意识、思维、行为能力及合作要件的理解比常人更深刻、更透彻。人类的进化及人类"现实经验关系"的累积,无不与自然组织环境提供给人类生命个体原始的"独立"思考相联系。法国教育家卢梭,源于对自然规律的深刻洞察与理解,提出"自然主义"教育理论——爱弥儿的教育,在某种程度上,蕴含了自然组织环境下的教育思想,不乏具有生命个体"独立"生长的合理性。

三是生命个体主动生成并建构自身的"独立"意识与行为能力。虽然，生命个体生长在具有"独立"意识的环境下，有利于其"独立"意识与行为能力的生成与建构，但是，生命个体"独立"意识与行为能力的筑牢与觉醒，主体因素依然在于生命个体自身。由于人类生命个体灵性的存在，决定了生命个体从出生，甚至从生命诞生之初就已经具备了"独立"意识与最初的行为能力。然而，生命个体自身如果不主动生成并积极建构自身已有的初始"独立"意识与行为能力，那么，其"独立"意识与行为能力将逐步退化。因此，生命个体在具有"独立"意识与行为能力组织环境下生长，至少在以下两个方面突出积极生成、建构自身的"独立"意识。

首先，是在每个生长组织环境都要主动生成生命个体"独立"的思想意识——既是自身形式的"独立"，也是自身思想的"独立"。在家庭组织环境下，由于家庭组织管理者，既是"最佳公民"，又是"哲学家"，所以未成年人生命个体在"哲学家"指导下，充分建构关系态，累积"现实经验关系"，随着"现实经验关系"的累积，生成自身的"独立"审查"现实经验关系"真实性与合理性的意识。譬如，平时，未成年生命个体向成年生命个体提出需求时，成年人生命个体要顺势"扰启"对其"需求"的"独立"审查，但是，要"扰启"得自然而无痕迹，即在生活中潜移默化地生成"独立"思想的意识。在学校组织中，未成年人生命个体随着年龄的增长、年级的升高，"现实经验关系"累积或获得的知识也将逐步增多，"独立"的审查意识与能力也逐渐增强。突出表现在：学习上从较多的"感性"问题向更多的深层次"理性"问题转变。在社会组织中，生命个体的"独立"意识，更多表现在对"问题"或不同"观点"不随意表示赞同或反对，而是自身依据掌握的材料或价值取向进行判断，而不是没有观点的"从众"。其实，在以上的各种组织中，诸如"辩论""演讲""研讨"等方法都是生命个体生成、建构"独立"意识的较好载体。

其次，是生命个体在每个生长组织环境下，都要有意识主动践行"独立"的行为能力。譬如，在家庭组织环境下，只要自己能够做到的事情，如从小学习走路、穿衣、吃饭、上厕所等开始，就要努力做到"自己的事情自己做"。同时，在力所能及的范围内尽可能帮助他人，以"行为能力"成就感强化生命个体的"独立"价值意识。在学校组织环境下，要习惯统筹安排自己各科目的学习、活动与锻炼，提高自身"独立"思考与计划的能力。在同学交往和团队建设过程中，只要自身具备帮助他人和团队解决困难的行为能力，就要积极主动以"独立"的思考及行为能力呈现自身"独立"价值的存在。在社会组织中，要学会合作，学会领导与被领导，履行好自己职责，检验自身"独立要件"的价值，做好自身"独立要件"价值的修正。当然，"要件价值"包括自身认识层面和行动层面的价值。总之，不管在组织的哪一阶段，都要有意识地在行动中培养自身的"独立"意识与行为能力。

四是生命个体获得与储备自身承载"独立"意识与行为能力的"合作要件"。生命个体的"独立"意识和行为能力，决定于生命个体"合作要件"价值的获得与贮备。如果生命个体没有储备"合作要件"，抑或储备的"合作要件"处于低价值或者无价值，那么，生命个体的"独立"属性的品质就会较低。为较好地讨论生命个体"独立"属性的品质，把生命个体具有的"合作要件"价值划分为两种：一种是普通价值；另一种是特殊价值。当生命个体具有普通价值的"合作要件"时，其"独立"属性的品质则是普通品质；当生命个体具有特殊价值的"合作要件"时，其"独立"属性的品质则是特殊品质。在此，值得强调的是，普通价值与特殊价值具有相对性。同一个生命个体"合作要件"的价值，在不同生命个体组成的人类群体中，其价值既可能是普通价值也可能是特殊价值。不仅如此，即使是同一生命个体"合作要件"的价值，在不同时空，即使同类群体，其价值也可能发生转化。但是，不管人类生命个体"合作要件"价值怎样转化，只要"此时空"的"合作要件"价值是特殊价值，其生命个体的"独立"属性的品质就是特殊的。所以，人类生命个体的"独立"属性的品质，就取决于生命个体的"合作要件"的价值。

作为人类生命个体，一般说，只要能够自食其力，不依靠乞讨、窃取、霸占等手段，而履行的"独立"行为能力具备的"合作要件"，都具有普通价值。譬如，农民具有耕种的技能要件；交通运输司机具有驾驶技能要件；普通公务员具有履行处置公务能力的技能要件；普通建筑工人具有履行一般建筑服务的技能要件；废品收购员具有废品分类、运输、计价等技能要件……因此，要作为真正的人类生命个体，至少做到：一要有健康的身体；二要有一般的劳动技能；三要有一般的科学文化素养；四要有"最佳公民"的内涵。

我们知道，由于人类生命个体的灵性不同，存在灵动能力的差异，所以，大多数人类生命个体较容易获取"合作要件"的普通价值，只有少数或极少数具有特殊灵动能力的生命个体，在良好的生长环境下，使其特殊的灵动能力得到开发，形成其"合作要件"的特殊价值。诸如，做出卓有成效的科学家、文学家、艺术家、思想家、政治家、军事家及其能工巧匠等。因此，社会的各级组织应当尽可能创造适宜不同生命个体成长的环境，特别是广泛地为每个人类生命个体提供理想的教育文化。我们也必须清楚地知道，美国心理学家霍华德·加德纳"多元智能理论的发现"，为人类生命个体"合作要件"的特殊价值开发提供了指导。所以，我们的教育者及其各级组织，要更多关注人类生命个体的"核心智能"的开发与利用。

但是，一定不要忘记，理想教育文化追求的目标——人类生命个体的幸福生活。

第二节　追　求

（要点）"追求"发端于精神，完成于行动，情感收获让"生命最优"更有获得感。

现代社会人类生命个体追求"生命最优"或"幸福生活"，离不开"最佳公民"的构建，因此我们呼吁：唤醒"最佳公民"，追求"最佳公民"，践行"最佳公民"！

"追求"，是人类生命个体生长与发展的动力，"追求"的最高境界就是找到统摄"追求"的"上帝"——信仰。

选择"追求"作为理想教育文化在生命个体成长范畴中的重要概念，是因为，人类生命个体从诞生时刻起，直至生命个体结束的全过程，都伴随着生命个体的某种"追求"，构建第一结构系统要素与第二结构系统要素的关系态。生命个体通过对一生不同时期"追求"目标的确定、实现与调整，践行自身由追求目标构成的——"生命最优"或"幸福生活"的全过程。缺少"追求"或没有"追求"的人类生命个体，生命不可能最优，更不可能幸福。因为人类生命本质属性贮存了生命"追求"的元素，缺少它就缺少了生命最优或幸福的一个因子。

那么，生命个体追求的过程又是怎样的呢？"追求"，其实是生命个体锁定的意向性的意识、意志的认识及对意向性对象索取的过程。由此可知，"追求"的发生有三部分构成。（1）追求的主体——生命个体自身。（2）追求的客体——追求的对象。（3）追求过程——①主体心态，内心对对象的确认；②主体行为，行为追求，情感体验。从"追求"发生的过程看，"追求"具有"主动性"，是生命个体活力的体现。"追求"发端于精神，完成于行动，情感收获让"生命最优"更有获得感。

"追求"过程的长短取决于追求目标的达成度，相对容易的追求目标完成后，可告一段落，再确定新的追求目标，在一个一个追求目标达成的过程中，生命个体呈现生命价值，感受"生命最优"或"幸福生活"。当然，有的追求目标需要生命个体一生的追求，并在一生追求的过程中实现"生命最优"或"幸福生活"。因生命个体不同，"追求"的客观对象或目标，可能千差万别，各不相同。生命个体选择什么样的"追求"对象或目标，取决于生命个体的世界观、人生观和价值追求，因此，"追求"是生命个体的综合体现。所以，从一个生命个体的"追求"可窥视其生命的意义与价值追求，或者说，生命是否"最优"或是否"幸福"。从"追求"主体对其客体——"追求"对象的态度看，"追求"除具有单一指向性和专注特点外，还具有"可变性"的特点。生命个体面对追求的对象或目标做出调整，或取消"追求"，或调整目标，或建立新的"追求"目标。纵观生命个体对"追求"对象或目标的态度，可考察生命个体做事、思考的严谨性及生命个体的意志力。

综上讨论，如果生命个体没有"追求"发生，那么生命个体就没有锁定的"意向"对象，更不可能发展为"意识"对象，因此，"意志"产生的基础就无从谈起，"认识"及"索取"的对象就不复存在。所以，生命个体处于相对"稳定"或"静态"时期，即生命个体活力的动力源——"追求"没有启动。也就是说，生命个体与追求的对象没有确认，也没有情感体验，更没有"追求"行为发生的过程。此时的人类生命个体，难以呈现人类生命个体的本质，感受不到人类生命个体生活的意义和价值，更不可能感受到生活的幸福。生命个体只有追求，生活才充实，才有意义、有价值。

生命个体在生长的全过程中有许多追求，诸如从"追求"品质上划分，可分为：高雅追求和世俗追求等；从"追求"内容上划分：精神追求和物质追求等；从追求动机上划分：利己追求和集体追求等；从"追求"态度上划分为：积极追求和消极追求；从追求的时间段上划分：原始追求、现实追求和信仰追求等。但是，从时间顺序上划分，更有利于窥视"追求"在生命个体生长过程中的作用。当然，其他分类从不同角度也反映了"追求"对生命个体的影响，亦可作参考。我们主要按"原始追求""现实追求"和"信仰追求"讨论。其目的是从三个阶段有机地考察"追求"在人类生命个体全过程中所起的作用，特别是依托"信仰"的时空关系，在"过去"基础上，将"现实"与"将来"联系起来。

下面，按时间顺序考察原始追求、现实追求、信仰追求。

首先，介绍原始追求——生命个体诞生之初"追求"目标的确定与形成。前面已经讨论过，生命一经诞生，第一结构系统要素就积极"追求"与第二结构系统要素建立关系态，即通过第一结构系统要素的历史经验关系记忆，实现其有"意向性"的关系建构，并通过感官等器官明确其关系的建构对象。这种"意向性"关系建构，在生命个体之初，具有相对广泛性，或者说，生命个体的"追求"目标具有多样性。正是因为生命个体"追求"目标的多样性，为生命个体初期建立丰富的"现实经验关系"对象具有多样性或广泛性提供了可能。由此，实现了生命个体有意识地获得对第二结构系统要素对象丰富的认识。譬如，婴儿对父母等成年人的认识、对动物的认识、对声音颜色等的认识、对物品软硬等认识、对冷暖认识等。生命个体的广泛"追求"建构了生长、生活所需要的一切现实经验关系。把人类生命个体初期的"追求"，称之为生命个体"原始追求"。由此我们注意到，生命个体的原始追求的特点：一是多样性与广泛性；二是粗浅而不深刻，感性而不理性。原始追求，之所以能够发生，是因为生命个体存在"历史经验关系记忆"，即生命个体通过"历史经验关系记忆"，确定了生命个体的追求方向及其对象。不仅人类生命个体存在"原始追求"，而且每个生命个体都存在"原始追求"。譬如，植物的枝干往上生长，根部扎入地下即是植物"原始追求"的表现。当然，植物的"原始追求"记忆，贮存在植物特定的结构中。

其次，介绍人类生命个体的现实追求。顾名词义，由于人类生命个体现实需要而产生的追求，称之为现实追求。现实追求，从产生的角度划分，归纳起来至少有如下几个方面。一是好奇产生"追求"。好奇产生的追求，更易发生在人类生命个体活力旺盛时期，如婴幼儿时期对周边事物产生诸多好奇，对接触到的物品，进行啃咬、拍打、揉捏、观看等，对其每一关系对象都想进行"考究"。这样，婴幼儿对事物的好奇，引起追求其对事物的探究。尽管婴幼儿的体力、方法、工具、智慧等有限，但其执着的精神、专注与意志等值得成年人称赞，其动力来源可追溯到婴幼儿具有的"追求"精神。儿童通过游戏模仿成年人世界生活等，其行为、动作、神态、道具等不可不称其为"惟妙惟肖"，津津乐道而不知疲惫，其动力来源依然可追溯儿童的"追求"精神。当然，"好奇"也伴随生命的全过程，只是程度不同，但也因人而异。譬如，人类的许多重大发明都源于人类的"好奇"：紫罗兰为什么会变红？波义耳感到好奇，发明了石蕊试剂；树上掉下苹果使牛顿产生了好奇，发现了万有引力；良种接穗，养料由劣种砧木供给，确能长成粗大的树干和香甜的果实让孟德尔感到好奇，致使其发现了生物遗传的基本规律；地质学家李四光小时候对家乡的一些来历不明的石头好奇，导致他证明了中国第四纪冰川的存在。二是兴趣产生"追求"。伴随着"原始追求"动力作用下形成的广泛、多样而不深刻的现实经验关系的累积，生命个体根据其相对优势的"灵动能力"，产生了对某"现实经验关系"对象的兴趣，由此导致了生命个体持续的意向性关注，进而发展成生命个体有意识的认识活动。随着对"现实经验关系"对象认识的逐步深入，在生命个体意志力作用下，完成生命个体对"对象"追求的认识目标，直至生命个体通过不断地实现"追求"的新目标，从而将"兴趣"升华为生命个体的"情趣"。譬如，音乐家、画家、科学家及一般专业的能工巧匠，都是由"兴趣"产生的"追求"，进而形成生命个体的"情趣"。三是任务产生"追求"。生命个体为了完成某项任务，对任务对象产生的"追求"。这种追求，一般说来，是非常多的追求。譬如，学生对某学科的学习，是由教育者对受教育者布置学习任务。生命个体为完成某项工作而产生对工作任务的追求；大学生对某专业的学习大多数也不是由于"兴趣"（这是我国现阶段高考选拔制度的结果），更多的是"任务"的学习，以便大学毕业后进行职业选择。这种职业选择，也将造成生命个体对以后工作仅仅是"任务"似的追求，即以完成任务为追求导向，因此，较少创造性工作。四是责任产生"追求"。由于生命个体具有强烈的责任意识，为了肩负起某种责任而产生的"追求"。一般说来，责任追求的产生都发自一个组织或者个人在某种特殊时期，需要生命个体挺身而出，担当起某种责任，由此"责任"激发生命个体自身的追求。在上述四种追求中，随着生命个体的生长、成熟，好奇追求、任务追求和责任追求，也可以转化为兴趣追求直至情趣追求。

再次，介绍人类生命个体的信仰追求。生命个体由于在精神上相信某种理论、学说、主义而产生的个人"追求"。譬如，信仰宗教的生命个体，虽然生命个体没有进行理性的考证，但是，从精神上接纳先于理解，行动上践行先于虔诚，形式先于内容，并在"形式"中追求感受与理解。这就是"权威先于理性，信仰先于理解"。

上面把"追求"按时间顺序人为地划分原始追求、现实追求和信仰追求，它们之间具有怎样的关系呢？生命个体怎样确定"追求"，才能够让"生命最优"或"幸福生活"呢？

首先，我们来讨论原始追求、现实追求和信仰追求的关系。生命个体在原始追求阶段，主要是依据"历史经验关系记忆"追求与第二结构系统要素建立广泛、多样的"现实经验关系"，即以广泛的第二结构系统要素为"意向性"对象，进而锁定为意识对象，通过生命个体的意志获取与对象的"现实经验关系"，最终完成生命个体原始追求。或者说，由于生命个体原始追求的存在，使得生命个体获得了广泛且多样的现实经验关系，为生命个体的现实追求奠定了基础。现实追求，是生命个体在广泛的原始追求基础上，由于生命个体的"好奇""兴趣""任务""职责"四种方式的现实需要，锁定其某"意向对象"为生命个体的意识对象，进而"追求"较为深刻性认识，实现一个一个"追求"目标的达成，以此满足生命个体生活的意义和价值追求，获得其对"生命最优"或"幸福生活"的感觉。再来看信仰追求。从我们在前面介绍的信仰追求看，信仰是生命个体"追求"的总目标，具有对"追求"核心的统摄力，一切追求都围绕着信仰进行，以信仰作为是否"追求"的评判标准，有信仰的生命个体不可能有杂乱状态的追求。即有信仰的生命个体，不仅追求的客体或目标是明确的，而且主体是坚定的信奉者，其信仰处于明确而自觉的状态中，追求的过程不受时空限制。所以，有信仰的生命个体一定有追求，并且他的思想和行为也具有一贯性。

其次，我们来讨论生命个体怎样确定"追求"，才能够追求生命最优或幸福生活。要弄清这个问题，必须弄清楚生命个体不同"追求时期"的生长过程及其社会化生存的意义与价值，在此基础上同时加以讨论。"原始追求"时期，生命个体从诞生开始，整个幼儿时期就生活在家庭组织中，前面已经规定了，家庭组织的统治者——家长，具有哲学家的素养，其成员具有最佳公民的素养，所以，幼儿生长在具有良好素养的第二结构系统要素的环境中，即幼儿生长的最初阶段，是在"哲学家"和"最佳公民"指导下生长的。因此，生命个体诞生之后，都被"哲学家"定位在：广泛地、多样地与第二结构系统要素建立关系态。由此，"哲学家"和"最佳公民"悄无声息地、尽可能多地让生命个体"追求"更多意识对象的感知活动，以此建立丰富的"现实经验关系"，为生命个体的社会化生活奠定更加广泛的经验基础。

现实追求阶段可分为几个时期。一是幼儿后期，儿童及少年前期(在我国学前及义务教育阶段)。这一时期，生命个体一般在家庭组织团体和学校组织团体中生活、学习，国家组织团体对这一阶段的生命个体的"追求"，以学习课程的方式，明确了生命个体意识的对象，并在幼儿时期广泛而多样的认识基础上，以"好奇""兴趣""任务"的方式，完成基本的学习任务目标，不加任何怀疑地在学校组织中感知生命个体社会化的组织需要，即在基本的任务追求过程中，完成生命个体基本的社会化奠基工作。因为，学校组织团体的价值追求，毫无疑问地体现国家组织团体和社会的需要。值得我们进一步强调的是，这一时期的生命个体，生活、学习在具有"哲学家""最佳公民"素养组织团体中，即潜移默化地感知了家庭组织团体，学校组织团体，社会组织团体中的"最佳公民"的素养。这个感知的过程，即是生命个体追求的形式、追求过程，也是追求的内容，是认知生命自身社会定位的过程。我们的"哲学家"和"最佳公民"，应该毫不吝啬地倡导在未成年生命个体组成的群体中，追求

"最佳公民"具备的素养，努力促进生命个体社会化进程。二是少年后期及青年前期(在我国高中阶段及大学前期)。生命个体在初步具备"最佳公民"素养的基础上，追求"好奇""兴趣""任务"等的前提下，通过广泛而多样的关系建构，生命个体初步形成了对世界、对社会、对人生的思考与认识，相对上一时期更具有清晰的理想与价值追求。生命个体在这一时期的追求定位是自我认知与职业选择。因此，这一时期也是生命个体社会分化的初期。一部分生命个体追求世俗化的生活方式，较早地进入社会组织团体，通过"家庭组织"的追求，实现生命个体的生物属性、精神属性和社会属性的统一。这部分生命个体职业的选择更加广泛，更加贴近生命自身的"灵动能力"和具有的"合作要件"，其追求的目标虽然世俗化，但是由于通过"哲学家"和"最佳公民"形式与内容追求的训练，较好地具备了"最佳公民"素养，因此更容易满足生命个体追求"生命最优"或"幸福生活"。另一部分生命个体，在广泛且多样的初步追求基础上，形成了相对高雅的追求，突出表现在与生命个体"灵动能力"相契合的追求对象，即生命个体具有相对清晰的意向性意识、意志的追求对象，这种追求一般发展成专业化的职业追求，实现进一步的专业训练。这一部分生命个体，职业选择相对狭窄，精神追求相对世俗化而言略显高雅，相比我国阶层应属于——小资(小知识分子)阶层。此阶层的生命个体，社会化后将朝着两个方向发展：一是朝着世俗化追求方向；二是朝着更加高雅追求方向。

前面已经讨论了，生命个体的世俗追求，只要与其价值追求相匹配，生命个体精神上就感到"生命最优"或"幸福生活"。具有高雅追求的生命个体，一般是把生命个体追求对象的兴趣转化为了生命个体追求的"情趣"，并注入到了自身价值追求当中，因此，在"情趣"追求中感到"生命最优"或"幸福生活"。由此，这部分生命个体是具备较高素养的"最佳公民"，甚至可以说，是"最佳公民"素养的坚强力量的阶层。

信仰追求阶段。一是生命个体直接接受的信仰，即"信仰先于理性，理性先于理解"。诸如，各种宗教发展教徒，一般是从精神需求上让生命个体找到追求的"对象"，把精神上的祈求或难以表达的困惑，让信仰的"对象"帮助、协助或给予支持使其完成或平息解决。传教士经常以"证实"的逻辑方式让生命个体信服，通过"信仰"专有的形式使生命个体"皈依"。二是生命个体在对某理论、主义、个人等"追求"的过程中，在精神上极度相信，以此确定为自己行动的指南或崇拜的对象。一般说，这种方式形成的追求是"理性先于信仰，理解先于理性"，如对科学的信仰等。人类生命个体随着人类对宇宙认识的不断深化，尽管还有许多无法认识的领域，无法解释的现象，但是，总体上人类生命个体在追求"生命最优"或"幸福生活"的道路上，不管是在精神上，还是在物质上都前进了一大步。结合前面的讨论和人类的进步，我们有理由相信，现代社会人类生命个体追求"生命最优"或"幸福生活"，离不开"最佳公民"的构建，因此，我们呼吁：唤醒"最佳公民"，追求"最佳公民"，践行"最佳公民"。

第三节　养　控

（要点）"养控"，是告诫生命个体要内修外控，管控好自身行为，才能实现"生命最优"或"幸福生活"。养，是指生命个体的修养、涵养，是生命个体的内在修为；控，是指对生命个体的管控。

养控贯穿在生命个体生长及生活的全过程。

养控是生命个体追求"生命最优"或"幸福生活"不可缺少的意识。生命在"养"，也在"控"。

养控是借助互联网技术时代的"技术控"创造的一个新概念。因为，现实无法找到一个固有概念，来表达对生命个体在追求"生命最优"或"幸福生活"过程中的、内在的或外在的限制。或者说，是生命个体一种内在的或外在的制约。其目的，是要求生命个体自身，通过对第一结构系统要素的内在修为，即对内，实现生命个体自身的修养，完成对其生命个体行为的管控、通过第二结构系统要素实施对生命个体行为的控制。

从生命个体自身来讲，我们选择"养控"，是告诫生命个体要内修外控，管控好自身行为，才能实现"生命最优"或"幸福生活"。"养"是指生命个体的修养、涵养，是生命个体的内在修为；"控"是指对生命个体的管控，其途径有二：一是通过生命个体内在修养实现内在管控；二是通过外在要件对生命个体实施外在管控。因此，养控是生命个体通过自身的内在修养与第二结构系统要件对生命个体控制，实现生命个体对外有所作为或有所不为。

那么，人类生命个体为什么要"养控"呢？人类生命个体的本质属性除具有一般生命本质属性之外，还具有其社会属性，即人类生命个体除具有生命个体的"四原则"特征之外，还构建人类生命个体之间的社会关系态。人类生命个体通过意识、意志实现管控自身语言、行为、情感等的外在表达，但是，生命个体不同的表达，抑或是同一内容不同时空的表达，其结果具有显著不同。诸如当前存在的"路怒族"，就是生命个体对自身及对方"行为""情感"管控状况的外在表达。这样的"外在表达"，结果是生命个体双方，都想把自身追求的"精神最优——出口气，教训他"，建立在对方生命个体"精神痛苦——被教训"、至少感觉上"精神不舒服——被教训"之上。如果双方在路上无休止的"相互教训",其结果是每个生命个体精神不仅不能幸福愉快,反而极大地增加威胁生命存在的风险。如果生命个体一方具有良好的内在生命修养,"路怒族"的现象就不会发生。如果两个生命个体都具有良好的生命修养,"路怒族"不仅不会发生,而且不管在何种交通情况下,交通状况一定是很有秩序的。所以,作为人类生命个体,只有通过"养控"实现其他生命不具有的社会属性——分工、合作、交流与关系态建构,进而追求"生命最优"或"幸福生活"是很有必要的。

其实,人类生命个体从诞生时刻起,就生长在人类生命个体构建的社会文化环境中,或者说,生命个体始终就"孕育"在或"涵养"在人类生命个体构建的文化环境中。以我国为代表的东方国家的儒家文化,和以欧美为代表的西方国家的民主政治文化,对本地区的人类生命个体的"孕育""涵养"、影响与教化具有明显的不同,存在着巨大差别。

东方文化追求生命个体的"内在修养",构建生命个体第一结构系统要素关系态建设,实现生命个体"内圣",并在与第二结构系统要素建立关系态的过程中实现"外王"——德才兼备的生命个体塑造。西方文化追求生命个体的"个性张扬",彰显生命个体追求"生命最优"的本质属性,相比我国儒家文化较少追求生命个体自身的"内在修养",更突出第二结构系统要素对生命个体追求"生命最优"的约束与控制——依法对生命个体的约束与管控。历史证明,东西方文化对生命个体追求"生命最优"或"幸福生活"都取得了较好的效果。譬如,从中医和西医对人类生命个体健康的认识及疾病的治疗,可窥其东西方文化的影响。但是,东西方的文化也存在各自的不足,决不能够用一方取代另一方。抑或是,不能用东方文化思维理解西方文化现象。譬如，西方父子之间可直呼其名，东方文化认为，那是晚辈对长辈的不尊不敬。当然，也不能用西方文化理解东方儒家文化现象——谦谦君子。

因此，综合人类文化的优点，人类生命个体在追求"生命最优"或"幸福生活"过程中，除需要追求"内在修养"的同时，还要强化"外在约束与管控"。从这两方面看，涵养生命让其丰满茁壮，抑制病灶；外在管控让生命有所畏惧，行为规范。当然，由于不同生命个体修养不同，尽管在同一文化环境中"孕育"生长，其生命个体精神管控行为的能力也不相同，由此也将导致生命个体追求"生命最优"或"幸福生活"的结果不同。因此，"修养"将贯穿生命个体生长的全过程。

那么怎样做到"养控"呢？首先，我们来讨论生命个体通过自身的修养实施对自身行为的控制。这一典型的民族文化就是我国的儒家文化。我国儒家文化提倡每个生命个体通过自身仁、义、礼、智、信的修养达到谦谦君子。除儒家文化十分重视生命个体自身修养之外，不管是我国的道家文化，还是外来的佛教文化、伊斯兰教文化、基督教文化等宗教文化，本质上讲都十分注重生命个体的内在修养。即使基督教徒的忏悔赎罪，也是对生命个体外在行为的精神管控。因此，文化是生命个体的内在修养的载体，生命个体的修养其实质是人类生命个体文化的修养，其精神管控也就是文化对生命个体外在行为的管控。所以，如果想提升生命个体"养控"能力水平，首要任务就是提高生命个体的文化素养。那么，现代社会什么样的文化更有利于生命个体的修养以实现对其行为的管控呢？按前面的讨论，有理由相信，现代人类社会生命个体应牢记"最佳公民"的标准特征，让其形成生命个体的自觉文化以实现对其行为的控制。具有最佳公民素养的生命个体，一定具备对外行为的控制能力。

对此，我们可以简单考察"最佳公民"标准特征几个要素的修养对其行为可能的控制。(1)尊重。尊重是生命个体对内修养的最基本的要素。也就是说，生命个体只要具备坚定的"尊重"意识，不管是对人、对事，还是想问题，做决定，办事情，都能够考虑到构建直接关系的双方、多方或间接关系的各方结果，而不是仅仅从自身的或局部的利益出发，而莽撞行事。因此，凡具有"尊重"修养意识的生命个体，就有"见善则迁，有过则改"的境界，而不是给人以霸气和高高在上的感觉。其结果，这样的生命个体，在牢固、坚定尊重意识的监督自身控制能力得到有效保障。(2)民主。具有强烈民主意识的生命个体，就能够发挥每个生命个体的智慧，做到不偏不倚，择其优，去其劣，公正透明，长久便形成了生命个体民主的文化——民主意识，民主能力。其结果，通过民主的方式，限制某种欲望的产生，通过民主实施对生命个体欲望的控制。(3)责任。如果生命个体具有真正强烈的责任意识，那么生命个体就具有与之相应的价值追求。曹操在《龟虽寿》里所言："老骥伏枥，志在千里；烈士暮年，壮心不已"，是他责任担当的写照。也就是说，强烈的责任意识让生命个体，明晰近期责任和长远责任的关系。一般责任和重大责任的关系。因此，生命个体懂得隐忍，懂得以退为进，懂得动心忍性，懂得坚忍远谋，必能处事安详。一旦生命个体的责任修养，形成生命个体的一种文化，他就绝不因小失大，绝不义气行事，注定能够三思而行，智慧取舍。依此责任，无疑也就能够管控生命个体的外在行为。(4)科学。生命个体的科学意识修养，决定生命个体思维是否科学严谨，方法选择是否具有科学性，工具及技术的选择与应用是否合理，对其结果是否做了预测与评估等科学判断。如果生命个体具备良好的科学修养，那么，他在处理不管是一般的事情还是急迫的事情，都能够采取科学的态度和方法，确保尽可能符合实际或科学合理，即能够以科学的精神管控自身的行为。

其实"最佳公民"文化，也是在人类生命个体丰富的文化基础上形成的，或者说，人类历史上每个民族或宗教的文化都有其独特性和存在的合理性，其独特性和合理性也是这个民族生命个体修养的重要内容。生命个体如果要增加自身民族的或宗教的文化修养的浑厚性，就应当研读相应民族或宗教的经典理论。诸如，我国《大学》《中庸》《论语》《孟子》及诸子百家的著作，除儒家经典外，还要研读《老子》《庄子》等道家经典等。但是，随着人类社会的进步，文化的融合，在具有民族特色文化的基础上，应该以更加开放与包容的精神，吸收人类优秀的文化遗产，发展自己，为本民族所用。

我国传统文化博大精深，历代诸子圣贤已有诸多著述，当然，其符合规律的精华部分应该成为我国生命个体修养的重要内容，但是，我们也不得不承认，"自然科学"研究方法及其意识就其在整个民族形成"科学文化"来看，对比西方社会，我国起步较晚，整个社会"科学文化"的意识比较薄弱，因此，我们在继承中华民族优秀文化的同时，仍然像历史上接受"佛教文化"一样，接受"自然科学"。1840年之后，已经这样做了。改革开放之后，我国科学技术基础研究及创新也得到了突飞猛进的发展。但是，作为"科学"本身，是开放的，永无止境的，理应把它作为生命个体文化修养的重要领域，而不应是某一具体科学内容。这一点，每一个生命个体在追求生命修养的过程中应加以注意，但不排除生命个体获取某一科学内容与方法，甚至可以通过获取某一科学知识而提升科学文化修养。

其次，生命个体的行为控制需要得到第二结构系统要素的支撑，即通过生命个体之外的要件实施对其管控。这一典型的控制文化就是欧美文化体系。欧美文化的基础，可以追踪到古希腊雅典的公民社会及其基督教文化，上帝赋予了每一个生命个体的民主意识及其生命与灵魂，所以，欧美文化强化了生命个体的独立及其之间的平等意识，即使是"父子"关系，也是上帝赋予他的父母的一种责任，因此，他和父母一样都是上帝的子民，只对上帝负责。"上帝为大家，人人为上帝"的文化基础，决定了生命个体只有通过民主的约定，管控每个生命个体外在的行为。如果生命个体违反约定，必将受到约定的惩罚。这种通过"外在惩罚式"的管控，已经成为生命个体广泛认可的管理文化，即违反约定，就被惩罚，是天经地义的道理。由此，生命个体行为的外在管控对生命个体追求"生命最优"或"幸福生活"也起到了保障和促进作用。

对此，提倡生命个体在加强自身修养的同时，也加强法律思维意识。一是权利与义务意识。任何生命个体都具有社会属性，即是社会人，社会组织的人，都有责任参与组织的约定，制定组织的制度、规章、法律，以此保障组织内每一个生命个体权利与义务。二是平等意识。每个生命个体相对社会组织团体，又是一个具有相对独立的生命个体，由于生命个体的本质属性决定了生命个体必须受到组织约定、制度、规章、法律的限制，否则，难以管控生命个体的外在行为对组织内其他生命个体追求"生命最优"或"幸福生活"权力的侵占、剥夺与影响。因此，组织内的约定、制度、规章、法律等对组织内的每一个生命个体的行为都发生管控作用，组织内的每一个生命个体都处于平等地位而没有任何"例外"。三是组织层级意识。生命个体的社会属性，决定了生命个体的组织属性，而社会是由不同层级组织构成的，当生命个体属于某一组织的同时，也属于由该组织构成的更高层级的组织，以此类推……所以，生命个体的行为不仅受到较低层级组织的管控，还要受到较高或更高层级组织的管控。因此，每个生命个体要熟悉、知晓各层级组织约定、制度、规章和法律，以此限定生命个体自身外在行为在相应的管控范围内而不得逾越。综上所述，生命个体行为的外在管控，是对其行为结果的强硬管控，而不注重生命个体自身内在修养如何，即只注重结果，而不注重原因。因此，外在行为管控，理论上不具有变通性，这就是法律社会的严肃性。

"养控"贯穿在生命个体生长及生活的全过程，通过生命个体第一结构系统"最佳公民"之"养"，实现生命个体对自身外在行为的"自动"控制，再加之生命个体通过第二结构系统"法律"要件对其外在行为的"保险性"控制，构成了生命个体"内在＋外在"双重管控模式，为生命个体的"养控"提供了保障。因此，"养控"是生命个体追求"生命最优"或"幸福生活"不可缺少的意识。生命，在"养"，也在"控"！

第四节　审　美

（要点）我们讲的"审美"，一定是在生命个体参与下的、唤醒生命个体沉睡着的艺术同情和形式欣赏能力的"意象世界"或"审美世界"，进而激励生命个体在现实生活中践行美。

生命个体的"审美世界"就是生命个体"美"的感受。

人类生命个体如果用审美的眼光和心胸看待世界，品味知识、工作与生活，必将充满着美好的情趣与诗意的生活！

在讨论"审美"概念之前，要界定清楚"审美"概念的内涵。我们讲的"审美"，是指生命个体在"审美世界"中的审美活动，是在审美活动中体验美、感受美、践行美——实现生命个体"生命最优"或

"幸福生活"。

之所以选择"审美"作为生命个体追求"生命最优"或"幸福生活"的重要概念元素，是基于生命个体从诞生之日起，在建构生命个体自身——第一结构系统之外，始终与第二结构系统要素建立关系态，实现生命个体自身第一结构系统各要素历史经验关系记忆或现实经验关系记忆的生长与建构。而人类生命个体现实经验关系记忆的建构，均离不开生命个体对"感觉"概念的建构。譬如"疼""香""辣""压""拉""打""红""绿""黑""白""低沉""响亮"等。而"感觉"概念的形成，来源于人类生命个体对自身"感觉"概念表达的需要，亦即进行"意象"的建构。当生命个体发生"疼""香""辣""压""拉""打""红""绿""黑""白""低沉""响亮"等——"感觉"时，生命个体就通过相对应的"感觉概念"——"意象"，给予"疼""香""辣""压""拉""打""红""绿""黑""白""低沉""响亮"——"感觉"等各种表达。

也就是说，凡是人类生命个体表达出来的感觉，都是生命个体对感知对象"情感"化的混合体，以此形成的知觉、表象其实质是生命个体的"意象"，只不过是"情感"程度及方向不同罢了——有的以潜隐的方式，有的以外显的方式，生命个体究竟取决哪种方式呈现"意象"，关键在于生命个体对"意向"对象建构"意象"的倾斜程度。

纯粹的感觉表达是不存在的，感觉表达出来的一定是情感化的。"百闻不如一见"也道出了生命个体建构清晰"意象"的重要性和必要性。因此，生命个体总是伴随着"感觉"表达而建构生命个体的"意象"——"感觉"表达与"意象"一一对应。

当然，生命个体存在"意象"建构能力的差异，即生命个体存在审美能力的差异。但是，并不是所有的"感觉表达"，抑或"感觉表达"形成的"意象"都能够给生命个体"唤醒沉睡着的艺术同情和形式欣赏的能力"①。有的"感觉表达"或"意象"给生命个体带来"眩惑"②
或"审美上的冷淡"③；有的"感觉表达"或"意象"是"属于'太陈腐和
太令人厌恶的东西'，它们遏制或消解审美意象的生成"④。所以，
把能够唤醒生命个体沉睡着的艺术同情和形式欣赏能力的感觉表
达——意象世界，称为"审美世界"。生命个体在"审美世界"中的
"审美活动"，既是生命个体体验美、感受美、践行美的活动，也是
追求"生命最优"或"幸福生活"过程。

　　由此看来，一方面，"审美世界"一定有生命个体的参与，没有
生命个体的参与，客观世界不可能形成"审美世界"；另一方面，即
使有生命个体的参与，生命个体形成了客观世界对象的某个"意
象"，也不一定是"审美世界"。所以，这里讲的"审美"，一定是在
生命个体参与下的唤醒生命个体沉睡着的艺术同情和形式欣赏能力
的"意象世界"或"审美世界"，进而激励生命个体在现实生活中践行
美。那么，为什么要特别关注对生命个体产生唤醒的"意象世界"
呢？其实，在前面已经说过，虽然人类生命个体与第二结构系统要
素建立关系态，产生对某种要素表达的"意象"，但是，这个"意象"
对生命个体不一定产生"唤醒"。不产生"唤醒"的生命个体与第二结
构系统要素建立关系态可能是非常重要或必要的关系态，但从生命
个体追求生命最优的本质属性来讲，如果能够实现生命个体在建立
非常重要或必要关系态的同时，产生唤醒的"审美世界"，不更有利

　　①　李斯托威尔语，转引自叶朗. 美学原理. 北京：北京大学出版社，
2009：69.

　　②　王国维语，转引自叶朗. 美学原理. 北京：北京大学出版社，2009：
69.

　　③　李斯托威尔语，转引自叶朗. 美学原理. 北京：北京大学出版社，
2009：69.

　　④　叶朗. 美学原理. 北京：北京大学出版社，2009：70.

于生命个体追求"生命最优"或"幸福生活"吗？换句话说，生命个体就是要提高审美能力，积极构建"唤醒"的"审美世界"，形成与生命个体灵动能力相匹配的健美身体、审美情趣。虽不能说直接为生命个体带来实实在在的物质利益，但是随着人类物质文化需求的基本满足及逐步丰富，特别是人类工业化、信息化革命之后，人类生命个体生活的完全外化使得其身体更加柔弱而缺少力量、内心世界更加贫瘠、荒芜而缺少精神丰满与深邃的时候，健美的身体、审美的情趣可带来生命个体所需要的、真正属于自己的自由精神家园——精神自由与享受。生命个体如果能够建立更多"唤醒"的"审美世界"——自由精神家园，那么生命个体与第二结构系统要素建立的关系态一定是正向的，或重要的，或关键的，是可以间接支撑生命个体追求"生命最优"或"幸福生活"的。因此，从整体上看，关注生命个体产生唤醒的"意象世界"，有利于生命个体追求"生命最优"或"幸福生活"指数的提高。

生命个体怎样才能够产生"唤醒"的"审美世界"呢？既然第二结构系统要素不能够单独产生生命个体"唤醒"的"审美世界"，只有生命个体的参与才有可能产生，那么，生命个体怎样参与或具备什么条件才能唤醒生命个体的"审美世界"呢？对此，我们进一步考察生命个体的"审美世界"。

其实，生命个体的"审美世界"就是生命个体"美"的感受。那么，"美"又是什么呢？我们认为，美是生命个体对要素深刻的感性外观或内涵意蕴的感性显现与其精神需求的高度契合与共鸣。因此，生命个体的审美活动是一种精神——文化活动，是体验而不是认识。但是，生命个体对要素深刻的感性显现及其生命个体的精神需求，与其认识有相当大的关联。因为，生命个体只有对要素产生不管是感性的还是理性的"认识"（认识本身，就是生命个体内在表达），才能对要素产生相对应的"意象"，至于生命个体的"认识"能不能"唤醒"其"审美世界"——深刻的感性显现与精神需求契合与共鸣，取决于生命个体自身的审美意识、审美情感、审美情趣与审美能力。

譬如，生命个体通过学习都能掌握一定的物理知识，但是不一定对物理学产生"美"的体验，即生命个体只注重概念的逻辑推理、实验归纳、规律等表达，而不关注物理学揭示自然现象而形成的形式与内容和谐与统一的美。因为，美的享受与兴趣是一对孪生兄弟。所以生命个体在体验不到为物理学意象之美存在时，也就很难产生学习物理学的兴趣。

然而，物理学家一般都能体验到物理学之"美"。因为，物理学家在对物理学认识的基础上，对其产生了"深刻的感性显现"，并与物理学家对物理的"精神需求"相契合或发生共鸣，即唤醒了物理学家对物理学的"审美世界"。当然，如果"深刻的感性显现"与物理学家对物理的"精神需求"不相契合，那么，正是物理学家或修正、或发现、或创造新的理论契机，使其达到"相契合"，从而构建新的"审美世界"。

这在物理学发展史上已经得到了多次验证。如爱因斯坦《相对论》的建立，光的波粒二象性、物质波等的建立等。同样，摄影爱好者，将第二结构系统要素——环境即"理想的感性显现"与摄影爱好者的"精神需求"相契合——"审美世界"的建立，就定格在了爱好者的"相机"中。依此类推，数学家能体验到数学之美；植物学家体验到植物学之美；化学家体验到化学之美；语言学家体验到语言之美；艺术家体验到艺术之美；政治家体验到政治之美，等。但凡生命个体感受到"深刻的感性显现"与其"精神需求"不相契合时，也恰是生命个体追求其"契合"的动力。正是由于生命个体不停地追求这种"契合"，才不断地推动人类生命个体现实经验关系的积累。因此，生命个体对要素深刻的感性显现与其精神需求相契合与共鸣，是生命个体建构"审美世界"的条件。情感的建立，是生命个体精神需求的前提，情感将生命个体与关注对象融化为"物我同一""物我无二"。

所以，人类生命个体要建构"审美世界"，必须唤醒生命个体的"情感关怀"，使生命个体对要素发生深刻的感性显现，也就是说，生命个体能够对"客观的存在要素"在审美意识、审美情感、审美情趣、审美价值等的作用下，呈现生命个体自身对"要素深刻的感性显现"。当然，此"要素深刻的感性显现"的价值及其品质，受到生命个体审美意识、审美情感、审美情趣、审美价值追求的制约。但是，只要有意识地唤醒生命个体的审美情感，即生命个体有意识地进行情感关怀，就能建立生命个体自身的"审美世界"，促进其"物我同一"的精神世界。

生命个体"精神需求"的世俗与高雅，直接影响生命个体对"要素深刻的感性显现"价值及品质。生命个体对"要素深刻的感性显现"总是与生命个体"精神需求"相一致、或相当、或共鸣，否则，形不成"契合"，感受不到愉悦，甚至相左，生命个体难以建构"审美世界"。我国美学学者宗白华对此有精辟论述：西洋是唯理的体系，中国是生命的体系。唯理的体系是要了解世界的基本结构、秩序理数，所以是宇宙论、范畴论；生命的体系则是要了解、体验世界的意趣（意味）、价值，所以是本体论、价值论"①。由此可见，宗白华先生对中西文化从形而上的角度给予了"泾渭分明"的分类，充分体现了中西方两大体系的文化之美——泾渭分明、自成体系，

---

① 叶朗. 美学原理. 北京：北京大学出版社，2009：8.

是人类文化的两颗明珠——缺少哪一颗都显孤单，都不是人类文化历史的全貌。这"形式"的感性显现，也正与宗白华先生对中西文化精神的认知相契合。他这样简洁的划分，不仅他自己感觉到中西两大文化阵营形式之美，而且每一位稍有中西文化底蕴的读者都有泾渭分明的形而上之美的感觉。

但是，值得说明的是，"精神需求"的世俗化，不是低俗化或庸俗化。世俗化，虽不高雅，但易于更多生命个体与"要素深刻的感性显现"相契合或发生共鸣。诸如反映北方农村地区、西北地区的文学与艺术作品等，使得更多的北方农村、西北农村生命个体在观看影视作品过程中带来许多美的享受。

生命个体在情感基础上要能动地建构"审美世界"，固化为生命个体的情感追求。我们将"审美世界"的建构划分为：审美的形式与内容世界；审美的精神与行为世界。

讨论审美的形式与内容世界。人类生命个体始终都没有离开与第二结构系统要素建立关系态，这其中就包含生命个体与要素建立的审美世界。这就是说，生命个体与第二结构系统要素始终有"情感"的因素，只不过情感因素的程度不同罢了。从审美的形式与内容来看，生命个体每日的吃、穿、住、行等，无不与外在物的形式、功能建立关系态。仅就生命个体的"穿"来说，即便是较小年龄的幼儿也懂得衣服的漂亮，也要选择自认为重要的场合穿上漂亮的或者"好看"的衣服，何况成年人，诸如女性外出"化妆"，选择不同场合的服装搭配，男性正装或便装的选择等，都是生命个体审美意识、审美情趣的体现。但是，由于生命个体审美情感、审美能力的差异，才有了人类社会生命个体外在形式的"万紫千红""生动活泼"。尽管每个生命个体外在形式或内涵意蕴的感性显现不一定能唤醒其他生命个体"精神需求"的共鸣，即难以建立"审美意象"，甚至是相反的效果，但就是呈现外在形式的生命个体自身确实依然将"客观的我"装饰为"意象中的我"，而成为现实中的"形式我"。即便是人类生命个体的"吃"，如果给予审美观照，也能发现人类饮食领域中呈现的众多审美意象，如北京的小吃"驴打滚""糖葫芦"及老北京的精益求精的谭家菜、恩承居的鸭油炒豌豆苗等精美菜品。

除此之外，如果我们生活接触的所有环境，特别是人类生命个体所构造的环境，如家庭房间的设计、学校的设计、公共场所的设计、公园的设计、办公场所的设计、教堂的设计等，其外在形式或内涵意蕴能唤醒与之相互作用的生命个体实现其"精神需求"的共鸣，那么，这样的环境就是生命个体追求"生命最优"或"幸福生活"的环境，这样的环境就是生命个体灌注了生命审美意象的环境，是充满生命活力、能量和力量的环境。即便是为我们提供服务的各种工具，如餐桌、座椅、灯具、水杯、汽车、空调、电脑、机器人、机床、厨具、农具等，如果在具有功能的基础上，实现其功能与形式契合，进而唤醒与其作用的生命个体"精神需求"的契合与共鸣，那么，人类生命个体在收获工业化、信息化成果的同时，还享受着人类生命个体创造的技术美与艺术美。当然，人类生命个体创造的各种艺术作品，更是生命个体审美意象的感性呈现，艺术家的"审美意象"与发生作用的生命个体实现再唤醒，进而复活艺术作品的生命及其活力，实现生命个体追求"生命最优"或"幸福生活"。

只要生命个体具有较强的审美意识，以审美观照人类生命个体日常的生活，不仅切实提高自身生活品质，而且在闲暇之余构筑自身自由的审美世界，丰富生命个体"意象世界"，增强生命个体意象美回味。印记中 20 世纪 70 年代的中国农村，物质并不丰富，只能勉强度日，印象却十分深刻——

"在夏季，傍晚时分，落日的余晖洒满了农院，在湛蓝天空的映衬下，袅袅炊烟向西北方向飘去。一个不大的院子，在院落甬道一侧，黄瓜、豆角、架瓜还有密密麻麻满畦绿色的香菜，偶尔畦埂上几簇全身敦实而鲜嫩宽叶的生菜，在夕阳的映衬下充满着活力……整个院子充满了玉米面熬制稀饭的味香。劳顿了一天的农民，拖着疲惫的身体，回到真正属于自己农院的家。收拾农具，拍打衣服，汲水洒院……顷刻，八仙桌外加一小长桌周围摆放着八九个各种矮小木凳，桌上嫩嫩的生菜、顶花带刺的黄瓜、泛着热气装满大碗的豆角，用清水泡过的咸菜飘着几滴油花，还有叶茎分明且香甜可口的大葱……这就是一家八九口人快乐的晚餐。现在回忆起来，还依然感到家人的亲情、纯洁而美好，盼着吃一顿玉米稀饭是多么幸福与美好！"

除世俗的形式与内容审美世界之外，如果用心观照精神文化、体育文化领域形式与内容的审美世界，我们将意外地发现在知识内省过程中体验不到的美的感受。诗歌、散文、小说、书法、绘画、音乐、体育、舞蹈、戏剧、健美等，它们的艺术形式与内容无不充满着特有的形式和意蕴，以此来唤醒生命个体"精神需求"的意象世界，让生命融入文学或艺术作品、体育运动之中，从而使文学与艺术作品或体育运动充满生命的活力与力量。反过来，以文学与艺术作品、体育运动等生命活力与力量再次唤醒生命个体的意象世界与精神世界，铸就生命个体的审美情趣或审美价值，丰富并提升生命个体的精神与道德境界。

这里仅以陶渊明《归园田居·种豆南山下》为例，感受其诗的形式与意蕴的"感性显现"与生命个体"精神需求"的契合而形成审美意象，从而让诗充满了生命活力与力量——诗人隐居之后躬耕劳作。反过来，促进读者田园式生活的审美意象，提升其自身的价值追求——无畏的精神、美好的人格、高尚的境界。望读者品味："种豆南山下，草盛豆苗稀。晨兴理荒秽，戴月荷锄归。道狭草木长，夕露沾我衣。衣沾不足惜，但使愿无违。"其他的文学与艺术作品，如王维的《山居秋暝》："空山新雨后，天气晚来秋。明月松间照，清泉石上流。竹喧归浣女，莲动下渔舟。随意春芳歇，王孙自可留。"只要生命个体循着"审美"的方向去读、去品、去建构意象，不仅有利于生命个体理解文学与艺术作品，而且增强生命个体审美趣味，提升精神品味，实现生命个体追求生命最优或幸福生活。

再来讨论审美的精神与行为世界。从人类生命个体本质属性来讲，审美的精神与行为世界，是生命个体追求"生命最优"外在与内在的体现。相比生命个体审美的形式与内容世界，是更高一层次的审美世界。审美的形式与内容世界，关注更多生命个体以审美意识、审美情趣等把第二结构系统要素"感性显现"与生命个体"精神需求"统合起来，形成生命个体的审美意象，一方面，提升自身审美的精神世界；另一方面，切实实现自身的愉悦，进而形成情趣或兴趣。因此，生命个体审美形式与内容世界的构建，着眼于生命个体第一结构系统要素的建构。也就是说，生命个体关注第二结构系统要素的目的，是更好地观照生命个体自身精神世界。然而，生命个体审美的精神与行为世界，关注更多是生命个体自身对第二结构系统要素灌注的精神与行为而形成的审美意象，是生命个体第一结构系统要素增值了第二结构系统要素形式与内涵意蕴的"感性显现"。如果我们把生命个体审美的形式与内容世界的建构描述成："2"作用于"1"→[2　1]→[1]；那么，生命个体审美的精神与行为世界则描述成："1"作用于"2"→[1　2]→[2]。因此，生命个体审美的精神与行为世界的建构，更有利于人类社会组织建设，有利于"最佳公民"建设。

正像前面讨论审美的形式与内容世界一样，精神与行为也总是联系在一起的，是一个整体，行为是整体的外显，精神是整体隐藏着的灵魂。先看屠格涅夫散文诗中的一个例子。

"大风把一只未出窝的小麻雀吹落在地下，正好落在一条猎狗的前面。猎狗向小麻雀走去。突然从树上落下一只黑颈项的老麻雀，落在猎狗的嘴边。它一面哀鸣，一面向猎狗张着的嘴巴和牙齿冲撞。它要救它的雏鸟，企图用自己的身体来阻挡灾难。它全身震颤着，冲向猎狗的嘴巴。冲了一回又一回，终于倒毙在地，牺牲了它的性命。"①

屠格涅夫呈现给我们"老麻雀"外显的行为，让读者构筑了老麻雀"精神与行为"审美的意象世界。这意象世界，将唤醒读者追求"生命精神最优"的崇高境界。

其实，精神与行为的审美世界，始终伴随着生命的存在而存在。从本质上看，虽然是生命本质属性的表现，但也是生命相对非生命世界更伟大的表现。历史上众多的圣贤为我们构建了他们精神与行为的审美世界。诸如，我国儒家代表的孔子，构建了以"仁"为核心的精神与行为的审美世界；道家代表人物老子，构建了以"道"为核心的精神与行为的审美世界，进而庄子在以"道"为精神本体，建构了以"游"为形式的"飘逸"审美世界。即便是普通生命个体，也能够为人类社会建构"精神与行为"典范的意象世界。

2008年5月的汶川地震，德阳市东汽中学教师谭千秋张开双臂像一个"大"字，趴在课桌上，死死地护着课桌下的四个学生，四个学生得救了，而他却献出了生命。汶川地震中的一位遇难的母亲，她双膝跪着，整个上身向前匍匐着，双手扶着地支撑着身体，像古人行跪拜礼，只是身体被压得变了形。在她的身下有一个红色带黄

---

① 叶朗. 美学原理. 北京：北京大学出版社，2009：331.

花的小被子，包裹着她三四个月大的孩子，因为母亲的庇护，孩子毫发未伤，还在安静地睡着。医生发现了一部手机在被子里，屏幕上是一条已发的短信息："亲爱的宝贝，如果你能活着，一定要记住：我爱你。"尽管这位母亲，已经永远离开了人类社会，但她再一次塑造了人类母亲的爱，精神与行为的崇高意象世界。

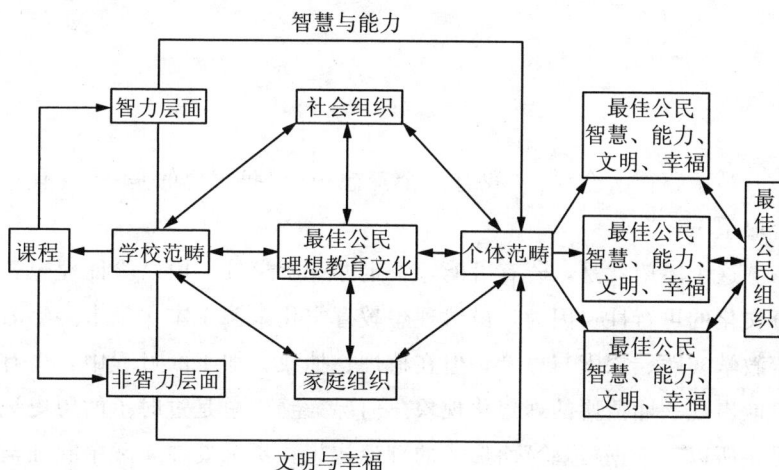

图 8-1 理想教育文化三大范畴之间的关系

综上所述，我们认为，人类生命个体如果用审美的眼光和审美的心胸看待世界，品味知识、工作与生活，生命个体必将充满着美好的情趣与诗意的生活！

后　记

　　马丁路德·金说："我有一个梦想……"我想说的是："我有一个愿望……"

　　这个愿望就是，若有可能，一定办一所学校，用以验证理想教育文化的可行性。因为，虽然理想教育文化来源于本人三十多年教育教学实践、探索与思考，但在梳理、抽象、加工的过程中，也有可能出现一厢情愿的理想化现象。何况"经验"总是过时了的历史记录。所以，依据"经验"而形成的理论构想，更需要在实践中验证与完善。

　　能否办一所学校，毕竟是未来的事情，当然，也是一个未知数。愿望不落实，总是愿望。法国思想家、教育家让-雅克·卢梭为我们树立了榜样，他建立了《爱弥儿》①学校，实现了理想的教育情怀。虽然，可能做不到像卢梭那样建立《爱弥儿》学校，但是，仍然可以效仿卢梭，学习卢梭，至少在呈现方式上学习卢梭，把理想教育文化涉及的重要组织——学校、政府、社会的理想教育文化模型，宏观地、纲要性地、简略地勾画出来，以方便更多读者理解理想教育文化的内涵，也可作为理想教育文化轮廓最简略的素描吧。

―――――――――

　　①　《爱弥儿》学校，指的是卢梭小说《爱弥儿》。

在素描之前，值得强调的是，学校教育完成之后，生命个体就将进入社会组织，即我们的教育完成之后，生命个体就初步具备"最佳公民"要素特征，只是程度不同而已。由此，不管哪一阶段的教育或教育倾向，始终要围绕"最佳公民"要素特征进行。因为它是生命个体追求幸福生活最基础，也是最核心的要素。如果我们有这一基本共识，那么，不论幼儿园、中小学、职业学校、专门学校还是大学及研究生教育，我们都可以用这一基本的教育原则和理念，进行教育设计。当然，这一基本原则理念，也是在理想教育文化总要求之下的。

学　校

前面，在讨论学校范畴时，着重关注了学校教与学方法的讨论，没有从理想教育文化整体的角度，关注学校的职责。所以，这一部分侧重说明理想教育文化在学校组织中的整体呈现。但是，由于学校组织是包含幼儿园、中小学、职业学校、大学等不同年龄、不同教育倾向的教育组织，所以，只是相对宏观地给予概要性介绍。

首先，考察学校地址、建筑等硬件设施。学校校址应该坐落在环境幽雅、开阔，景色宜人的场所，与居民区相距一定的距离，以此呈现育人环境的高雅，让生命个体在幽雅环境中感受到高雅与世俗的不同，让生命个体尽可能感受到自然界不仅为人类贡献了丰厚物质财富，而且也贡献了美的精神财富，潜移默化地浸润生命个体"人天合一""天人合一"的思想与行为意识。对此，城镇小区配套的学校，应该规划在小区最好的位置，并留有适度开阔的空间，以便借助自然环境景观实现"天人合一"，或宜于借助人文补景实现"人天合一"。农村学校由于选择校址相对城镇学校空间更大，最好不宜建设高层楼房而破坏"天人合一"的自然环境，而最宜依自然环境建设学校。建筑物是人类生命个体学习、探究、思考研究的场所，不同的建筑外形、高矮、颜色、链接关系、疏密布局与不同环境的嵌入，将给予生命个体不同的启发。有的不由自主地让人肃然起敬，让灵魂得以沉淀；有的让人活泼，让人洒脱，精神上没有束缚感，灵魂得到一种自由，让生命个体找到真正属于自己的我，客观的我，而不是形式的我；有的让人有一种神圣的责任感，探究精神，聚精会神，执着而勇往直前等。除整体建筑外形之外，其内在空间布局也非常重要。教室、辅助用房与房间走廊等，是否考虑到"最佳公民"要素的要求，如教师与学生之间关系、学生与学生之间的关系、自然环境如阳光与学生之间的关系、学生与学生活动之间的关系、学生与学习工具设备之间的关系等。当然，学校的建筑设计及其布局一定要考虑生命个体的年龄特点，这是对生命个体"尊重"的重要体现。

其次，从管理的角度考察理想教育文化学校机构设置、教育者和管理者工作形式及学校治理模式。

一是对比我国现行的学校重点组织机构设置，理解理想教育文化学校的重点组织机构。

现行学校教学处或教务处，应变为理想教育文化学校的教学指导处。因为，现行的学校教学处，教育管理者凌驾于一般教育者之上，一般教育者处在弱势地位，简单地接受"命令"，或被动地接受管理者的评价，缺少管理者对教育者应有的尊重。因此，较少看到管理者的民主行为。即使管理者具备较强的某学科素养，但由于专业的单一性，对其他学科也具有较大的局限性，何况管理者更多是行政职能的"管"和"理"，而不是对一般教育者的教学指导。

而理想教育文化下的教学指导处成员，是在具有"最佳公民"素养的基础上，具备学校学科教学权威，即教学指导处是由学校教学专家组成的学术组织。其主要职责是针对本学校教育者及受教育者的实际，指导学科教学工作，安排设计学校课程、本学科的教学及教育科研，包括教学内容、教学方式、教学策略、教学的辅助资料，以及与教学相关的科普、论坛和教育科研等活动。

现行学校的教学指导一般是在教务处或教学处的行政安排下，由学科教研组组织实施，而教研组负责人一般是兼职教研组的管理工作，从学校考评管理的角度，他又等同于学科教育者的普通人员，接受学校的统一考评。由此带来教研组负责人或其他成员不可能真心实意或极其真诚地指导他人，因为彼此之间存在竞争——考评排名等涉及业务水平的考核。这样带来的后果是教学研究浮于形式，管理失去权威，学术研究基本停滞，教育者成熟期延长，形成学术垄断。另外，学科之间，由于学校考评管理，也存在竞争，教务处或教学处难以从学校整体考虑课程设置及课程安排，为减少协调的工作量，一般都是按照惯例或上级文件精神，很难结合学校实际进行课程统筹。

而教学指导处，是学校的学术组织机构，对学校教学负责，既不存在专家与学科教育者之间的竞争，也弱化了学校学科之间统筹管理的难度。相反，可以更好地调动学科教学专家及教育者自身不断追求卓越的动力，因为弱化了学科组织之间的竞争，增加了学科专家及学科教育者之间的竞争。至于学科教学专家的任期、产生与日常具体工作，属于具体的管理问题，在此不做讨论。但是，值得说明的是，如果学校规模相对较小，难以组建涵盖所有学科的教学指导处，那么，(1)可以采取购买其他学校教学专家的服务(经所在学校同意)；(2)可以组建相对较小的学校联盟，实现学科教学专家互补与共享；(3)整合规模较小学校，适度推进规模办学。我们不赞成学校规模过大，或办教育集团，因为教育不是企业，不是生产标准零件，不可以无限量地批量加工。学校规模以有效的发展指导和教学指导为原则，追求效率与效益的最大值，追求规模效应，超过了"有效"便是走向了"无效"。

现行教育处或政教处、德育处（以下简称教育处），应变为学生发展指导处。因为，现行的教育处职能，一是居高临下以教育者自居。教育处着眼于对受教育者的教育，按照教育者价值定位及价值追求组织受教育者的各项活动，受教育者较少有选择权，只有按照规定被动地参与，在极有限的范围内略显自我，即教育处追求批量地生产价值趋同的教育产品。二是对受教育者的严格规范、约束与教育。教育处是对受教育者进行学校规定的思想、言行检查与教育机构，即对那些违反学校规定或倡导的思想、言行进行严格地规范、约束与教育，对不听规范、约束与教育的受教育者进行惩戒与处罚，必要时要求受教育者家长配合教育，这样也经常带来家长与学校教育之间产生矛盾，最终往往以家长形式上的"妥协"为解决结果。学校最基层的组织机构是班级，班主任代表学校对受教育者进行管理。因此，班主任也是教育处对教育者实施教育的最基层的负责人，隶属教育处。按照教育处的要求，负责本班受教育者的教育工作，有权利直接邀请受教育者家长共同对受教育者进行教育，必要时也可寻求教育处的教育支持。而学生发展指导处，是建立在理想教育文化基础上、指导受教育者的科学发展，是基于对受教育者相对长时期的、认真持续的观察提出发展策略的组织机构。

学生发展指导处的职责：（1）对学生发展指导处成员的培训、提升与指导；（2）统筹、策划受教育者活动安排与组织；（3）负责问题学生的规范与矫治。学生发展指导处成员，一般可由两种类型组成：（1）新任职的教育者；（2）喜欢做学生研究及指导工作的教育者。其职责是管理、建设班级，观察了解每一位受教育者，分析研究受教育者的灵动能力及其倾向等个性化表现。针对受教育者思想及行为表现，及时给予干预、指导，包括限制性约束建议、积极的肯定性建议和发展方向建议，甚至协助需要帮助的受教育者制订计划，指导其发展方向。定期或不定期与受教育者的家长或监护人沟通受教育者的情况，与家长或监护人形成合力指导受教育者的发展。值得说明的是，受教育者年龄越小，灵动能力特点的表现越不明显，呈现发展方向模糊的特点，因此，越需要关注全面发展；随着年龄增长，兴趣及灵动能力的分化，需要学生发展指导处的教育者及时地鼓励与点拨，确保在发展特长的同时，也关注基础性发展，即不要过早地、人为地形成分化。

针对以上介绍，是否会增大办学的成本呢？经过测算，如果按照理想的教育文化要求，在不增加学科教学课时的情况下，一方面，有效整合学生发展指导处教育者深入课堂做学科助教工作的调配，适度扩大教育者教学的工作量；另一方面，学生发展指导处教育者依据其特长也可兼任部分教学工作。这样，经过学生发展处工作的锻炼，即有过教育助教的经历或兼任教学工作的经历，就可以实现教育教学工作的互通。有过这样经历的教育者，才有可能成长为理想教育文化需求的教育者。一般说来，学生发展指导处教育者兼任1~3个班级的学生指导主任是完全有可能的，但是要考虑受教育者的年龄及教育者的实际情况等因素。高等教育的指导主任，相对小学或幼儿园阶段的指导主任，管理的班级自然要多一些。

上述学校组织机构设置及功能的变化，势必影响其他组织功能的调整。诸如，可把学校原有的总务处调整为综合服务处，将原有的总务处职能，和教务处或教育处的部分职能，如学籍管理、考试的组织与管理、图书管理等职能，并入学校综合服务处。教育科学研究等工作，可依然归入教学指导处负责。家长委员会的管理工作，可由学生发展指导处负责。学校办公室的职责可进一步明确：对内负责学校总体规划的制定，政策部署与传达，各处室的统筹与协调；对外负责学校纵向与横向的沟通与联系，负责学校的接待工作等。

二是理想教育文化学校教育者与管理者工作的形式。理想教育文化的教育者，在学校组织中具有三种基本角色：（1）从事学科教学工作；（2）从事准备学科教学工作；（3）教育者的教育、教学研究工作。由此可知，学生发展指导处的教育者，即学生自然班级指导主任，除从事学科教学任务之外，办公场所设立在自然班级为宜（大学除外）。专门从事教学工作的教育者，除从事学科教学外，如果在从事准备教学工作，一般可在图书馆或阅览室等场所，即不再为教育者设立独立的教学准备室。理想教育文化的管理者或服务者，总的原则是为教育者和受教育者服务。因此，要有专门的办公场所。办公场所一般设置在有利于服务教育者和受教育者，但不影响教育者和受教育者工作与学习的地方。

三是理想教育文化下的现代学校治理。传统学校的管理，首先，突出了"管"字，强调了领导的主导地位，弱化了教育者、管理者、受教育者家长参与管理的作用。不足之处在于：助长学校管理者的官本位思想；容易导致决策的简单化；由于缺少教育者、管理者、受教育者家长的理解，导致执行效率低下；弱化了教育者、管理者、受教育者家长等学校主人翁地位，不利于调动他们的积极性与创造性，使之被排斥到旁观者的位置。理想教育文化的现代治理，突出强化"最佳公民"素养的体现，重视教职工代表大会、家长委员会、学生委员会等制度建设。把教育者、管理者、受教育者及其家长看作学校组织的主人，充分发挥他们主人翁作用，参与学校规划制定、参与学校组织的大型活动，向他们通报学校工作，重大问题征求他们意见等。总之，理想教育文化的现代治理思想充分体现"最佳公民"｛尊重　民主　责任　科学｝的素养要求，从而推进学校的现代治理水平。

再次，考察理想教育文化的课程设置与管理。理想教育文化的课程设置，依然要遵循政府课程设置规定，但在此基础上，依据受教育者的年龄特点、学科特点，按照理想教育文化学校范畴｛扰启　内省　质疑　实践｝要素的要求，突出时代信息，着眼于受教育者素养｛独立　追求　养控　审美｝的培养，立足于"最佳公民"｛尊重　民主　责任　科学｝的影响，教育管理者追求受教育者受教育的开放性。由此，受教育者的课程管理主要体现在三个方面。(1)为受教育者提供课程的选择性，当然，受教育者年龄不同，选择课程的方式也不同，但都要自己选择；(2)为受教育者提供教育者的选择性。让受教育者选择适宜自身的教育者的教学，既包含教学内容，也包含教学方式。这一点，根据年龄的特点，学生发展指导教师可帮助受教育者完成，但不可包办替代；(3)受教育者课程学习评价的选择性。着眼于两个方面：(1)较高要求的考察；(2)基本要求的考察。当然，基本要求的考察，是最低要求，而较高要求的考察，是为受教育者进一步深造提供基础。除去上面介绍的受教育者在校内课程选择和教育者选择之外，学校组织还要为学生课程学习提供网络学习资源。

学校的网络学习资源和学校的图书资源都是受教育者辅助的学习资源库。理想教育文化要求学习资源库，对受教育者来说，至少具备五个特点。(1)学习资料相对丰富。资料储备不仅重视国内历史、现实的资料，而且要重视国际上各个国家历史、现实资料的储备；不仅重视经典资料的储备，还要重视当前前沿研究的成果；不仅重视主流思想资料的储备，还重视有争议、有启发的思想资料的建设；不仅有尽可能丰富的阅读书目，还要有可供查找检索用的工具书，等等；(2)学习资料具有适宜性。学习资料的储备要适宜受教育者年龄特点、知识基础、兴趣爱好、涉猎范围、表述方式等，便于受教育资料的查找与阅读。(3)学习资料具有时代性。随着人类生命个体现实经验的丰富，新发明、新发现、新创造等人文类、社会类及科学类学习资料，要及时充实进来。(4)要有学习的特色资料。这类资料一般是学校组织自身的资料，是学校教育者在从事教育的过程中，逐步积累的历史资料。当然，学校资料的丰富性，取决于学校文化及办学历史的积淀。所以，学校自身特色资料越丰富，其办学底蕴就越丰厚。因此，学校应十分重视学校资料库的建设。(5)学习资料库现代载体建设。由于信息化的快速发展，网络时代、大数据时代的到来，拓宽了学习者学习的时空，丰富了学习资料，如电子图书、视频资料、慕课、微课、翻转课堂等。除此之外，也为受教育者之间、教育者与受教育者之间的交流沟通，信息反馈等提供了可能。

理想教育文化除重视资料库建设外，还特别重视资料库的使用。教育者必须十分熟悉资料库应有的资料，以便在布置受教育者作业时，为受教育者推荐拓展读物，为受教育者开展探究活动，提供资料检索建议等。总之，学校资料库的云平台建设更有利于理想教育文化的实施。

综合以上介绍，从学校的选址，管理机构的设置、职能的变化以及课程开设的组织与实施，初步感受到了理想教育文化学校的办学理念，但是，还要在办学实践中逐步丰富与完善。

政 府

这里，主要说明政府在理想教育文化建构过程中的职能定位及与职能相适应的机构设置倾向。基于此，我们考察人类生命个体从教育发生之时开始，直至教育发展、演进到现在，政府的哪些角色定位更有利于当前及今后教育的发展呢？

综观教育发展的脉络，能够较清晰地感受到人类四种教育文化阶段，即：追求政治军事宗教教育的文化；追求技术教育的文化；追求知识、智慧教育的文化；以人为本，追求幸福生活的教育文化。纵向看，这四种教育文化存在着历史进化的轨迹；横向看，这四种教育文化直到现在依然存在，或者说，交织在一起。

由此感到，当政府或者宗教组织牢牢控制教育内容，限制其学术思想自由时，学术界难以形成百家争鸣的局面，不利于人类产生新思想及重大发明创造。人类历史上，宗教对科学家哥白尼、伽利略、布鲁诺等的迫害，阻碍了科学的进步；中国历史上秦朝也有过"焚书坑儒"的记载，阻碍了古代中国思想的传播；汉朝之后的"独尊儒术"也阻碍了古代中国思想及科技的发展。相反，当政府支持学术自由，鼓励百家争鸣或不进行干预限制时，教育界和思想界就空前繁荣，如古代中国的春秋战国时期、古雅典时期、西方的文艺复兴运动时期等。当然，政府对教育不干预、不限制，不等于对教育不加以规范管理，"不干预、不限制"是在一定范围内的，是有前提条件的。那么，政府对教育究竟该做哪些事情呢？我们认为，政府对教育按功能可以划分为：规划功能、引导功能、组织功能、评价功能等。

规划功能。政府对教育赋有整体规划功能，即政府职能部门代表政府，对本辖区的教育研究、教育布局、教育规模、教育发展、资金预算等依据上级教育行政部门的规划，结合本辖区人口规模、分布状况、发展速度、经济基础等做出完整教育体系的动态规划，当然包括国际教育、社区教育和终身教育等完整教育体系。也就是说，教育行政部门结合国家或地区的整体需要、人口出生状况、入学需求的流动情况、人口分布密度、地区经济发展、世界教育发展方向等做出当年及今后若干年的教育发展及教育需求预测，确保社区教育、终身教育及各教育学段、办学性质、班级容量、办学规模分布合理，既满足需求，又不出现教育资源的浪费，切实让教育适应社会发展、促进社会发展、引领社会发展。

引导功能。政府对教育引导的依据，主要来源政府教育规划，即假定政府规划是科学的、合理的，但事实上在执行过程中又偏离了规划，这时政府通过引导确保规划的落实。因此，依据政府的规划类型，政府的引导类型，可分为国家或地区整体教育布局的引导和对具体学校或教育组织的引导。对后种情形的引导，按照办学性质可分为对公办学校的引导功能和对民办学校的引导功能。因此，对公办学校的引导功能：一是资金引导，通过资金的公开支持，改善办学环境和办学条件；二是政策支持，政府部门通过专项政策对不同地区、学校给予的政策支持来引导学校发展，如通过专项政策引导教师的流动、学生专业选择、升学选拔导向等。对民办学校引导功能包括：一是对义务教育阶段或短缺专业给予资金的公开支持，实现区域公办学校与民办学校的相对平衡；二是政策支持。政府通过政策鼓励民间资本投资各阶段教育，鼓励优秀教育工作者承办教育，如对资本金不超过10％的年回报，优秀教育工作者工龄、险金、职称、荣誉连续计算、评定及校舍、设备等硬件的支持等。政府的资金和政策除引导各个学段教育发展之外，还包括对社区教育和终身教育的引导与支持。

组织功能。政府的组织功能也是依据政府的规划，组织好规划的落实。按照政府规划的类型，政府的组织功能可分为两类：一是组织落实国家或地区整体教育规划；二是在具体学校或教育组织中组织落实国家对教育的要求。在第二类组织功能中，对公办或民办学校的组织主要体现在保证办学方向正确。其次，对公办学校确保教育教学硬件的组织提供，校长的公开选拔，教师的编制核定，办学资金的持续供给，社会性的统一活动等；对民办学校，组织民办学校承办者的公开选拔、资金及管理者审核与监管，确保民办学校建设工程中的资金投向，学校办学资金的持续运转以及学校的日常管理，合理资金回报，社会性的统一活动等。政府除对各学段公办和民办教育组织外，还包括对社区教育和终身教育的组织与设计。

评价功能。政府对公办教育和民办教育，甚至社区教育和终身教育体系都有其评价功能，只不过政府部门的"管理"教育即政府的教育规划功能、引导功能、组织功能，同政府对教育的"评价"，应由政府不同部门完成，即实现政府对教育的"管"与"评"的分离。由此，实现政府对教育的"管理""举办""评价"三者的分离，即政府通过实施规划、引导、组织等功能实现政府的管理；举办者不管是公办学校还是民办学校，如果政府授权"举办者"办教育，那么，学校或教育组织实施的内部教育管理由举办者决定，而政府管理教育的部门不得对学校或教育组织进行内部干涉；政府的评价部门对学校或教育组织的管理、办学效益、效果及教育方向，进行阶段性或针对疑似问题进行评价，评价结果作为政府管理部门修正或实施"规划、引导、组织"的主要依据，或进一步说政府的评价部门通过对学校或教育组织的评价，直接或间接地评价了政府管理教育的部门。当然，教育评价是一项十分专业化的工作，需要由专业化组织完成，因此，政府的评价部门只是负责组织评价工作，即实现公开的政府购买服务的方式，由社会专业组织完成。

值得强调的是，评价项目、评价要素、评价标准等的设置，即政府关注的重点项目，应由政府评价部门组织专家充分论证后，由社会专业化组织实施。譬如，按照理想教育文化设定的评价要素、评价标准，对学校进行评价认定，即为理想教育文化的认证。因此，评价指标的设定及其标准是评价的关键。由此，社会专业化评价组织应该是丰富的、多样的——管理类、教育类、教学类、课程设置类、队伍建设类、资金使用类、综合类等；对教育结果的历史评价，专业机构也可以借助大数据，对学校或教育组织做历史性分析评价等。社会专业化评价机构的适度发展有利于政府对教育的有效评价与管理；有利于调动教育举办者的创造性与积极性；真正实现"管、办、评"分离与相互促进的局面。

综合上述分析论证，我们认为，政府的教育部门按照规划功能、引导功能、组织功能设置教育管理部门，对应设置教育机构：规划机构、政策研究机构、组织机构、人事及资金编制机构、综合协调机构等；评价功能设置政府的评价部门，对应机构包括评价组织机构、综合协调机构等。

因此，按照理想教育文化，政府教育机构设置应该进行重组，譬如现行教育系统的教育科研部门应当整合到学校或教育组织中去，有利于教育科研人员理论联系实际。现行教育机构整合与重组，应当着眼于政府的教育职能、着眼于实现学校机构设置与政府教育部门机构设置相适应，着眼于共同构建现代教育管理体系，而不是重复设置、另起炉灶，是整合而不是废弃，由此真正实现"小政府大社会"的、高效率的教育管理局面。

2015年7月8日《中国教师报》报道："上海浦东新区已经进行了10年卓有成效的探索……一是打造有限的政府。政府该管的主要是区域发展规划、资金配置、公共财政投入、政策设计、质量监控、服务平台建设等。二是打造专业的社会组织。政府可以通过购买管理服务、教育评估服务、教育培训服务等，促进社会组织的发展。浦东的教育类社会中介组织近年来已从9家发展到47家。三是打造自主的学校。将教职工聘任、课程开发、教育教学组织、自我评价等权力完全交给学校，主要通过校长责任制、校长负责制、校长职级制、现代学校制度和规划引领等，加强学校自主办学的意识和能力。"可以看出，这是符合理想教育文化的一种探索和实验，其成效和经验值得期待。

社 会

在此，主要介绍社会承担落实理想教育文化的责任。应该指明，此处所指的社会主要包括：家庭组织；社会组织；最佳公民；受教育者；自然界；网络空间。此处所说的社会是人类社会、自然界和网络社会。对上述六个方面，将有所侧重地考察理想教育文化所要求的思维特征。

家庭组织。理想教育文化在家庭组织中的呈现，重点说明是家庭组织成员中的最佳公民理想教育文化的思维意识，而不是家庭成员中受教育者的理想教育文化的意识。家庭组织是生命个体生长的第一个环境，即生命个体建构的第一个关系系统，这一关系系统任何要素与生命个体建立关系态，将是最早阶段的关系态，直接影响着生命个体最初对关系的判断，以此形成生命个体对关系系统要素的反应方式。因此，家庭组织成员能否有意识地利用理想教育文化标准特征去建构、去营造最早阶段关系态，决定着生命个体生长方式、反应方式、思维方式、行为习惯。譬如，新婚夫妇决定要生小孩，就要有对小孩尊重的意识，履行自己的责任，及早科学地建构有利于小孩出生及生长的环境，诸如身体状况、环境营造、饮食搭配、情绪调整等决定着小孩的生长及器官的形成。

小孩出生之后，其生命个体与对外结构系统要素建立更为复杂的关系态，每一关系态的过程都作为生命个体现实经验关系记忆的累积，随着这种累积，生命个体必将尝试利用现实经验关系记忆和历史经验关系记忆与第二结构系统要素建立关系态。因此，生命个体早期现实经验关系记忆是非常重要的。家庭组织的成员不要以为生命个体还小，听不懂成年人语言交流，看不懂成年人的行为方式，读不懂成年人的情感表达，相反，家庭组织每一成员从生命个体诞生时刻起，就已经成为生命个体的教育者，甚至凡是与生命个体建立关系态的第二结构系统要素都已成为生命个体广义的教育者了。经验告诉我们，生命个体在不同的语言环境，会形成不同的语言风格；不同的行为表达环境，会形成不同的行为表达；不同的艺术环境，会形成不同的艺术表达，等等。上述"环境"，其实就是生命个体所处的第二结构系统要素。

如果重点考察家庭组织成员中最佳公民的角色，那么，每一位最佳公民都应该是名副其实的。也就是说，每一位最佳公民与未成年生命个体或最佳公民生命个体建立关系态，都应该充分体现最佳公民素养{尊重　民主　责任　科学}的特征。这一特征，在家庭组织中任何时空都应该是一以贯之的，只不过因建立关系态的对象不同而有差异而已。譬如，对象是未成年人生命个体，那么，最佳公民的"责任"与对象是成年人就要发生变化；再譬如，"科学"特征，最佳公民因不同对象，而有不同的"科学"理解。因此，在家庭组织中的统治者和最佳公民，都不能是独裁者，不要有"家长作风"，而应该有理想教育文化的思维、有理想教育文化的态度、情感和价值观，并贯彻到最佳公民建立关系态的所有过程和方法之中。

家庭组织成员最佳公民的另一角色是教育者。从广义上讲，生命个体的生长都是伴随着教育发生的，只不过是伴随生命个体的教育者不一定都是人类生命个体自身，不一定发生在固定场所或某一时段，也不一定具有明确的教育目的。但教育效果确实产生了。其实，生命个体的早期教育在家庭组织中一直都在进行着，近期我们命名为家庭教育。按照理想教育文化学校范畴特征要素{扰启　内省　质疑　实践}的要求，家庭组织最佳公民教育者角色，也要树立{扰启　内省　质疑　实践}教育的意识，而不是简单地灌输知识、背诵记忆所谓知识。家庭组织最佳公民教育者角色，在生命个体生长过程中，不受时空限制而潜移默化地进行"扰启"式教育，突出生命个体的"内省"，培养生命个体的"质疑"精神，合理安排生命个体的"实践"，增加生命个体的体验，丰富其现实经验关系记忆。

家庭组织最佳公民教育者角色，就是要把{扰启　内省　质疑　实践}的要求，落实在家庭组织教育的过程中，而不是让生命个体简单地自然式教育、自然式生长，或者不是接受理想式的教育。

社会组织。把包括政府部门在内的各级组织统称为社会组织。由此，社会组织的组成一是具有哲学家素养的管理者；二是具有最佳公民素养的组织成员。理想教育文化为受教育者所构建的关系态，都是有利于受教育者成长为最佳公民及其追求生命最优或幸福生活的关系态。由此，社会组织及其成员为受教育者的"实践"，不仅提供实践机会，而且能够让受教者感受到原生态的最佳公民素养。进一步说，社会各级组织管理者要树立为理想教育文化提供实践的意识，积极主动承担受教育者"实践"的任务，有义务拓展受教育者视野、丰富受教育者体验、深化对理论知识的理解，激发受教育者的兴趣，培养公民素养意识。譬如，城市街道或者社区管理者，农村村委会安排接受受教育者到街道、社区、农村开展体验活动；博物馆、科技馆、天文馆、动物园、名胜古迹、旅游胜地、地质公园、工厂等有计划为受教育者提供服务。

除上述之外，社会各级组织还要为受教育者尽可能提供积极向上的教育材料。文化部门履行出版适宜受教育者积极向上的出版物及影视作品，格调高雅而又易于接受、满足不同层次需求的音乐、美术、舞蹈、歌剧等作品。体育部门，通过各种体育俱乐部组织开展丰富多彩的体育活动，满足不同体育爱好者的需求。科协等各级学会开展科普讲座、组织各种沙龙活动、开展各种论坛、利用寒暑假社会组织开展夏令营、冬令营等活动。总之，社会的各级组织都要为理想教育文化提供力所能及的支持，切实实现社会资源与教育资源共享，以产生最大的教育效果。

最佳公民。具备最佳公民素养{尊重　民主　责任　科学}特征的公民都是最佳公民，因此，每个最佳公民在社会各级组织中，想问题、办事情都要体现最佳公民素养，按最佳公民的要素特征规范自身的言行，都要成为受教育者的榜样，让受教育者感受到人类生命个体本身就该具备{尊重　民主　责任　科学}特征的素养，不具备此素养的生命个体便是一种生命的欠缺。但是，也要防止具备了{尊重　民主　责任　科学}特征素养的生命个体，反而成为过于刻板、僵化、迂腐的生命个体。

合格的最佳公民，还要担当起促进人类生命个体整体素养提升的责任。作家除创作优秀作品奉献给读者之外，还要走进学校、走进教育者与受教育者之中，而不是仅仅成为受教育者仰慕的偶像；科学家除科学专著、科学成果之外，有责任推出科普读物，实现科学成果的普及；让艺术家走进校园与受教育者互动，激发受教育者的艺术兴趣，追求美的享受与艺术熏陶；戏剧家走进校园，通过与受教育者共同排戏普及戏剧知识；让体育明星、歌星、影视编导等走进校园与受教育者进行互动，使受教育者感受到明星与自己并不遥远等。总之，让最佳公民的优秀者从受教育者原以为遥不可及的天边来到他们中间，除发挥优秀者作品成果教育影响之外，还要使受教育者真实地感受到优秀者生命的感召力。

受教育者。受教育者受到第二结构系统要素的影响固然重要，但是由于受教育者生命灵性自身的差异，不可能要求受教育者在追求最佳公民素养特征过程中达到相同程度。尽管如此，理想教育文化依然是生命个体追求生命最优或幸福生活的有效途径。理想教育文化在个体范畴确定的{独立　追求　养控　审美}素养特征，始终应该成为受教育者不可动摇的追求要素。只有生命个体具备{独立　追求　养控　审美}素养特征，该生命个体才能真正成为最佳公民，只不过程度不同而已。或进一步说，生命个体是否具有{独立　追求　养控　审美}素养特征，是衡量考察生命个体是否是具备最佳公民的初始条件。因此，生命个体在生长的过程中，必须始终树立〔独立 追求 养控 审美〕素养特征的意识，以此实现生命个体成长为最佳公民，追求生命最优或幸福生活。譬如，生命个体做事情不能独立完成，总想寻求他人帮助；经常发脾气，而不能约束自己；独处时，不能控制自己的欲望而放纵自己等，都不符合理想教育文化个体素养范畴标准的要求。

自然社会。就理想教育文化本身来讲，其标准特征都不直接涉及自然界。但是，不管是自然界对生命个体的影响，还是生命个体对自然界的影响都是实实在在的。自然环境，不仅塑造了生命而且启迪着生命、作用着生命、影响着生命。亚洲人、欧洲人、非洲人等肤色、性格与文化具有较大差异，我国北方人的性格和南方人的性格也有较大的差异，其实，我们也真切地感受到滨海文化与临山文化的极大差异。由此，我们认为，自然环境对人类生命个体及种群的影响也非同一般。因此，一方面人类生命个体要充分接触自然界，获取、理解、应用自然界给予的各种信息，发展人类自身；另一方面要爱护、珍惜自然界给予人类生命个体及种群物质的、精神的恩赐，让人类及其各生命种群和谐相处。考察衡量生命个体是否追求理想教育文化的重要指标之一，就是对自然社会的态度。对自然社会不尊重，不管是对非生命世界的自然界还是对生命世界的自然界，都不可能是纯粹的理想教育文化追求者。或者说，生命个体或群体不可能追求生命最优或幸福生活。因此，生命个体追求理想教育文化的素养特征，应该包括对人类社会和自然界的态度。

网络社会。网络社会是人类社会进步的产物，它开辟了人类生命个体交往的新空间，建立了新型的沟通交流平台，弥补了人类生命个体交往的物理空间与时间的局限性，最大特点是可虚拟身份。因此，一方面需要人类社会组织通过技术手段和法律，约束管控好网络空间社会，使网络空间的信息有利于受教育者健康生长；另一方面，人类社会组织群体及其最佳公民，应充分利用网络空间，给予受教育者提供丰富的信息资源，尽可能满足人类生命个体生长及交流的需要；再一方面，要求最佳公民在网络社会空间依然坚守履行最佳公民的职责，给予受教育者最佳公民的影响，持续推进最佳公民社会建设，确保人类社会不因为人类交往空间的虚拟化而造成最佳公民的"虚化"。

在本书的最后，有必要再强调一下这样的观点：真正的最佳公民，不仅体现在真实的人类社会组织中，也体现在人类虚拟的社会中！最佳公民不是形式的，而是形式与内容的统一。由最佳公民构成的人类社会，人类生命个体才是幸福的，幸福才是可持续的。

致　谢

我在河北迁安工作近20年，大部分时间在迁安一中工作，只有三年半在迁安市教育局。可以说，迁安一中使我成长：我从她的一名学生，成长为她的一名教师，最后成为校长。在这个过程中，我经历过、感受到我国改革开放之后20世纪八九十年代的高考。作为学生，知晓了通过高考这座独木桥实现成长的历程；作为教师，知晓了如何让自己的学生取得好的高考成绩通过高考这座独木桥；作为校长，知晓了如何带领教职工实现学校优质可持续发展。这些实践感受，是我对教育理解与思考的第一手材料，没有什么比它理解那个阶段的教育更深刻的材料了。在教育局，尽管工作时间较短，但弥补了我对学前教育、小学教育、中学教育的不足，让我融入到了我国农村教育之中，使我切身感受到了那个时代的农村教育。三年多，我和我的同事尝试并推进了从学前到高中各阶段的改革尝试或实验。如今，许多的教育思考不乏有那个时期坚实的实践、实验基础。

其实，总体上看我是很幸运的。命运使我2004年初来到北京，大部分时间在朝阳区教育工委、教育督导室工作，只有两年半的时间工作在北京市陈经纶中学。这样，我在有了农村教育工作经历的基础上，有幸又经历了我国大都市的高中教育、中小学教育及学前教育。如此，从农村到城市，从学前教育到我国的高中教育，我切实有了完整的实践经历。如果说，没有这一完整的经历，也就不可能有我对教育及社会如此的思考。因此，这一切，更多来源于我经历过的每一阶段的所有组织对我的关怀与包容！来源于这期间我所有的领导、校长和老师对我的信任与支持！

这本书，从思考到初稿的完成，切实缘于我的教育情结或称"业余爱好"使然。虽然偶尔或在学校，或在某个教育、教学会议，或在与热心、关心教育的人士交流谈到自己对教育的思考与见解，但从自己后期行政工作的主责看，"业余爱好"是准确的。为此，为尽可能减少非正规研究带来的疏漏或谬误，特别邀请教育部长江学者特聘教授，北京师范大学教育学部石中英教授阅读书稿。石教授在拨冗阅读书稿后，给予了积极的肯定与鼓励。同时，又耐心细致地与我进行交流指导，提出修改意见。随后，石教授向我推荐了顾明远先生所著的《中国教育的文化基础》和石教授自己撰写的《教育学的文化性格》两本书，读后确有一种醍醐灌顶的感觉。犹如站在岸边观看日出，虽然朦胧地意识到太阳升起的范围，但难以确定具体方位，只有等待一轮红日映红了海面及遥远的天际，才能明确地知道太阳升起的东方！这两本书，对我来说恰似映红了的"海面"和"遥远天际"。

这本书最终能与读者见面，得益于我多年媒体界的老朋友，《人民日报》社的袁新文先生，他不仅参加每一次研讨会，而且总能提出很有见地的意见与建议。更使我感动的是袁先生在繁忙的工作之余，还要通研书稿，亲自动笔提炼观点、释疑书稿中较为艰涩的概念，从标点符号到字、词、句、段的调整与安排他都倾注了大量的心血。

这本书在修改过程中，积极吸收了《辅导员》杂志社聂延军、《中国教育报》北京记者站蔡继乐、《光明日报》北京记者站董诚、《现代教育报》廖厚才、北京教育音像报刊总社王宇、新浪网彭坤等朋友的意见和建议，使得书稿得以进一步完善。

书稿进一步修改后，又深感许多观点是自己一家之言，不仅需要自己反复推敲，而且需要教育界理论专家、学者再审视，再指导。北京师范大学出版社郭兴举、北京师范大学余清臣、北京师范大学李春密、《人民政协报》教育在线周刊贺春兰、北京市西城区教育科学研究所朱洪秋等同志阅读书稿后，分别与我细致地交换了修改意见。

还有，要提及的是与我工作过的所有同事。他们身上发生了许多鲜活而真实的教育故事，成功或不成功的教育案例，这些都为我的教育思考提供了真实的材料。我组织的每一项教育改革，每一次教育活动，都得益于他们真情参与、理解与支持；这一切都定格在了历史上每一次分享高考成绩的喜悦之中，也刻记在了自己教育思想深处。除此之外，与我共事的年轻同事积极帮助我解决写作中遇到的技术难题，热情并及时提供相关资料。

这本书，我经过五年多的反复思考，大概用了近两年的时间完成初稿，在这期间，由于梳理、提炼教育实践"现实经验关系"，使之上升到理论认识体系不是自己的主业，所以经常占用大量的业余时间写作书稿。爱人经常是我的第一听众，偶尔提一些意见或建议。儿子王镱达在审美一节就诗词意象美也给予了许多启发。家人的和谐支持，使得我在写作书稿过程中品味到了许多乐趣。

北京师范大学出版社的精心编辑、设计，着实为本书增添了不少色彩。

以上涉及的领导、老师、朋友、同事、家人及出版社为本书出版付出努力的同志们，我没有提及"感谢"一词，只想用"铭记"的方式表达我永久的谢意！

王世元

2016.3.20 于北京朝阳江南山水

教育文化构建的人性基础

主要参考文献

1. 赵德刚，张明生. 生命科学导论. 北京：北京科学出版社，2008.

2. ［美］斯塔夫里·阿诺斯. 全球通史·从史前史到 21 世纪. 吴象婴，梁赤民，董书慧，王昶译. 第 7 版修订版. 北京：北京大学出版社，2006.

3. ［英］阿尔弗雷德·诺思·怀特海. 过程与实在. 杨富斌译. 北京：中国城市出版社，2003.

4. 朱哲. 中国文化讲义. 武汉：武汉理工大学出版社，2006.

5. 张浩. 思维发生学. 北京：中国社会科学出版社，1994.

6. 石中英. 教育学的文化性格. 太原：山西教育出版社，2001.

7. ［美］霍华德·加德纳. 智能的结构. 沈致隆译. 杭州：浙江人民出版社，2013.

8. 陈向明. 质的研究方法与社会科学研究. 北京：教育科学出版社，2000.

9. 林祥培. 教育与人的发展. 北京：民族出版社，2005.

10. 顾明远. 中国教育的文化基础. 太原：山西教育出版社，2004.

11. ［古希腊］柏拉图. 理想国. 张造勋译. 北京：北京大学出版社，2010.

12. 王亚辉. 数学史选讲. 合肥：中国科学技术大学出版社，2011.

13. ［美］迈克尔·J. 布拉德利. 数学的诞生. 陈松译. 上海：上海科学技术文献出版社，2011.

14. ［美］迈克尔·J. 布拉德利. 天才的时代. 展翼文译. 上海：上海科学技术文献出版社，2011.

15. 王立美. 科学上下五千年. 北京：当代世界出版社，2007.

16. ［美］卡尔·B. 博耶. ［美］尤塔·C. 梅兹巴赫修订. 数学史. 秦传安译. 北京：中央编译出版社，2013.

17. 孙方民，陈凌霞，孙绣华. 科学发展史. 郑州：郑州大学出版社，2006.

18. 张密生. 科学技术史. 武汉：武汉大学出版社，2009.

19. ［美］史蒂芬·霍金. 时间简史(插图版). 许明贤，吴忠超译. 长沙：湖南科学技术出版社，2012.

20. 梁漱溟. 东西文化及其哲学. 北京：中华书局，2013.

21. ［德］叔本华. 作为意志和表象的世界. 段远鸿译. 北京：中国华侨出版社，2012.

22. ［美］托马斯·库恩. 科学革命的结构(第四版). 金吾伦，胡新和译. 北京：北京大学出版社，2012.

23. ［英］赫胥黎. 人类在自然界的位置. 蔡重阳，王鑫，傅强译. 北京：北京大学出版社，2010.

24. ［英］伯特兰·罗素. 教育与美好生活. 杨汉麟译. 石家庄：河北人民出版社，2001.

25. ［美］约翰·杜威. 民主主义与教育. 王承绪译. 北京：人民教育出版社，2001.

26. ［捷］夸美纽斯. 大教学论. 傅任敢译. 北京：教育科学出版社，1999.

27. ［爱尔兰］弗兰克·M. 弗拉纳根. 最伟大的教育家·从苏格拉底到杜威. 卢立涛，安传达译. 上海：华东师范大学出版社，2009.

28. 闫健. 让民主造福中国：俞可平访谈录. 北京：中央编译出版社，2009.

29. 叶朗. 美学原理. 北京：北京大学出版社，2009.

30. 曹胜高. 中国的修养. 北京：经济科学出版社，2013.

31. 裘普良. 陶行知的生活教育理论. 香港：中国教育出版社，2004.

32. 章志光. 心理学. 北京：人民教育出版社，1989.

33. 保罗·弗莱雷. 被压迫者教育学（第二版）. 顾建新译. 上海：华东师范大学出版社，2014.

34. 柯绵丽. 人类大脑探秘. 广州：广东世界图书出版公司，2012.

35. 周成华. 欧洲战争简史. 长春：吉林大学出版社，2010.

36. 丁峻. 思维进化论. 北京：中国社会科学出版社，2008.

37. 李希贵. 36天，我的美国教育之旅. 上海：华东师范大学出版社，2013.

38. 田正平，肖朗. 中国教育经典解读. 上海：上海教育出版社，2005.

39. 边玉芳. 儿童心理学. 杭州：浙江教育出版社，2009.

40. 边玉芳. 教育心理学. 杭州：浙江教育出版社，2009.

41. ［美］斯蒂芬·P. 罗宾斯. 组织行为学精要. 郑晓明，葛春生译. 北京：电子工业出版社，2011(8).

42. 时龙，李荐. 友善用脑思维导图浅说. 北京：北京出版社，2009.

43. 王国轩译注. 大学·中庸. 北京：中华书局，2006.

44. ［英］保罗·约翰逊. 艺术的历史. 黄中宪等译. 上海：上海人民出版社，2008.

45. ［美］托马斯·索威尔. 美国种族简史. 沈宗美译. 北京：中信出版社，2011.